사회학총서 4

인권사회학

정진성 · 구정우 · 유은혜
정병은 · 공석기 · 김두년
이정은 · 박경태 · 한성훈

다산출판사

인사말

정진성(서울대/한국사회학회장)

사회학은 언론, 행정, 사법, 기업, 복지, 시민사회 분야 전반에 골고루 필요한 지식을 교육하여 취업 분야가 넓을 뿐만 아니라 사회과학 여러 분과학문에 가장 유용한 이론의 공급원이기도 합니다. 최근 법학전문대학원을 비롯하여 여러 새로운 형태의 대학원이 설립되면서, 학부 교육과정에서 사회학이 갖고 있는 종합성과 논리성, 이론적 강점이 새롭게 주목받기 시작했습니다. 더욱이 엄청난 속도의 과학기술 발전과 글로벌리제이션의 진전으로 사회가 더 이상 하나의 분과학문으로 설명할 수 없는 복합적 양상으로 변화하는 상황에서, 사회학의 종합성과 유연성이 학문 간의 융복합을 추동하는 역할을 할 수 있다는 점도 새롭게 조명되기 시작했습니다. 다만 실용적이고 전문화되어 가는 세태에서 '사회'라는 개념이 추상적이고 모호하게 인식되고 있기 때문에, 사회학을 공부하는 학생들에게, 그리고 일반인들에게도 사회학의 개념과 위상을 명확히 정립하여 인식하도록 할 필요가 있다는 것이 사회학총서 기획의 기본 취지입니다.

2011년 6월 사회학회 총회에서 2013년 회장이 선출되고, 곧바로 구성된 새로운 회장단은 사회학총서를 만들자는 데 뜻을 모았습니다. 2011년 회장단에서 '21세기 사회학혁신 특별위원회'를 만들어서 사회학의 영역과 커리큘럼을 조사했으며, 2012년 회장단은 일본에서 사회학총서가 두 차례에 걸쳐 발간되었고 최근 중국사회학회도 총서 발간에 관심을 기울이고 있는 것을 확인하고 한국사회학회에서도 총서작업을 시도하면 좋겠다는 의지를 보인 바 있습니다.

총서 기획은 사회학회 내에서 활동하고 있는 20여 개의 분과학회를 기반으로 이루어졌습니다. 1990년대 후반부터 사회학의 규모가 늘어나면서 여러 분과학회가 속속 만들어졌는데, 이 분과학회들이 전·후기 사회학대회의 발표 세션 구성의 주체가 되고 있습니다. 대부분의 분과학회들은 그 분야의 전반적인 내용을 체계적으로 보여주는 저술의 필요성을 인지하고 있었으며, 사회학회 차원에서 각 분야를 아우르는 총서를 기획하는 데에 매우 적극적인 의사를 표명했습니다. 이미 개설서를 출판한 문화사회학회, 비판사회학회 등을 제외한 16개 분과학회가 2012년 11월에 1차 기획회의를 가지고 총서의 기본적인 가이드라인을 결정했습니다. 총서는 각 사회학 영역의 내용과 방법론 등을 포괄하며 사회학 학부 고학년과 대학원 신입생 수준의 학생들이 그 분야 사회학에 대해 전문지식을 습득할 수 있는 수준과 방식으로 집필하는 것으로 의견을 모았습니다.

총서작업 과정에서 사회학회는 전 분과학회가 참여하는 학술회의를 열었습니다. 모든 분과학회가 발표와 토론에 참여하여 총서 추진과정에서 실제로 집필의 한 부분이 이루어지고 집필의 추진력도 받을 수 있도록 한 것입니다. 4월에 '복지'를 주제로 하여 8개의 학회가 참여하는 심포지엄을 개최했고, 5월에는 '경제민주화' 대토론회를 7개 학회의 참여로 진행했습니다. 각 분과학회들은 매우 성실하고 진지하게 발표원고를 준비하여, 복지와 경제민주화와 같은 사회 전체에 큰 영향을 미치는 문제에 대해서 기존의 좁은 학문의 울타리를 넘어 융복합의 분석을 주도할 수 있는 사회학의 강점을 최대한으로 발휘했습니다.

사회학총서는 사회학의 학문적 특성과 내용을 확실히 할 뿐만 아니라, 각 분과학회가 총서작업을 통해 학문적 수준과 결속력을 높일 것으로 기대합니다. 나아가 분과학회 상호 간의 학문적 교류와 신뢰를 강화하여 한국

사회학회 전체의 정체성과 참여도를 높이고 결과적으로 한국사회학 전체의 수준을 높일 것이라고 믿습니다. 특히 서구의 학문적 업적에 기대온 과거의 관행에서 크게 벗어나 한국사회의 맥락에서 학자들의 문제의식과 시각, 문제해결의 방식을 정립할 수 있는 효과적인 계기가 될 것으로 생각됩니다.

그간에 각 학회장들의 회합이 계속 이어졌고, 6월 전기사회학대회에서는 총서 집필 현황을 서로 점검하는 공동 세션이 열렸으며, 이제 12월 사회학대회에서는 출판기념회를 계획하고 있습니다. 현재, 함께 시작한 16개 학회(몇 개는 개인들의 집필로 이루어지고 있음) 전체가 실제로 12월 사회학회에서 출판된 책을 가질 수 있기를 기대합니다만, 혹시 미처 끝내지 못한 학회는 다음 해를 기약하면 될 것입니다. 또 여러 다른 분과학회나 개인 학자들이 속속 총서 작업에 합류하여 사회학총서가 점점 더 완성된 모습을 갖추게 되기를 기원합니다.

집필에 참여하신 사회학회 여러분들께 감사드리며, 총서의 기획으로부터 실무에 이르는 전체 과정을 책임져 주신 강정한 교수와 총서의 출판을 선뜻 맡아주신 다산출판사 분들께 진심으로 고마움을 전합니다.

아무쪼록 수준 높은 책들이 출판되어, 한국사회학의 발전에 큰 기여를 하게 되기를 기대합니다.

발간사

송호근(사회학총서 발간위원장)

한국사회학회에서 처음 시도하는 총서 발간을 진심으로 환영하고 축하한다. 그동안 학회 차원에서, 그리고 뜻있는 사회학자들 간에 총서 발간의 필요성이 심심치 않게 제기된 바 있고, 영역별로 총서 형태의 연구서를 이미 발행한 분과학회가 더러 있지만, 사회학회 차원에서 총서 발간이라는 대사업을 시작한 것은 처음 있는 일이다. 그런 의미에서 조금 늦은 감이 없지 않지만, 20세기 한국사회의 발전상을 바탕으로 21세기 세계화와 더불어 진행되는 한국사회의 변화상을 각 분과별로 정리, 조망해 보는 일은 그야말로 한국사회학의 토대를 다지는 기초 작업이다. 21세기 한국사회는 더 이상 일국경계에 한정된 사회가 아니라 전 지구적 차원의 변화와 맞물린 다국적 · 혼합적 변동의 중심에 놓여 있으며, 그에 따라 20세기 사회학 패러다임으로는 포착되지 않는 신종의 변동 요인들이 대거 집중되거나 자체 생산되고 있다고 봐도 과언이 아니다. 신종 요인들의 유입과 동화과정, 자체 생산되는 신요인들의 본질을 파악하려면 새로운 이론과 분석방법이 필요하다. 고전사회학의 기본 원리와 20세기 사회학 패러다임을 기초로 하되 구본신참, 신구절충의 정신으로 글로벌화의 와중에 있는 한국사회의 변동원리를 포착하고 정립하는 것이 절실한 과제이다. 총서 발간의 가장 중요한 의미는 바로 여기에 있다.

돌이켜보건대, 한국사회학은 사회변동의 척후역할을 담당하던 '호황의 시대'를 지나 사회적 수요가 현격히 줄어든 '위축의 시대'를 맞고 있다. 누구나 사회학적 지혜를 필요로 했던 '격동의 시대'에 오늘날의 수요위기를 예측하고 적절한 대비책을 준비해야 했다는 뒤늦은 반성이 총서를 발간하게 된 주요한 계기일 것이다. 사회학은 수요 위기와 함께 정체성 위기라는 이중적 위기에 당면하고 있다. 인접학문으로 주제와 쟁점이 이관되는 자연스런 학문분화, 산업화와 민주화가 어느 정도 정착함에 따라 변동론적 비전이 상대적으로 설득력을 잃는 현상, 그리고 무엇보다 사회학 내부에서 진행된 과잉전문화로 연구자와 대중이 분리되는 현상 등이 대중독자와 지지기반을 약화시킨 요인들로 보인다. 이는 사회과학 전반에서 목격되는 일반적 모습인데 사회학에서 그 중첩효과가 극대화되었다. 아카데미아에서 사회학의 위상을 회복하는 일, 대중독자들로부터 사랑과 신뢰를 회복하는 일이 무엇보다 절실한 요즘, '풍요한 사회'의 내부 역학을 파헤치고 시민과 시민사회, 그리고 국가권력의 양지와 음지를 날카로운 분석기제와 생생한 언어로 조명하는 것은 사회학의 정체성을 살려내고자 하는 이 시대 사회학자들의 가장 중대한 과제라고 생각한다.

총서발간이 바로 그 작업의 기초를 마련할 것으로 기대한다. 21세기 한국사회의 변동역학과 인과법칙, 그리고 시민생활을 관할하는 객관적 법칙을 밝혀내는 작업이야말로 미시적 지식생산에 함몰된 아카데미아의 근시안적 연구경향을 극복하고 시민사회를 이끌 집단적 지혜와 교양을 증진하는 지름길이기 때문이다. 21세기 사회학이 바로 그 일을 담당해야 한다. 이는 정체성 위기에 처한 사회과학 일반의 지식저변을 넓혀 그 기초를 다지는 공동체적 과업의 첫걸음이라 할 수 있다. 이런 의미에서 총서 발간에 참여하는 집필진들은 사회과학의 공익함양과 공공성 증대라는 시대적 요구를 실천하는 사회학 전사라 해도 과언이 아니다.

총서 발간을 통해 사회학이 새로 태어나고 현재와 미래의 연구과제와 원리를 새롭게 갱신할 수 있기를 기대한다. 21세기 한국사회는 사회학과 더불어 숨 쉬고 사회학과 더불어 진화해 나갈 것을 희망한다. 사회학은 언제나 시민들이 발 딛고 있는 삶의 현장에서 시작해서 새로운 기획을 들고 다시 현장으로 돌아오는 실천적 학문이다. 시민들의 생생한 삶을 생동력 있는 이론과 신선한 언어로 퍼 올리는 것이야말로 21세기 사회학의 정체성을 구축하는 기본 원리다. 집필진들의 열정과 헌신을 기대한다.

기획의 글

공석기(서울대학교 아시아연구소)

자연권으로서의 인권 개념은 인간을 이성적 존재로서 바라보며, 각 개인이 '누구에게도 양도할 수 없는 권리'를 지닌 존재로 인정하는 데 기초를 두고 있다. 그러나 20세기 들어 1, 2차 세계대전을 거치면서 인간의 존엄성은 땅에 떨어졌고 이를 만회하고자 노력한 결과 중의 하나가 바로 유엔헌장 및 다양한 국제인권규약이다. 이러한 국제인권규범의 발전은 단순한 국제법 발전을 넘어 사회학 연구의 주요 연구대상이며 변수로 주목되게 되었다. 이런 맥락에서 이 책의 저자들은 국제수준에서 정립된 인권 개념을 하나의 실체로 인정하고 그것을 규범적으로 접근 혹은 다양한 사회적 변수와 연결하여 질적 · 양적으로 분석하며, 더 나아가 이것이 사회적으로 구성 혹은 해체되는 과정에 대한 다양한 연구를 인권사회학이라고 규정하고 있다.

인권 개념이 사회학 분야에서 연구 및 교육되기 시작한 것은 최근의 일이다. 이러한 짧은 역사에도 불구하고 사회학이 주요 연구주제로 삼아 온 사회적 불평등, 소외, 빈곤, 소수자, 약자, 다문화, 다국적기업, 노동, 이주 등은 인권연구의 비옥한 토양이 아닐 수 없다. 이제 인권은 사회학에서 더 이상 무시할 수 없는 대상이 되었다. 인권사회학은 아직 초기 발전단계에 있지만 사회진보라는 사회학의 문제의식과 비옥한 연구방법론 토양—질적 · 양적, 역사적 방법— 위에서 급속히 발전할 것이다.

이런 문제의식을 가진 몇몇 학자들이 중심이 되어 2009년 전기사회학대회에 '글로벌리제이션과 인권' 세션을 만들면서 후발분야로서 인권사회학의 첫발을 떼게 되었다. 또한 2013년 한국사회학회가 새롭게 기획한 사회학 분과학문 내 주요 연구주제에 대한 개론서 발간사업은 인권사회학 연구자들을 하나의 학문 공동체로 모으는 중요한 촉매제가 되었다. 기존에 여러 인권연구 프로젝트에 참여했던 학자를 중심으로 느슨하게 유지되어 왔던 인권연구 모임이 2012년 말, 인권사회학 교재를 공동으로 준비하기 위한 '인권사회학 포럼'으로 공식 출범하였다. 대부분의 포럼 참여자들은 기존 인권연구의 많은 내용들이 사회학의 주요 연구대상 및 내용임에도 불구하고 다른 학문분과, 특별히 법학 및 정치학을 중심으로 연구가 진행되어 온 것을 매우 안타깝게 생각했다. 이런 문제의식 위에 인권사회학 연구자들은 인권을 사회학의 주요 학문주제로 포함시키기 위해 보다 체계적인 공동 연구 및 저술 작업을 전개하기로 합의하였고, 그 첫 작업이 인권사회학 교재를 만드는 것이 되었다. 포럼의 연구발표도 자연스럽게 교재에 포함될 내용이 주를 이루게 되었다. 인권사회학이란 무엇인가, 인권사회학 이론과 방법론, 인권의식조사, 인권운동, 인권법 그리고 한국인권 역사, 소수자 인권, 이행기 인권 및 중대 인권침해 등이 주요 발표내용이었다. 이러한 내용을 포함한 인권사회학 교과서는 인권을 공부하고자 하는 학부, 대학원생을 위한 본격적인 인권연구 길라잡이가 될 것이며, 더 나아가 인권문제를 현실정책에 반영하고자 하는 정부나 NGO 정책 실무자에게 실질적인 도움이 될 수 있을 것으로 기대한다.

인권사회학 교재 준비과정은 약 9개월에 걸쳐 이루어졌다. 사회학, 법학, 교육학 전공자들이 인권사회학 포럼을 구성하여 2012년 12월부터 2013년 8월까지 총 8회에 걸쳐 월례학술모임을 가졌다. 학술세미나는 적어도 2명의 연구자의 주제별 발표 및 토론회로 진행되었으며, 마지막 3회는 참여자 전체의 논문 초고 발표를 통해 수정 · 보완하는 시간을 가졌다. 이러한 발표과정을 거치면서 저자들은 교과서에 사용되는 인권 개념, 주요 용어 및 메커니즘 등에 일관된 설명을 기하고자 노력하였다.

이 책은 크게 3부로 구성되어 있다. 1부는 인권사회학의 기초에 관한 것으로 인권사회학 형성과 발전(정진성, 서울대), 인권사회학 이론(구정우, 성균관대)과 인권사회학 방법론(유은혜, 숭실대)에 관한 3편의 논문을 포함하고 있다. 2부는 인권사회학 지평의 확장을 인권의식조사(정병은, 서울대), 인권운동(공석기, 서울대) 그리고 인권법과 인권사회학(김두년, 중원대)의 측면에서 다룬 3편의 논문, 마지막 3부에는 인권의 현실에 관한 것으로 한국인권의 역사(이정은, 성공회대), 소수자 인권(박경태, 성공회대), 그리고 이행기 인권과 중대 인권침해(한성훈, 연세대) 등의 구체적 사례를 다루고 있다.

인권사회학 포럼의 초기 모임에서는 솔직히 인권사회학의 연구주제의 포괄성과 연구대상의 방대함으로 인해 많은 연구자들이 인권사회학 교과서를 정말 만들 수 있을까라는 우려를 표하곤 했다. 그러나 인권사회학 포럼의 수장이신 서울대 정진성 교수님의 열정과 추진력에 참여자 모두가 진정 감탄했고 성실하게 따라온 결과가 인권사회학 교재라는 첫 결실을 맺게 된 것이다. 다시 한 번 정진성 교수님의 인권연구에 대한 열정과 헌신에 대해 저자들을 대표하여 진심으로 감사드린다. 또한 포럼 때마다 참여자들의 날카로운 비판을 겸손히 수용하여 완성된 논문을 제출해 준 연구자들께도 깊이 감사드린다. 인권사회학 포럼은 인권사회학 교재 출간을 계기로 앞으로도 인권연구 발전에 기여할 수 있도록 최선을 다할 것을 약속드린다.

차 례

제 1 부 인권사회학의 기초

제 2 부 인권사회학 지평의 확장

제 4 장 인권의식조사 / 정병은

제 5 장 인권운동 / 공석기

제 3 부 인권의 현실

제 1 부

인권사회학의 기초

제 1 장　인권사회학의 형성과 발전
제 2 장　인권사회학 이론의 형성과 발전
제 3 장　인권사회학 방법론

제 1 장

인권사회학의 형성과 발전[1)]

| 정진성(서울대) |

1. 인권사회학의 개념

인권(human rights)은 사회학에서 새롭게 주목받고 있는 분야이다. 인권은 규범적 가치로 인식되고 그 실현에 중점을 두었으므로 철학과 국제인권법을 통한 접근이 주를 이루었다. 그러나 최근 들어 인권에 대해 사회학적으로 접근하려는 시도가 괄목할 만하다. 사회학의 전통적인 연구방법론을 활용하여 인권운동, 인권단체 및 주요 행위자를 분석한 연구들이 대표적인 사례이다. 또한 전 세계적인 인권상황을 측정하기 위한 시도도 계속되고 있다. 한편 여성, 소수자, 빈곤, 노인 문제와 같은 구체적인 인권 이슈도 중요한 사회학적 분석의 대상으로 자리 잡았으며, 세계화의 진전에 따라 초국적기업, 인권과 개발, 국제인권거버넌스와 같은 주제들도 점점 더 중요한 사회학적 분석의 대상으로 받아들여지고 있다. 이 장에서는 그동안 사회학에서 인권연구가 이루어지지 않았던 이유를 살펴보고, 인권연구에서 사회학적 접근이 시도된 맥락과 인권사회학적 접근이 기존의 다른 학문에서의 인권연구에 비해 가지는 장점을 확인했다. 마지막으로 앞으로 인권사회학에서 넓힐 지평과 그것이 인권연구에 기여할 가능성을 논의해 보았다.

본격적 논의에 들어가기에 앞서 '인권사회학'이 무엇인가를 정의해야 할 것 같다. 사회학은 서구에서 근대사회가 발전하면서 성립된 신생학문이다. 자본주의의 발전으로 구체제의 신분질서로는 새로운 사회의 계급상황을 설명할 수 없게 되었을 뿐만 아니라 근대국가의 형성과정에서 계급체제와 국가 간의 관계를 규명할 학문적 과제도 새롭게 대두되었던 것이다. 중세로부터 벗어나 인간의 이성(합리성)에 대한 믿음이 이러한 과제를 풀어갈 학문의 설립을 밑받침했다. 이 시기에 같은 사회적 배경에서 이루어진 것이 인권 개념이다. 자본주의의 발달로 인하여 새롭게 자유로운 시민으로 등장

1) 이 장은 2010년 정부(교육과학기술부)의 재원으로 한국연구재단의 지원을 받아 수행한 연구임(NRF-2010-413-B00031).

한 사람들의 권리와 평등이 주창된 것이다. 이렇게 볼 때 사회학과 인권은 근대사회의 쌍생아 같은 것이라고 할 수 있다.

뿐만 아니라 사회학에 인권의 개념은 성립기부터 내재해 있었다고 말할 수 있다. 자연과학이 물질적 세계의 법칙을 규명하여 기술의 진보를 가져오듯이, 사회변동의 법칙을 규명하여 사회의 진보를 이끈다는 규범적 목적이 성립기 사회학자들에게서 공통적으로 나타났던 것이다.[2] 사회학은 또한 불평등과 소외, 빈곤, 소수자 문제와 다국적기업, 노동계급, 제3세계, 다문화 연구 등 인권연구의 주요 대상에 관하여 사회과학에서 가장 주도적으로 연구를 이끌어 온 학문이다. 이미 사회학은 인권연구의 비옥한 토양을 가지고 있었던 것이다.

그럼에도 불구하고 '인권'이라는 개념에 대하여 사회학은 최근에야 문을 열기 시작했다. 인권은 "사람은 누구나 가지고 있는 양도할 수 없는 권리"라고 정의된다. 고대, 중세 시기에도 권리 개념은 있었으나, 이러한 '자연권'으로서의 인권 개념은 근대에 들어 일련의 정치적 과정을 거치면서 인간 이성의 진화의 결과로서 성립되었다고 볼 수 있다.[3] 인간이면 누구나 갖는 권리라는 이 추상적이고 규범적인 개념은 세계가 두 차례의 큰 전쟁과 대량살육을 경험하면서 실체적 개념으로 명문화되기 시작했다. 유엔헌장과 보편적 인권선언, 그리고 시민적·정치적 권리규약과 경제·사회·문화적 권리규약, 인종차별 철폐규약, 여성차별 철폐규약 등 여러 규약을

---

2) 콩트, 뒤르켐, 베버, 마르크스 등 대표적인 고전사회학자들은 사회변동의 단계를 규정하고 어떠한 기제들이 이러한 변화를 추동했는가에 대해 연구했다. 이 학자들에게 있어서 사회는 진보한다고 하는 믿음은 확고했으며, 사회학 연구는 실증주의와 가치자유를 표방했음에도 불구하고 진보를 위한 노력이라는 규범적 의미를 강하게 내포했다고 볼 수 있다. 이 사회발전론의 연구흐름은 1960년대 근대화론과 종속이론(dependency theory) 등 제3세계 사회발전론으로 이어졌다. 1980년대 말 이후 사회발전론의 맥이 크게 약화되었으나, 저개발국의 발전을 어떻게 이론적·실천적으로 풀어갈 수 있는가에 대한 규범적 문제의식은 여전히 절실하다고 보여지며, 이 문제의식은 인권사회학의 한 흐름이라고 말할 수 있다.

3) 인권의 정의와 자연권에 관해서는 프리먼(2004) 제1장과 제2장을 참조할 것.

비롯하여 국제인권법이 차근차근 발전되고 있는 것이다. 이 인권 개념을 사회학 연구에서 하나의 변수로서 분석하며 그것을 다른 사회학적 변수들과 연관시키면서 학문적 영역으로 정립한 것은 극히 최근의 일이다.

우리는 국제사회에서 정립되어 온 '인권' 개념을 그 자체로서 받아들이고 그것을 규범적으로 접근하거나, 질적 · 계량적으로 다른 사회적 조건들과 연관하여 분석하거나, 또는 사회구성적으로 해체하는 다양한 연구들을 인권사회학이라고 규정한다. 한국에도 개화기부터 인권 개념이 도입되었으며 권위주의 정부에서도 인권이 통치에 활용되었고, 법학에서 국제인권법이 대학 교육의 커리큘럼에 포함되었으나, 사회학에서 연구 · 교육된 것은 최근의 일이다. 그러나 미국사회학회에서 2010년에야 인권사회학 분과가 설립되었는데, 한국사회학회에는 그보다 1년 전인 2009년에 글로벌리제이션과 인권 분과가 만들어진 사실은 사회학에서 후발분야인 인권사회학이 한국 사회학자들에 의해 선도될 수 있다는 전망도 가능하게 한다.

이제 인권은 사회학에서 더 이상 무시할 수 없는 대상이 되고 있으며, 이전에 시도되지 않았던 본격적인 인권연구가 질적 · 계량적 · 역사적 방법을 사용하여 차츰 확대되고 있다. 인권사회학은 사회학 성립기부터의 사회진보의 문제의식과 비옥한 인권적 토양에 기초하고 이후의 인간주의 사회학, 공공사회학 등의 강력한 실천적인 문제의식과 관련을 맺으면서 크게 발전할 것이라고 전망할 수 있다.

2. 인권연구의 학제적 성격과 사회학적 접근의 중요성

1) 인권연구의 학제적 성격

현대사회에서 인권은 점점 더 비중 있게 사람들의 일상에 자리 잡고 국가정책과 국제관계에도 핵심적 변수로 등장하고 있다. 이에 따라 학문적으로도 중요한 화두로 다루어지기 시작했다. 인권은 사람들의 사고(思考)로부터 사회집단 간의 역학, 국가 간 관계에 이르는 다각적인 내용을 포함하고 있으므로, 여러 분과학문에서 접근하는 대표적인 다학문적 주제이다. 철학, 법학, 정치학, 심리학, 인류학, 사회복지학, 사회학 등 여러 학문에서 인권의 다각적인 측면을 분석하고 있다.

철학이 인권의 인식론적·규범적 측면에 대한 논의라고 한다면, 법학은 인권이라는 규범이 현실사회에서 실행(implementation)되는 과정을 보여준다. 사람들이 어떠한 인권의 규범에 광범위하게 동의하면서 그것을 규약 등의 형태로 만들고 사람들이 준수하도록 규율하는 것이 법이기 때문이다. 인권침해의 당사자가 정부인 경우가 많으므로 인권침해에 대한 판단과 규율은 국제기구가 하는 경향이 있으며, 따라서 인권법은 대체로 국제인권법이라고 볼 수 있다. 인권 개념이 전 세계적으로 크게 부흥된 2차대전 이후에도 인권에 대한 논의는 주로 국제인권법을 중심으로 법학 분야에서 전개되어 왔다(조효제, 2007; 프리먼, 2004). 이와 같이 인권 개념이 법을 통해 발전해 왔기 때문에 인권담론은 기술적이며 법률적인 성격이 점차 강해졌다. 향후 국제인권법이 어떻게 효과적으로 각 나라에서 국내법에 반영될 것인가가 현재 국제사회에서 인권의 확산에 중요한 과제가 되고 있다.

철학과 법학이 주도했던 인권이 1970년대 중반 이후 국제관계의 중요한 한 요소로 인식되면서 정치학에서 연구되기 시작했다. 정치학은 비교관점에서 각 국가들에서 인권의 발전과 정치발전 · 경제발전 등에 관한 연구를 진행했다. 정치사회학자와 사회운동 연구자들이 이에 협력하여 인권연구를 크게 발전시켰다. 이후 사회학은 사회구성주의와 구조주의, 담론연구 등 다각적으로 인권연구를 발전시키고 있다. 심리학과 인류학도 사람들의 인권적 태도와 문화의 관점에서 인권을 연구하고 최근 사회복지학에서도 인권의 관점을 중요하게 도입하고 있다.

이렇게 사회학의 인권연구가 다소 지체된 것은 사회학 설립 초기부터 나타났던 실증주의의 영향, 개인보다 사회구조를 중시 여기는 전통, 가치자유의 입장 등 여러 가지로 설명할 수 있다. 그러나 후술할 바와 같이, 이러한 초기 사회학의 경향에는 인권 개념도 한편에 중요하게 포함되어 있어서, 후에 인권사회학 발전의 기초를 이루었다. 사회학의 인권연구가 지체된 보다 중요한 이유는 사회학이 발전하는 과정에서 과도한 이론적 · 방법론적 추상성으로 인하여 규범성과 유연성을 잃어버린 때문이라고 해석된다. 1948년 세계인권선언 채택과정에서 불거진 미국의 예외주의(American exceptionalism) 및 인종주의, 문화상대주의와 자주권 강조, 경제사회적 권리에 대한 시민적 권리의 우위 주장과 같은 역사적 장애물도 인권사회학의 발전을 가로막았다(Somers and Roberts, 2008). 또한 많은 사람들이 공유할 수 있는 인권 개념의 정의를 찾는 데 어려움이 있었다는 점도 인권사회학의 정립을 막는 요인이 되었다(Deflem and Chicoine, 2011).

2) 인권연구에서 사회학적 접근의 중요성

사회학은 인권연구에 다소 늦게 합류했지만, 이론화와 실증주의 분석의 강점을 발휘하고, 사회와 비국가행위자(non-state actor)에 대한 분석을 넓힘으로써 인권연구에 중요한 기여를 하고 있다. 그 몇 가지 측면을 살펴보기로 한다.

(1) 사회구조적/종합적 분석

사회학의 중요한 전통은 사회를 개인의 합, 그 이상으로 보는 것이다. 코넬(Connell, 1995)은 사회학의 종합적(holistic) 접근이 자유주의적 개인주의에 기초한 인권연구를 주저하게 했다고 주장했다(Deflem and Chicoine, 2011: 103-104). 개인으로 환원되지 않고 사회적인 것을 설명하고자 한 사회학의 전통은 개인의 권리로 돌아가는 인권 개념에 대해 거리를 두게 한 것이다(Somers and Roberts, 2008: 386). 마르크스는 인권이 경제적 불평등이라는 근원적 · 구조적 조건을 감추는 것이라 비판하며 이것이 자유권의 한계임을 주장했다.

그러나 인권연구들은 바로 이러한 사회구조적 · 종합적 분석으로서만 보다 실체에 가까운 인권의 분석이 가능하다는 점을 보여주고 있다. 인권이란 철학적 개념과 실정법, 국가행위 또는 개인의 권리 그 각각 하나만으로 절대로 파악할 수 없다는 것은 자명하다. 그 부분들을 사회학적 접근으로 종합하여 체계화할 필요가 있는 것이다. 사회구조, 문화, 사회관계 등의 개념으로 종합적으로 접근할 때, 인권의 총체적 모습이 드러나는 것이다. 사회학은 기존의 여러 학문분야의 인권연구를 종합하여 구조화하는 접근이라고 말할 수 있다.[4]

이러한 사회학의 접근은 인권 개념이 사회 · 문화적으로 구성되는 방식이나 구체적인 사회적 조건 속에서 실현되고 증진되는 방식에 대하여 중요한 답을 제공할 수 있다는 점에 주목하고 있다. 인권연구에서 사회학적 접근이 필요한 가장 중요한 이유 중의 하나는 인권이 침해되는 사회구조적

---

4) 굴드너(Alvin Gouldner)는 사회학을 기존의 (*n*개의) 여러 학문을 종합하여 전체적으로 조망하는 $n+1$ 학문이라고 규정한 바 있다.

요인을 분석할 수 있다는 데 있다. 인권연구의 대부분을 점하는 법실증주의적 접근법은 법률로 집행 가능한 권리만을 권리로 받아들여지게 한다는 한계가 있다. 이것은 인권을 보다 실현 가능하게 하고자 하는 노력의 일환이기는 하지만, 근본적으로 법적으로는 집행 가능하지 않은 자연적 권리로서의 인권 개념에 반하게 되는 것이다. 만약 인권이 법률로만 집행 가능하다면 사람들은 자신의 법적 권리를 주장할 수 있기 때문에 굳이 자신의 인권을 호소할 필요가 없다(프리먼, 2004: 24-27). 유엔헌장과 세계인권선언으로 출발한 인권의 법제화는 각국에서 벌어지는 인권침해를 국제적인 관심사로 부상시켰으며 개별 국가의 주권을 제한하기도 했다. 그러나 인권법의 규범과 실제 적용 사이의 괴리는 여전히 크며, 법적 소송을 통하여 이루어지는 문제해결은 사회 전반의 인권상황 개선에 직결되지 않는 경우가 많다(De Feyter, 2011: 52-56).

인권이라는 보편적 원칙을 특정한 사회 · 정치적 맥락이라는 경험적 상황에 적용하는 데 사회학적 접근은 탁월하다. 예컨대 인권의 중요한 주제인 인권의 보편성과 문화 · 역사적 특수성 논쟁은 서구가 그들의 인권항목을 다른 지역의 국가들에도 똑같이 적용할 수 있는가의 문제로서, 인간 행위자들이 자신이 속해 있는 사회뿐 아니라 다른 사회적 배경 속에서 사고하며 다양한 타자의 역할을 배우고 타인을 이해하는 인간의 자율성에 대한 사회학의 오랜 문제의식과 맞닿아 있다(Sjoberg, Gill, and Williams, 2001).

이와 관련하여 시민적 · 법적 · 정치적 권리에 비해 저평가되어 온 경제 · 사회 · 문화적 권리를 중요하게 부상시키고 적절히 분석할 수 있는 것도 사회학의 역할이다. 최근 유엔을 비롯한 국제사회에서 시민적 · 정치적 권리뿐 아니라 빈곤, 건강, 교육, 토착언어 사용 등의 경제 · 사회 · 문화적 권리가 전반적인 인권증진에 있어서 매우 중요하다는 점에 주목하고 있으며, 부패, 국제 이주, 인신매매, 국제협력과 개발, 다국적기업 활동 등의 사회적 요인들이 인권침해/증진에 미치는 영향에 대한 연구가 폭발적으로 증가하고 있다.[5] 이러한 연구들이 법리적 분석만으로 충분히 이루어질 수 없으며, 사회학·인류학의 통찰과 분석을 폭넓게 받아들여야 한다는 사실이 국제사회에서 인지되고 있는 것이 사실이다.[6]

(2) 국가 중심 인권연구의 탈피: 비국가행위자의 중요성

사회의 중요성과 연관되는 점으로, 사회학은 비국가행위자(non-state actor)의 인권적 책임에 대한 분석의 길을 열고 있다. 현재 국제인권법에서 비국가행위자에 대한 연구가 시작되고 있지만,[7] 여전히 주요 행위자는 국가이다. 코카콜라와 같은 거대 다국적기업과 국제적십자사, 앰네스티인터내셔널과 같은 엄청난 영향력을 가진 국제NGO, 알카에다나 국제범죄집단과 같은 비국가 폭력집단, 여러 나라에 조직을 가진 종교집단 등과 같이 국가로 귀속될 수 없는 집단이나 그에 속한 개인들이 인권침해/증진에 미치는 영향은 현대사회에서 점점 더 중요해지고 있다. 그러나 궁극적으로 국가가 책임의 주체인 기존의 주요 국제인권법에서는 이들의 행위를 적절히 다룰 수 없다. 예컨대 어떠한 다국적기업이 특정 국가에서 인권침해를 한 경우, 현재의 국제인권법 체제에서는 그 기업의 본사가 있는 나라의 정

---

5) 유엔 인권이사회의 특별절차인 주제별 특별보고관의 20개 연구주제 중 대다수가 경제·사회·문화적 권리에 해당한다. 예컨대 주거권, 문화적 권리, 교육, 종교, 건강, 선주민, 이주민, 실향민, 인종차별, 노예제, 유해쓰레기 문제, 인신매매 등(http://www.ohchr.org/EN/HRBodies/SP/Pages/Themes.aspx).

6) 한 가지 예로, 2009년 정부대표로 구성된 인권이사회에서는 전통적 가치와 보편적 인권개념에 관하여 논의하게 되었는데, 국가 간에 매우 입장이 다름이 노출되었다. 그것은 서구 중심의 개인주의적 인권 개념이 비서구 지역의 전통적 가치를 폄하한다는 주장과, 보편적 인권을 해치는 전통적 가치와 관행은 개선되어야 한다는 입장의 충돌로 요약되었다. 인권이사회는 이 풀기 어려운 난제를 독립전문가들로 구성된 자문위원회에게 심층연구해 줄 것을 요청했다. 자문위원회에서는 이 문제가 사회학적 관점이 요구된다는 점을 인식했으며, 사회학자가 중심이 되어 성공적인 보고서를 작성했다(A/HRC/22/71).

7) Andrew Clapham, Human Rights Obligations of Non-State Actors, Oxford, Oxford University Press, 2006; Philip Alston(ed.), Non-State Actors and Human Rights, New York, Oxford University Press, 2005 등.

부에게 해당 기업의 침해 행위를 시정하고 보상하는 책임이 돌아가는 것이다. 다국적기업의 인권침해 행위를 견제하는 법적 장치를 마련하려는 시도가 유엔을 비롯한 국제사회에서 이루어졌지만, 정부 주도의 법체계를 뚫고 나가기는 힘들었다.[8] 그러나 국제인권법 연구에서 비국가행위자의 법적 책임에 대한 논의가 점차 진전되고 있으며, 여기에 일찍부터 발전되어 온 사회학의 다국적 기업 연구가 중요한 기여를 했음이 틀림없다.[9] 주지하는 대로 1970년대부터 사회학은 다국적 기업의 해외 직접투자와 국제노동이주에 관한 연구를 시작하여 오늘에 이르기까지 발전을 계속하고 있다.

주요 비국가행위자인 국제NGO가 인권증진에 미친 영향에 관하여 기존의 어떤 학문분야보다도 사회학이 본격적인 연구를 할 수 있다는 것은 자명하다. 뒤에 다시 논의하겠지만 사회학에는 사회운동연구의 오랜 전통이 있고, 1980년대 후반부터 사회운동의 초국화(transnationalization) 현상에 대해서도 주의를 기울여 왔다. 오늘날 세계의 인권증진에 있어서 국제NGO의 역할은 매우 중요하므로, 인권연구에서 사회학적 접근은 점차 더 중요해질 것으로 판단된다.

이와 관련하여 글로벌 차원의 인권상황과 그 변화과정을 설명할 수 있

8) 유엔 인권소위원회(UN Sub-Commission on the Promotion and Protection of Human Rights)에서는 다국적기업의 인권적 책임을 규정하고 국제사회에서 그 책임수행에 대한 점검을 받도록 하는 가이드라인("Transnational corporations and other businesses enterprises shall be subject to periodic monitoring by national, international, governmental, and/or nongovernmental mechanisms regarding their application of the Principles.")을 만들었으나, 상위기관이며 정부기구인 인권위원회에서 통과되지 못했다(Human Rights Principles and Responsibilities for Transnational Corporations and Other Business Enterprises, U.N. Doc. E/CN.4/Sub.2/2002/XX). 이것은 실질적으로 다국적기업의 대부분이 속한 선진국들의 반대 때문이었지만, 형식논리상 정부가 법적 책임의 주체라는 법논리를 뚫고 나가지 못한 것이다.

9) "Bilateral and multilateral economic agreements and their impact on human rights of the beneficiaries," Working paper submitted to the United Nations Human Rights Council, Sub-Commission on the Promotion and Protection of Human Rights(with Florizelle O' Connor)(A/HRC/Sub.1/58/CRP.8).

는 개인(의식과 태도)-시민사회-국가-국제인권레짐의 관계에 대해서도 사회학은 중요한 통찰을 제공할 수 있다. 예컨대 개인의 인권의식이 국가의 국제인권레짐 참여로부터 유의미한 영향을 받는다든가, 국제인권레짐 형성에 있어서 국제NGO(시민사회)의 역할, 국가의 경제 또는 민주화의 정도와 국제레짐 참여와의 관계 등등, 이론뿐 아니라 인권증진에 대한 실천적 함의가 큰 연구들이 사회학의 주도로 발전될 수 있다.

(3) 실증주의적 접근의 가능성

사회학은 실증주의의 영향을 받아 태동했고, 정치철학과 거리를 두었기 때문에 초기부터 권리 개념과 가치판단의 문제는 연구대상으로 받아들이지 않는 경향이 있었다(프리먼, 2004: 120). 따라서 대부분의 고전사회 이론가들은 인권을 연구대상으로 삼지 않았다. 인권의 법률적 · 도덕적 성격이 당시 사회학 연구의 조류에 부합하지 않았던 것이다. 인권이 왜 자연적 권리인가를 증명할 수 없으며, 보편적 인권이라는 추상성도 사회학에서 인권을 다루지 않게 한 이유이다.[10]

그러나 최근 세계 사회는 보편적 인권의 실현을 위하여 전 세계 국가들의 다양한 인권상황을 측정할 필요성을 크게 자각했으며, 이에 따라 인권지수를 다각적으로 개발하기 시작했다. 사회학의 실증주의적 접근은 인권을 측정 가능하도록 하는 데 중요한 역할을 했으며, 이에 따라 광범위한 국가 간 비교연구를 이끌어서 세계 인권증진에 큰 기여를 할 수 있는 길을 열었다.

쿠쉬만(Cushman)은 사회학이 법학과 전통적 정치이론의 한계를 극복할 수 있는 경험적 시사점을 제공할 수 있다고 보았으며(Cushman, 2012:

10) 뒤르켐은 법과 권리를 사회적 사실로 보고 그 사회적 기능에 초점을 맞추었다. 베버도 근대법을 합리화된 체계로 보고 보편적으로 유효한 규범적 기초에 대한 질문을 하지 않았다 (Deflem and Chicoine, 2011: 103).

1), 소머스와 로버츠(Somers and Roberts)는 사회학이 개념적 · 철학적 근본주의와 경험적 · 설명적 실증주의, 그리고 보편적 자연권과 특정한 시민권의 관계 사이를 탐색할 수 있다고 본다(Somers and Roberts, 2008: 388). 최근 점점 더 사회정의, 평등과 같은 가치가 사회과학적 방법론에 중요하게 포함되는 과정에서 사회학적 인권연구의 지향을 가능하게 하고 있다.

3. 인권연구의 사회학적 토양

이렇게 인권연구에 있어서 다른 학문에 비해 중요한 접근방법을 가지고 있는 사회학은 1990년대 들어 적극적으로 인권연구를 시작하기 이전부터 인권연구와 직접적으로 연결될 수 있는 여러 중요한 연구의 전통을 키워 왔다. 이것은 인권연구의 토양이라고 부를 수 있을 것이다.

1) 법과 권리연구

사회학은 법과 권리에 대한 연구의 오랜 전통이 있다. 최근 인권사회학 발전의 주창자 중 한 사람인 드플렘(Deflem)은 뒤르켐의 도덕과 권리에 관한 연구를 인권사회학이라고 해석한다. 뒤르켐은 현대 유기적 연대의 사회에서 개인과 개인재산에 대한 범죄는 개인의 존엄을 보장하는 도덕성에 대한 훼손으로 강한 제재를 받는다고 지적하고, 이 사적 재산권의 진화와 성격을 계약과 계약법의 사회학적 이론의 기초로서 분석했다(Deflem, 2007).

현대사회학에서도 이러한 고전사회학의 문제의식은 간간히 이어져 왔다. 틸리는 시민권의 형성은 정치투쟁과 전쟁수단에 대한 거래, 유럽에서의 대규모 군대의 창설로부터 출발했다고 주장한 바 있다. 영국 사회학자 마샬(T.H. Marshall)은 1948년 보편적 인권선언(UDHR)이 이루어진 직후,

시민권(citizenship rights)이 역사적으로 시민적 · 정치적 · 사회적 권리로 발전하면서 형성된 과정을 설명했다. 그는 법적 권리에 더해 사회적 불평등과 생존권(rights to livelihood), 사회적 포용성의 중요성을 주장했다. 권리 담지자를 국가의 권력남용뿐 아니라 시장권력의 위협도 받고 있는 사회적 존재로 정의하고, 사회적 포용이 부재한 상황이라면 법에 의해 권리가 보장되는 것이 무의미할 수 있다는 점도 지적했다. 1980년대 초 하버마스는 권리의 법제화에 대한 역사적 분석을 통해 개인적 권리(자유)와 사회적 권리(평등) 발전에 기초를 놓았다(Deflem and Chicoine, 2011: 107-110; Somers and Roberts, 2008: 395).

2) 사회운동론의 발전

사회발전을 성취하는 한 방법으로 마르크스는 사회구성원에 의한 사회운동을 제시했다. 계급혁명이라는 극단적인 운동의 방식을 제안했지만, 이후 여러 시각의 사회운동 연구는 현대사회학에 이르기까지 사회학의 중요한 부분을 점해 왔다. 1970년대 이후 신사회운동의 양상에 대한 연구와, 1990년대 이후 초국적 사회운동의 새로운 형태에까지 사회학연구는 사회운동의 이론화 작업을 지속해 왔다. 대표적 신사회운동으로서 사회운동의 초국화(transnationalize)를 이끌고 있는 인권운동에 대해서도 사회학연구가 중요한 기여를 하고 있다.[11]

3) 규범/실천의 사회학 : 비판사회학, 인간주의 사회학, 공공사회학, 사회의 질

마르크스의 이론과 실천 결합의 사상 이후, 실천을 강조한 사회학의 전

11) 인권운동에 관해서는 이 책의 제5장(공석기)을 참조할 것.

통도 이어져 왔다. 밀즈(C. Wright Mills)는 사회학자들이 사회학적 상상력을 발휘하여 공적인 문제들에 관심을 가질 것을 촉구하고, "들어라 양키들아"와 같은 격한 사회실천적 저술도 하여, 미국 학생운동의 멘토 역할도 한 바 있다. 버거(Peter Berger)는 사회학자들이 교도소와 같은 사회의 그늘진 곳을 연구할 필요가 있다고 주장했다. 버거의 인간주의 사회학은 1960~70년대에 사회학계에 중요한 반향을 일으켰으며, 한국 사회학에도 영향을 미쳐서 소위 실증주의/인간주의 사회학 논쟁을 불러일으키기도 했다. 사회적 불평등과 배제, 사회적 소외 등 인간주의 사회학의 여러 연구주제들이 지속적으로 연구되어 왔다. 굴드너(Gouldner)와 하버마스(Habermas)와 같은 비판적 사회학자들은 사회학이 점점 더 검증의 정확성에 초점을 맞추어 도구적이고 기계적으로 되어 가는 경향을 지적한 바 있다. 월러스타인(Wallerstein)은 인간사회의 본질과 방향을 논의하면서 보다 나은 인간의 조건을 만드는 사회구조(arrangement)에 대해 고민한 바 있다.

1980년대 말에 처음 쓰였다가 2004년 뷰러보이(Michael Burawoy)가 미국사회학회 회장을 맡으면서 확산시킨 공공사회학(public sociology)의 개념은 상아탑 속에 머무는 것이 아니라 대중과 소통하고 대중들의 문제에 관심을 기울이는 사회학을 일컫는다. 공공사회학자들은 불평등, 인종문제, 젠더, 환경문제, 다문화, 국가폭력, 비국가행위자의 폭력 등의 문제들을 연구하여 대중들에게 정보를 제공하고 대중들이 토론할 수 있도록 독려할 뿐만 아니라, 사회학자 스스로 더 나은 사회를 만들기 위해 이 문제들에 도전하는 것이라고 공공사회학을 정의한다(Deflem, 2007). 이러한 규범적 · 실천적 성격이 강한 공공사회학은 곧 인권사회학과 동일시될 수 있다고 보인다.

한편, 사회학의 가치자유적 입장은 점차 유연해지기 시작했다. 사회정의(social justice)는 사회과학에서 중요한 화두로 떠올랐으며, 그와 관련하여 사회적 배제와 통합, 역량화(empowerment) 등이 사회변동의 가치로 적극적으로 논의되기 시작했다. 국제이주 증대의 결과로서 사회통합의 어려움을 겪고 있는 서유럽에서 제기되어 아시아, 한국 사회학에서까지 적극적으로 연구하고 있는 사회의 질(social quality) 연구는 그 중요한 예다. 사회의 질 연구는 삶의 질(quality of life), 능력접근(capablity approach, Amartya Sen), 평등한 근대화(egalitarian modernization, Diamond, 2006: 177-181) 등 일련의 가치지향적 사회이론의 발전 선상에 놓여 있다. 또한 위험사회, 성찰적 근대화 등 현대사회에 대한 가치함유적 논의가 사회학에 확산되고 있다.

4) 불평등, 소수자에 대한 연구

계층/계급과 불평등, 차별, 소수자에 대한 연구는 사회학의 가장 중요한 영역 중의 하나이다. 성차별 등에 관한 연구인 젠더연구가 사회학 연구에서 시작된 것도 이와 무관하지 않다. 특히 이주민의 급증과 성소수자 등의 새로운 사회문제가 대두되면서 불평등은 전 세계 사회학의 가장 중요한 화두로 새롭게 발전되고 있다. 미국뿐 아니라 전 세계에서 수천 명의 사회학자들이 참여하는 2013년 미국사회학의 주제가 불평등[12]이었던 것도 이를 말해 준다. 인종적 소수자를 포함한 사회적 소수자에 대한 차별문제도 사회학의 오래된 주제였으며, 이주민, 성적 소수자 등의 새롭게 중요한 사회문제로 등장하고 있는 소수자 문제에 사회학적 연구가 축적되어 왔다.

12) “Interrogating Inequality” 오늘날 사회의 불평등, 그 다양한 형태, 불평등을 야기하는 메커니즘, 불평등을 줄이기 위하여 무엇을 해야 할 것인가 등등.

4. 인권사회학의 발전과 그 배경

이렇게 이미 사회학 연구에서 인권사회학의 범주에 넣을 수 있는 연구들이 광범위하게 진전되어 왔고, 이제 더 확장될 가능성이 커지고 있는 가운데, '인권' 그 자체가 연구의 주요 변수가 되는 사회학 연구들이 새롭게 발전하기 시작했다. 인권은 차츰 충분히 의미 있는 하나의 사회적 변수로서 — 사회발전에 영향을 미치는 국제적 환경으로서, 또는 사회적 행위를 결정하는 국내적 변수로서 — 연구되기 시작한 것이다. 인권연구의 비옥한 토양과 접근의 강점을 가지고 사회학은 1990년대 들어 적극적으로 인권연구를 발전시키기 시작했고 2000년대에 더욱 속도를 내고 있다. 그 양상과 계기를 짚어보자.

1) 1990년대 이후 인권사회학의 발전

여러 학문분야의 인권연구가 진행되는 가운데, 1990년대 들어 사회학적 연구는 사회학의 독특한 종합적인 이론적 접근방식과 실증주의적 엄정성 때문에 인권연구에 강력한 새로운 에너지를 공급하기 시작했다. 이것은 이론과 실천의 결합이라는 사회학의 오래된 또 다른 전통에서 영감을 지원받으면서 인권연구를 새로운 지평으로 확산시키고 있다. 철학과 법학의 연구를 통합하여 전체 사회적 현상인 인권규범의 확산에 대한 설명을 시도하며, 대체로 국가수준에 머무는 정치학적 비교연구에서 개인과 사회의 인권에 대한 인식과 그것이 초국적 인권운동으로 연결되는 메커니즘을 밝히려는 연구가 시도되고 있다. 이와 같이 개인-국가-국제레짐의 분절된 시각으로부터 세계화 맥락에서의 사회적 현상으로 인권을 접근하는 것이 사회학적 연구의 새로운 차원이라고 할 수 있다. 이러한 점에서 불법이민자 및 난민을 포함한 새로운 시민사회의 개념, 기업조직에 대한 인권적 차원에서의 새로운 접근, 결혼이민의 인권적 접근 등등 새로운 인권개념과 이론을 제시할 가능성을 담지하고 있다.[13]

인권 개념은 이미 1980년대 들어 주요 사회학 저널에 등장하기 시작했으며, 1990년대에 들면 그 수가 더욱 많아진다. "사회학은 보편적 권리와 의무의 사회적 존재의 가능성에 대하여 역사적 · 비교적 이유로 매우 회의적이다"(Turner, 1993: 489-490)라고 대표적인 인권사회학자인 터너(Turner)가 인권사회학에 대한 의지를 비판적 관점에서 제기한 것은, 사실상 인권사회학 연구가 사회학의 곳곳에서 서서히 이루어지기 시작했다는 것을 역설적으로 보여준다. 2003년 이후 미국 주요 사회학 저널에 "human rights"가 주요어로 검색되기 시작한 후, 학회 발표논문과 학회지 출판논문 수가 꾸준히 늘고 있다.

〈표 1〉 한국과 미국 · 영국에서 인권사회학 논문 발표 및 출판[14]

	1990년대	2000~03	2004	2005	2006	2007	2008	2009	2010	2011	2012	계
한국발표	1	0	2	0	1	1	1	4	2	6	7	25
한국논문	0	1	0	2	0	1	1	1	1	1	1	9
미국논문	1	2	2	4	4	3	1	2	0	1	1	21
미국발표('03 이후)	–	3	13	9	9	4	8	18	22	21	15	122
영국논문	0	0	0	0	1	1	0	0	1	0	2	5

13) 철학, 법학 등 여러 분과학문의 인권연구에 관해서는 마이클 프리먼(2004)의 제5장을 참조할 것.

14) * 기준: 제목에 인권(human rights)이 포함된 연구논문
- 한국 발표: 한국 사회학회 사회학대회
- 한국 논문: 한국 사회학, 경제와 사회, 사회와 역사
- 미국 논문: American Journal of Sociology, American Sociological Review, Social Forces, Sociological forum, Social problems, Annual review of sociology

흥미로운 것은 이전에 대체로 서양 사회학의 영향을 받아 한국사회학이 발전했던 것에 비해, 인권사회학 연구는 한국에서 법학, 정치학 등의 다양한 사회과학 연구와 인권운동에 영향을 받은 사회학자들에 의해 선진적으로 연구가 발전되고 있다는 것이다. 2010년에 미국사회학에 인권분과가 설립되어 인권연구를 확대하고 있는 데 비해, 한국사회학회에는 2009년에 '글로벌리제이션과 인권'이라는 독립분과가 만들어졌고, 2012년에는 인권사회학회가 설립되는 제도적 진보를 이루었다. 영미권에서는 2011년(영국)과 2013년(미국)에 인권 Handbook이 출판되어[15] 본격적인 인권연구의 신호를 올렸다.

2) 인권사회학 발전의 사회적 배경

인권사회학이 부흥하게 된 중요한 계기로서 세계화와 시민운동의 성장을 비롯한 사회적 조건의 변화와 그에 따른 여러 학문분야의 인권연구 확산에 주목할 수 있다.

(1) 세계화와 신자유주의의 확산

1990년 들어서 규모와 속도, 영향력에서 유례없는 세계화가 진전되는 가운데, 불평등이 세계적 차원에서 심화되기 시작했다. 근대 민족국가와 밀접하게 연결되어 있는 기존의 시민권 개념은 세계화 시대에 국경을 넘나

– 미국 발표: American Sociological Association Annual Meeting

– 영국 논문: British Journal of Sociology

15) Handbook of Human Rights, Edited by Thomas Cushman, Published 8th September 2011 by Routledge–744 pages. Series: Routledge International Handbooks (http://www.routledge.com/books/details/9780415480239/).
Handbook of Sociology and Human Rights, Edited by David L. Brunsma, Keri E. Iyall Smith, Brian K. Gran. Publish date: February 2013 (http://www.paradigmpublishers.com/books/BookDetail.aspx?productID=298828).

들며 일어나는 현상들, 즉 국가조직의 변화, 정치적 이슈의 세계화, 가족생활의 변화, 의료기술의 발전 등에 대한 설명틀로 활용하기에는 부족한 부분이 많다. 이와 같이 민족국가 내부에서 해결할 수 없는 문제들을 설명하기 위해 시민권 개념이 인권 개념으로 확장된 것으로 볼 수 있다. 인권은 시민권의 연대를 넘어서는 개념으로 보다 보편적이고 동시대적이며 진보적인 성격을 갖는다. 인권의 제도화과정은 세계화과정에서 나타나는 중요한 특성으로 일종의 사회화과정으로 볼 수 있는 것이다(Turner, 1993).

(2) 시민사회와 시민운동의 성장

초국적 사회운동(transnational social movements)이 새로운 사회운동의 형태로 확산되었다. 미국에서 노예제 폐지운동과 흑인민권운동으로부터 발전하기 시작한 인권운동은 여러 차원의 반차별운동으로 확대되었고, 제3세계 국가들의 민주화운동도 인권운동으로 이어졌다. 한국에서도 1980년대까지의 민주화운동이 1990년대 들어 여성운동, 이주노동자 지원운동, 장애인운동 등의 여러 형태의 인권운동으로 발전했다. 이러한 운동들은 다른 나라들의 운동들과 네트워크를 확대하면서 이제는 대표적인 초국적 사회운동으로 자리 잡고 있다. 이러한 중에 국제NGO의 발전은 특기할 만하다. 가장 오래된 국제NGO인 국제적십자사는 점점 더 영향력을 확대하면서 강제실종 등의 국제적 차원의 인권문제 해결에 중요한 역할을 하고 있다. 앰네스티인터내셔널(Amnesty International)과 휴먼라이트워치(Human Rights Watch)의 양대 인권 국제NGO는 인권운동을 끌어올린 공신자들이다. 이러한 초국적 인권운동과 국제NGO들은 사회학적 연구의 중요한 대상으로 등장했다. 초국적 사회운동에 관한 새로운 이론들이 사회학자들에 의해 만들어졌으며, 여러 사례들이 집중 분석되어 축적되었다.[16]

16) 인권운동에 대해서는 이 책의 제5장(공석기)을 참조할 것.

(3) 인권레짐의 발전과 인권지표 · 지수의 개발

유엔의 설립은 전 세계적으로 인권의 중요성을 인식시킨 중요한 계기이다. 두 차례의 세계대전을 겪으면서, 특히 나치에 의한 대량살육을 지켜보면서 세계는 인권증진을 위한 국제적인 기구가 필요하다는 데 인식을 같이했으며, 이러한 과정에서 탄생한 것이 유엔이다. 인권위원회와 인권소위원회가 설립되고,[17] 곧이어 시민적 · 정치적 권리위원회, 경제 · 사회 · 문화적 권리위원회 등의 조약기구가 설립되어[18] 포괄적이면서도 구체적인 인권규범과 인권메커니즘이 작동되기 시작한 것이다.[19] 이러한 유엔 인권기구는 국제NGO를 비롯한 시민사회들이 참여하여 의견을 개진하고 서로 네트워킹을 하는 포럼이 되기도 한다.

유엔을 중심으로 국제인권규범이 축적되는 한편, 인권 자체의 국제화도 진행되었다. 다국적기업, 이주, 과거청산, 대량학살 등, 한 국가 내의 문제로 축소될 수 없는 인권이슈가 대두되었으며, 문제해결이 한 국가 내에서 실현되기 힘든 문화적 맥락의 인권이슈(여성할례, 불가촉천민 문제 등)가 사회학적 분석을 기다리고 있는 것이다.

인권의 계량화가 진전된 것도 사회학의 기여를 촉진시켰다. UNDP 등에서 인권지표를 개발하고, 미국 정부와 국제인권단체, 학자들도 여러 인

---

17) 인권위원회는 경제사회이사회 산하로 설립되었는데, 2006년에 지위가 격상되어 준상설기구인 인권이사회로 개편되었다. 인권이사회의 주요 메커니즘인 국가별/주제별 특별보고관제도는 인권침해가 심각한 나라와 심각한 인권침해 주제에 대하여 집중 조사 · 연구하고 정부에 시정권고를 한다. 인권이사회의 한 부분으로 진행되고 있는 보편적 정례검토(Universal Periodical Review)는 매 4년마다 전 세계 모든 국가들의 인권상황을 점검한다. 인권소위원회는 인권이사회 산하 자문위원회로 개편되었다.

18) 조약기구에는 유엔 회원국가라도 별도로 다시 가입을 하고 매 3~4년마다 보고서를 제출하고 심사받는다. 이러한 검토위원회를 가동하는 조약기구가 1966년에 설립된 위 두 개 외에 여성차별철폐위원회, 인종차별철폐위원회, 아동권리위원회, 고문방지위원회, 이주노동자권리위원회, 장애인차별철폐위원회, 강제실종위원회 등이 이어 속속 설립되었다. 한국은 이주노동자권리위원회를 제외한 다른 조약기구에 모두 가입해 있다.

19) 인권레짐에 관해서는 이 책의 제6장(김두년)을 참조할 것.

권지표 · 지수를 개발하고 세계 각국에서 지표의 수치를 측정하는 시도들이 이루어졌다. 1970년대 미국이 대외원조를 늘리면서 인권과 원조의 연계에 주목한 것으로 인권측정을 위한 지표개발이 시작되었다. 미 국무부는 인권연례보고서를 출판하고 국제NGO인 앰네스티인터내셔널도 전 세계 국가들의 인권상황에 관한 보고서를 출간하기 시작했다. 이어 Freedom House와 개별 학자들의 지표개발 노력들이 시민적 · 정치적 권리를 중심으로 이루어졌다. 휴매나(Humana)와 같은 학자는 1980년대에 경제 · 사회 · 문화적 권리 항목을 추가하여 보다 종합적인 지표개발을 시도했다. 경제 · 사회 · 문화적 권리를 특화하여 지표개발을 시도한 UNDP가 1990년 인간개발지수(Human Development Index)를 발표했고, 이어 1995년에 젠더발전지수, 젠더권능척도와 1997년 인간빈곤지수(Human Poverty Index)를 발표했다.[20] 이 밖에 수많은 국제기구, 연구소들에서 다양한 지표 · 지수가 개발되었는데, 이러한 지표 · 지수들을 기반으로 하여 계량적 인권사회학 방법이 발전하게 된 것이다.

(4) 인권의제의 중요성과 타 학문분야의 연구

이러한 인권상황의 변화가 지속되는 가운데, 인권논의 내부에서도 중요한 변화가 일어나기 시작했다. 국제인권법만으로는 인권실현이 힘들다는 것이 자명해지고 있는 것이다. 결국 문제는 국제인권규범이 국내 차원에서 실천되는 것인데, 국제인권규범의 수용과 실천이 어떻게 사회에 따라 다른지를 설명할 수 있는 것은 사회학적 연구인 것이다.

이러한 가운데 인권은 사회정의를 요구하는 많은 사회적 약자들이 의존하는 가장 영향력 있는 사회적 담론으로 자리 잡았으며(Freeman, 2004: 51), 사회학의 주요 연구주제였던 불평등, 여성, 소수집단, 배제 등의 사회

20) 인권지표 · 지수에 관해서는 정진성 · 공석기 · 구정우, 2010: 2-1, 2장을 참조할 것.

적 현상은 인권개념 없이 논의하기 힘들어졌다. 세계사회에서 유엔과 인권단체의 영향력 증대도 사회운동 연구 중심으로 인권사회학의 발전을 자극했다.

사회과학에서 유일하게 처음부터 성평등이라는 가치지향을 확실한 학문의 입장으로 천명했던 여성학에서도 성평등의 문제를 여성인권의 문제로 위치짓기 시작했으며,[21] 국제법이 이끌던 인권연구가 정치학 · 인류학 등 사회과학 학문분야로 확산되기 시작했다. 사회학에서 인권연구를 지체시켰던 실증주의는 이제 인권연구의 강력한 도구로 거듭나기 시작했다. 이론화에 묶여 인권을 등한시할 수 없게 된 것이다.

3) 한국 인권사회학의 형성과 그 배경

한국사회학에서 인권과 관련된 연구는 일찍부터 있었지만, 명확하게 '인권' 개념을 사용하면서 본격적인 연구를 시작한 것은 1990년대 후반 한상진이 서구 인권이론을 소개한 데서(1996) 처음 발견된다. 사회학이론을 연구하던 한상진의 인권사회학 연구는 현대사회학이론이 자연스럽게 보다 깊이 있는 근대성과 성찰의 이론인 인권사회학으로 귀결되는 과정에서 생산된 것으로서, 다분히 사회학이론 연구의 한 부분으로 이루어졌다. 서구 인권이론의 소개에서 시작된 이론적 연구는 유교와 같은 동양사상에서 인권의 뿌리를 찾는 연구로 이어졌다.

서구 인권연구의 영향에 의해 이론적 연구가 이루어지는 한편에서, 정진성(1996, 2000, 2010), 조효제(2007, 2010), 정근식 · 이정은 외(2004) 등 인권운동에 깊이 참여했던 학자들에 의해 보다 구체적이고 실제적인 사회상황에 대한 체계적인 인권연구가 발전되기 시작했다. 주지하는 대로

21) "Women's rights are human rights."라는 슬로건 아래 입장이 서로 달랐던 여러 페미니즘 그룹들이 모인 것이 이를 잘 보여준다.

1990년대부터 한국사회에 폭발적으로 증가한 일본군 위안부 문제, 광주 민주화항쟁 재평가, 국가인권위원회의 설립 등의 인권상황에 대하여 사회학자들의 연구가 이루어진 것은 당연한 결과라고 볼 수 있다.

2000년대 들어 인권이 학위논문의 주제가 되기 시작한 것도 이 기초 위에서 이루어진 큰 진보이다. 미국에서 인권운동(Kong, 2006), 한국에서 한국인권의 역사(이정은, 2008)를 연구한 박사학위 논문이 발표되고, 석사학위 논문도 다수 생산되었다. 이 연구자들이 계속 인권연구를 축적하고 있으며, 앞으로 더 많은 학문 후속세대를 기대할 수 있게 되었다.

이론과, 역사, 질적 연구가 대부분이었던 인권연구가 2000년대 후반 새롭게 계량적 연구로 지평을 넓히기 시작했다. 정진성 · 공석기 · 구정우가 공동작업으로 세계적 차원의 인권지표 분석을 시도하고(2010), 유엔조약기구 권고를 기초로 하여 한국 인권지표를 개발 · 분석한 후(2012), 정병은과 법학자(김두년) 및 교육학자를 포함하여 국민인권조사를 설계 · 조사 · 분석했다(2011). 이 학자들은 일본과의 비교분석을 시도하고, 서울대 사회발전연구소 주관의 5개국 공동조사에 인권문항을 포함시켜 인권의식 비교분석을 시도하는 등 다각적으로 연구를 진척시키고 있다.

이러한 연구의 성과를 기초로 하여 제도적 발전도 이루었다. 2000년대 들어 서울대학교 사회학과를 비롯하여 여러 대학에서 인권사회학 강의가 개설되었으며, 인권 관련 학술심포지엄이 개최되었다. 앞서 언급한 바와 같이 2009년 한국사회학 내에 인권 분과를 설립하여 매 대회마다 3~4개의 인권사회학 논문발표와 토론을 진행하기 시작했고, 2012년에는 한국사회학회의 분과학회로서 인권사회학회를 설립하기에 이르렀다. 이 학회에는 위에서 언급한 학자들 외에 소수자 연구자(박경태), 여성인권에 대한 계량적 분석 연구자(유은혜), 과거청산문제 연구자(한성훈) 등, 인권연구자들이 함께 참여하여 인권사회학 발전에 기여하고 있다.

5. 인권사회학 연구의 동향

2000년대 들어 새롭게 발전하기 시작한 인권사회학은 '인권' 개념을 해체 · 재해석하는 사회구성적/담론지향의 접근, 인권 개념의 형성과 발전에 주목한 비교역사연구, 그리고 인권 실태의 측정, 인권의식조사 등을 중심으로 하는 계량적 연구, 그리고 인권의 실천에 주안점을 둔 규범적 접근의 네 범주로 크게 대별할 수 있다. 이러한 연구들은 국제적 차원의 인권상황에 대한 연구가 증대하여, 그동안 한 국가 내의 사회적 조건에 집중했던 기존의 사회학 연구의 지평을 넓히고 있다는 공통점을 지닌다.

1) 인권의 사회적 구성에 관한 연구

사회학에서 인권을 연구대상으로서 주목하면서 가장 중요하게 관심을 기울인 부분은 인권의 사회적 구성(social construction of human rights)이다. 즉 인권을 주어진 고정된 것으로 보는 것이 아니라, 구체적인 역사 속에 위치지우고 맥락적으로 분석하는 것이다. "모든 사람은 서로 다른 인권 개념을 가지고 있다"[22]는 사실에 주목하여, 한편으로 유엔을 중심으로 이루어지고 있는 국제인권규범의 보편주의[23] 주장에 문제제기를 하며, 다른 한편 그러한 인권규범이 어떤 사회에서 어떻게 법제화되고 있는가의 문제와도 연결시킨다. 인권규범을 사회적 사실로서 분석하는 것이라고 할 수

22) 뎀부어(Marie-Bénédicte Dembour, 2010)는 많은 인권논의를 고찰한 후, 인권의 보편성에 대한 서로 다른 입장을 natural scholars(인권을 주어진 것으로 보는 입장), deliberative scholars(대체로 동의하는 입장), protest scholars(인권의 보편성에 대항하는 입장), 그리고 discourse scholars(대화하는 입장)으로 나누었다.

23) 보편성(universality)과 보편주의(universalism)는 구분된다. 보편성이란 특정 개념에 대하여 세계적인 동의를 구하고 발전시키는 시도라고 한다면, 보편주의란 세계적 차원에서 획일성을 성취하기 위해 특수성을 없애려는 시도를 말한다(Marks and Clapham, 2005).

있다(Sjoberg Gill, and Williams *et al*., 2001).

이러한 인권의 사회적 구성에 대한 사회학의 분석이 인권의 보편성을 부정하는 것이라고 볼 수는 없다. 우디위스(Woodiwiss, 2003, 2005)는 세계 인권선언을 비롯한 국제인권규범이 보편적이라기보다 미국과 유럽의 가치를 반영하고 있다고 하는 입장에 동조하는 것 같으면서도, 실은 이 규범들이 현재 세계의 권력관계에 의해 규정될 수밖에 없다는 사회구성론적 해석을 함으로써 제3세계가 포함된 국제인권레짐에서 끊임없이 새롭게 생성되는 국제인권규범이 보편적 원리에 따라 발전하고 있는 사실에 주목하게 만든다. 뿐만 아니라 인권이 외교나 국제적 경제관계에서 수단으로 이용되는 관행에 경종을 울리고 있다.

그럼에도 불구하고 인권이 서구만의 고유한 창조물이 아니며, 여러 문화권에서 다소 다른 형태의 인권 개념이 형성되고 있다는 점도 사회학자들에 의해 논의되고 있다. 앞서 언급한 우디위스는 일본의 노동법에서 서구와 다른 가부장적 인권 개념이 형성되어 왔다는 연구결과를 발표한 바 있으며(Woodiwiss, 2005), 한상진은 유교에서 서구와 다른 공동체적 인권 개념이 배태되어 있다고 주장했다(한상진,1996). 다니엘 벨은 토착문화에서 인권의 개념을 이끌어내는 것은 인권을 확산시키는 효과적인 전략이 될 수 있다고 역설했다(Bell, 1996).

이러한 인권의 사회구성론적 분석은 인권침해의 사회구조적 조건에 대한 깊이 있는 분석을 가능하게 하며, 이것은 곧 사회마다 다른 인권실천(implementation)의 효과성을 높일 수 있도록 이끈다. 예컨대 고메즈(Gomez, 2003: 85-92)는 비교-역사학 연구방법을 사용하여 쿠바, 엘살바도르, 니카라과에서 어떻게 국내적(정권변동, 내적 위협 등), 국외적 변수(지정학적 변동, 독재정부에 대한 외부 지원, 외부의 위협, 국제평화활동, 외부의 비판 등)들이 작동하여 인권침해가 전개되었는지를 설명한다. 현재 유엔을 비롯한 국제인권레짐에서 새로운 규범을 만드는 것만큼, 그것의 실천방법을 찾아내는 것이 중요하다는 점을 강조하고 있는 가운데, 사회학의 역할이 더욱 커지고 있는 것이다. 드 페이터(De Feyter, 2011: 54)는 사회학자들이 왜 인권규범 실천이 사회마다 다른가에 대한 설명을 제공할 수 있다고 제안한다. 이러한 인권사회학의 분석들은 세계인권논의의 난제 중 하나인 인권의 보편성과 문화의 특수성 간의 갈등을 넘어설 수 있는 가능성을 보여주고 있다.

2) 역사적 연구

인권사회학 연구의 또 다른 큰 흐름은 인권 개념의 형성 또는 인권상황의 변화에 대한 역사학적 연구이다. 서구에서 이미 인권의 역사에 관한 역사학 연구가 축적되어 있는데, 사회학적 분석시각에서의 역사적 연구는 인권역사의 폭을 넓히고 있다. 소머스(Somers and Roberts, 2008)와 터너(Turner, 1993)는 시민권과 인권의 발전과정에 대한 분석을 했으며, 니어리(Neary, 2002)는 한국 · 대만 · 일본의 인권상황의 전개과정에 대한 비교역사학적 연구를 발표했다. 이 밖에 우디위스 등 앞서 언급한 많은 연구자들이 특정 시기, 특정 사회의 인권 개념 형성에 관한 분석을 했는데, 이것은 기존의 인권발전에 관한 역사학 연구들의 지평을 넓히고 분석적인 시각을 제공한다.

한국 인권사회학 연구에서 역사사회학적 연구의 비중은 작지 않다. 이정은(2008)은 한국사회에서 본격적으로 인권 개념이 형성된 것이 1970년대 이후라고 보는 통상의 관념에 대해 세밀한 자료 수집과 분석을 통하여 해방 후 권위주의 정부 시기에도 인권의 제도적 기초가 이루어지고 있었다는 사실을 밝혔으며, 구정우(Koo, 2011)는 국가인권위원회의 설립과정을 분석했다. 정진성 등(2010)은 근대 이후 한국과 일본의 인권의 역사적 전개과정을 비교적 관점에서 분석했다.

3) 계량적 연구

사회학에서 인권을 양화(量化)하여 정확하게 측정하려는 연구가 다각적으로 발전하고 있다. 이것은 인권의 각 요소에 대한 지표 · 지수화 작업이 동반되며, 이를 통해 세계 여러 나라들에 대한 측정과 비교분석이 다양한 통계기법에 의해 진행되고 있다. 인권의식에 대한 대규모 조사를 통하여 개인의 인권 의식과 태도에 대한 분석도 발전하고 있다. 사회적 조건과 개인의 특성에 따른 차이 등에 관한 분석도 이루어지고 있으며, 같은 조사를 시차를 두고 시행하여 시계열적 변화를 탐색하기도 한다.

먼저 인권의 범주와 정의(definition)에 대한 논의를 주목할 수 있다. 어떤 인권을 어떻게 측정할 것인가, 얼마나 적절한 데이터를 수집할 수 있는가가 계량적 인권연구의 중요한 관건이다. 랜드만(Landman, 2004)은 한 국가의 인권을 인권의 원칙(principle), 실제(practice), 그리고 정책의 세 가지 차원으로 구분하여 측정할 수 있다고 지적했다.[24] 이러한 각 범주에 속하는 여러 분야의 인권을 무엇이라고 정의하는가는 그 다음의 문제이다. 인권 개념에 대하여 다소 다른 견해들이 존재한다는 점을 감안할 때, 단일한 개념에 근거하여 인권을 측정한다는 일은 매우 어렵고도 중요한 일이다. 예컨대 영아사망률이나 평균 기대수명과 같이 명확한 개념을 가질 수 있는 인권주제가 있지만, 빈곤 · 고문 · 폭력 · 차별 등과 같이 나라마다 개념이 다른 주제에 대하여 어떻게 계량 가능한 정의를 할 것인지는 양적 연구에서 큰 난관이 아닐 수 없다(Goldstein, 1986).

---

24) 원칙에서의 인권이란 국가가 인권을 얼마나 잘 준수할 의지를 천명하는가를 말하는 것으로서, 국제인권조약 가입의 여부 등으로 측정할 수 있다. 실제란, 국가가 이 인권 원칙을 얼마나 잘 준수하는가를 측정하는 것으로서, 여러 관련 정부통계, 유엔 등 국제기구가 생산하는 지표 · 지수들이 사용된다. 정책은 국가가 인권증진을 위해 어떤 정책을 수립하는가를 측정하는 것으로, 위 세 가지 차원을 분석적으로 구분하여 한 나라의 인권상황을 총체적으로 측정하여, 나라 간 비교도 시도하고 있다.

인권의 계량적 연구에서 지표 · 지수화[25] 작업이 기초가 되는 것도 이러한 인권 정의(definition) 문제와 무관하지 않다.[26]

인권사회학자들은 이러한 지표와 지수를 이용하거나 연구자들이 직접 데이터를 수집하여 지표와 지수를 만드는 작업을 수행하며, 이를 이용하여 한 국가의 시계열 분석과 다수 나라들의 비교분석을 시도하고 있다. 정확하고, 신뢰할 만하며, 유효한 데이터, 더욱이 나라들 간에 비교 가능한 데이터를 수집하는 것은 매우 신중하고 주의를 요하는 일이지만(Barsh, 1993: 92), 이러한 계량적 분석이 인권사회학 발전에 기여한 바는 엄청나다. 특히 계량적 분석을 세계정체이론(world polity theory) 시각에서 시도하는 연구자들은 이론적, 방법론적 치밀함으로 인해 인권을 미국 주류사회학에 접목시키는 데 결정적 역할을 했다.[27]

계량적 인권연구의 또 다른 발전은 인권의식/태도조사에서 이루어지고 있다. 한 국가 또는 다수 나라들에 대한 비교분석이 '국가'를 단위로 한 연구라고 한다면, 의식조사는 개인 한 사람 한 사람의 의식/태도를 연구한다는 점에서, 또한 한 국가의 인권상황에 대한 지표도 객관적인 상황에 대한 계량화인 데 비해, 의식/태도조사는 인권에 대한 주관적 평가 · 인식이라는

25) 계량적 연구에 관해서는 이 책의 제3장 인권사회학 방법론(유은혜)을 참조할 것.

26) 인권의 사회적 구성이나 역사적 연구에서 다소 융통성 있거나 해체적이기까지 한 인권 개념이, 계량적 인권연구에서는 유엔 중심의 인권헌장, 세계인권선언이나 여러 조약들에서 규정하는 인권 개념에 보다 깊이 뿌리 박고 있는 것도, 측정의 정확성을 위한 개념의 일관화 노력이라고 볼 수 있다. 그럼에도 불구하고 어떠한 지표(indicator)를 어떤 개별 인권주제들로 표상하는가의 문제는 쉽지 않다. 예컨대 국가억압이라는 지표를 나라마다 정의가 다른 고문으로 결정 · 측정하는 것이 과연 정확한 것인가의 문제이다(Barsh, 1993: 90). 더욱이 여러 지표들을 결합하여 지수(index)로 만드는 일은 한층 어려운 작업이다. 예컨대 명확하게 정의된 여러 구체적인 인권주제들로 구성된 성차별, 인종차별 등의 차별을 결합하여 차별지수를 만드는 작업이 그것이다. UNDP가 매년 발행하는 인간개발지수(human development index)나 정치적 자유지수(political freedom index) 등의 대표적인 지수들이 극히 제한된 지표만을 사용하거나(인간개발지수는 일인당 GDP, 기대수명, 문해율, 교육연수의 네 가지 지표만으로 구성된다) 큰 범주, 예컨대 높음, 중간, 낮음 등으로 평가하는 것도 이러한 어려움 때문이라고 볼 수 있다.

27) 이 책의 제2장(구정우)의 계량 비교사회학적 접근 부분을 참조할 것.

점에서 인권연구의 또 다른 차원을 형성하는 것이다. 의식/태도조사는 통계적 기법에 따라 한 나라의 시계열적 인권상황 분석에 사용될 수 있고, 또 같은 설문을 사용하여 다수의 나라에서 조사를 실시할 경우 다수 나라들에 대한 비교분석도 가능하여, 인권연구의 개인-지역-국가의 다차원적 연구가 발전될 수 있다. 이러한 연구들은 인권실천을 효과적으로 하기 위한 정책입안에 활용되기도 하여, 인권실천에 획기적인 기여를 할 수 있게 된다.

이미 사회과학 연구에서 전 세계적인 권위와 활용도가 인정되고 있는, 80여 개 국가를 대상으로 각국의 정치적 · 사회적 변화를 조사하는 세계가치조사(World Value Survey)와 50개 이상의 국가에서 실시된 갤럽조사(Gallup International Millennium Survey)가 인권에 관한 문항들을 포함하기 시작했으며, 미국과 유럽에서 1970년대 말부터 새로운 인권의식조사들이 속속 이루어지기 시작했다. 한국에서도 서울대사회발전연구소 등에서 사회변화에 대한 조사에서 인권문항을 포함시키기 시작했으며 국가인권위원회에서 전국 인권의식조사를 정기적으로 실시하기 시작했다.[28]

4) 규범적 접근

인권연구의 또 하나의 그룹이 규범적 접근이다. 블라우(Judith Blau), 브런스마(David Brunsma)와 같은 사회학자는 인권을 사회에서 실현하도록 하는 데 있어서 사회학의 역할을 강조한다. 이들은 윤리(ethics)를 사람들 간에, 집단 간에, 공동체 간에, 국가 간에 관계를 맺는 데 작용하는 원칙(principles)이라고 정의하고, 사회과학은 이러한 윤리를 증진하는 데 적합한 지식을 지니고 있다고 주장한다. 이들은 지난 20년간 신자유주의 경제의 발전으로 빈곤과 위험이 확대되는 가운데 세계의 모든 나라들은 핵심적인 인권을 구성하는 근본적인 원칙들에 어느 정도 동의하기에 이르렀다고

---

28) 인권의식조사에 관해서는 이 책의 제4장(정병은)을 참조할 것.

보는데, 이것은 유엔의 보편적 인권선언과 시민적 · 정치적 권리규약, 경제 · 사회 · 문화적 권리규약 등 주요 조약, 그리고 ILO, UNESCO 등 유엔기구들의 여러 조약과 선언들을 일컫는 것이다. 사회학자들은 이러한 인권규범을 증진시키는 협력과 연대, 개인의 자유와 자율성, 평화와 화해 등의 윤리적 원칙을 위하여 유용한 역할을 수행할 수 있다고 주장한다. 구체적으로 미국 헌법에 인권내용을 넣어 개정할 것을 주장하기도 한다 (Moncada and Blau, 2006: 115-120).

앞서 언급한 바와 같이 인권활동에 개입하면서 인권연구를 시작한 많은 인권사회학자들(정근식, 정진성, 조효제 등)이 직·간접적으로 규범적 제안을 포함한 연구를 수행하고 있다.

6. 결론 : 인권연구의 사회학 발전에 대한 기여

세계화와 개인화가 동시에 진행되는 새로운 사회적 조건을, 기존의 국민국가와 시민권의 개념만으로 설명하기 힘든 것이 분명해졌다. 국가 간 인권상황의 비교연구와 국제적 차원의 인권문제에 대한 연구 및 한 국가의 인권상황에 대한 시계열적 연구들은, 앞서 언급한 대로 법과 철학 중심의 인권연구에서 사회학이 기여할 수 있는 가능성을 확인해 주고 있다. 그 뿐만 아니라 이러한 인권연구는 기존의 사회학에 새로운 분석과 전망을 제시하여 새로운 시대의 사회학 발전에도 중요한 기여를 하고 있다. 그 몇 가지 예를 생각해 보는 것으로 결론을 대신하고자 한다.

첫째, 새로운 시민사회론의 수립을 인권연구가 제시하고 있다. 사회학은 자본주의 발전과 국민국가 형성과정에서 형성된 시민계급에 대한 논의로부터, 경제적 계급에서 벗어난 일반시민으로 초점을 돌린 시민사회론을 발전시켜 왔다. 이제 국제 노동이주와 난민이 대규모로 형성되고 있는 현대사회에서 '시민'은 국가로부터 공식적으로 인정받은 시민권을 소유한 사람들로 국한할 수 없게 되었다. 미등록 이주노동자, 난민신청 중의 실향민(asylum seeker), 그들의 아이들 등 '비시민(non-citizen)'이 증가하고 있는 것이다. 유엔을 비롯한 국제사회에서 이미 비시민의 인권이 연구되고 있는데, 인권사회학은 이 인권연구에 중요한 기여를 할 뿐만 아니라, 사회학에 새로운 시민사회론의 전망을 열어줄 수 있다. 이러한 비시민과 새로운 시민사회론의 연구와 함께 세계사회(global society) 형성, 특히 국제적 차원의 인권운동의 결과로 형성되기 시작하는 세계사회 형성에 대한 효과 연구도 괄목할 만하다(Gready, 2004; De Feyter, 2011).

둘째, 다문화에 대한 새로운 시각을 인권연구가 제공할 수 있다. 국제노동이주와 국제결혼 등을 통한 다문화사회의 상황에 대하여, 사회학은 깊이 있는 연구를 축적하고 있다. 다른 한편 유엔 등에서 이러한 현상들에 대한 인권과 관련 국가에 대한 권고가 이루어지고 있기도 하다. 예컨대 이주노동자조약이 1990년에 만들어진 후, 2003년 검토위원회의 수립과 함께 유엔에서 2003년에 효력을 발생했으며, 인권이사회와 여성차별철폐위원회 등에서 여성이주노동자의 가내노동 집중과 인권침해에 관한 보고서를 연이어 산출했다. 이러한 인권논의들과 사회학적 통찰이 결합되면 다문화에 대한 새로운 연구지평이 열릴 것으로 생각된다. 앞서의 예로 볼 때, 이주노동자조약 가입국가가 대부분 송출국가에 국한되고 유입국가의 가입은 거의 없는 현상을 사회학적으로 분석할 수 있으며, 노동이주와 결혼이주의 인권-발전 맥락에서의 통합 분석도 새로운 시각에서 이루어질 수 있을 것이다.

셋째, 대량학살(genocide), 과거청산(transitional justice) 문제는 물론 한 국가 내의 문제이기도 하지만, 그러한 심각한 인권침해문제에 반드시 외부적 요인이 존재한다는 사실에 주목한 연구가 이루어지고 있다. 또한 국가 간에 일어나는 문제들에 대해서도 인권관점에서의 연구가 확산되고 있다.

국제인권법에서 규정하고 있는 내용들에서 사회학적 관점을 보완하고 있다(O' Byrne, 2003; De Feyter, 2011). 사회학의 지평을 넓힐 수 있는 연구가 될 것으로 판단된다.

이 밖에 사회학의 권리에 대한 공동체주의 전통은 최근 국제인권법에서 차츰 확고하게 자리 잡아가고 있는 집단적 권리(collective rights) 개념의 발전에 기여하고 있으며(MacIntyre, 1981; Turner, 1993), 젠더문제를 인권 시각에서 고찰하는 연구의 발전 등, 인권연구가 사회학이론 발전과 지평을 넓히는 데 중요한 기여를 할 수 있는 부분들이 적지 않다.

제 2 장

인권사회학 이론의 형성과 발전[1]

| 구정우(성균관대) |

1. 들어가며

사회학 이론의 거장으로 잘 알려진 브라이언 터너는 1993년 "인권이론 정립하기"라는 논문에서 사회학이 인권에 대한 경험적인 분석 그리고 인권에 관한 일반적인 이론 정립에 소홀했음을 통렬히 비판한 바 있다(Turner, 1993). 쇼버그와 그의 동료들 역시 2001년에 출판한 "인권사회학"이라는 논문에서 사회학자들이 인권에 대한 이론적 · 경험적인 탐색을 회피해 왔음을 지적했다(Sjoberg, Gill, and Williams, 2001). 최근 권리사회학의 계보학을 주창한 마가렛 소머스는 사회학과 인권의 괴리현상이 여전히 해결되지 않고 있고, 이러한 괴리를 고착화하는 역사적 · 제도적 요인에 대한 진지한 이해와 토론이 시급하다고 지적한다(Somers and Roberts, 2008). 소머스는 고전사회학 이래로 사회학이 택해 온 가치중립적 태도, 권리에 대한 개인주의적 접근법, 경제적 · 사회적 권리보다 시민적 · 정치적 권리를 우선시하는 태도 등이 인권에 대한 사회학적 접근을 가로막는 장애물이라고 주장한다.

그러나 1990년대와 2000년대에 전개된 일련의 국제적 흐름들(가령, 국제인권레짐의 팽창, 인권담론의 확산, 인권에 대한 사회과학적 관심의 확대)은 사회학이 더 이상 인권에 대한 이론적 · 경험적 분석을 회피하지 못하게끔 강제하는 구조적인 요인이 되고 있다. 2005년에 사회학 분야의 권위지로 손꼽히는 *American Sociological Review*에 국가들의 인권조약 가입 결정요인을 분석하는 웨이드 콜의 논문이 실렸고, 같은 해에 또 다른 권위지인 *American Journal of Sociology*에 인권개선의 조건을 국제민간단체의 역할과 접목시켜 설명한 에믈리 해프너와 키요테루 츄츄이의 논문이 게재되면서, 인권이 주류사회학 내에 편입되는 하나의 중요한 계기가 마련되었다

1) 이 장은 2010년 정부(교육과학기술부)의 재원으로 한국연구재단의 지원을 받아 수행한 연구임(NRF-2010-413-B00031).

(Cole, 2005; Hafner-Burton and Tsutsui, 2005). 2009년 미국사회학회(ASA) 내부에 인권분과가 구성되었고, 참여하는 회원수는 300명을 넘어섰다.[2] ASA 인권분과의 핵심 멤버들은 2013년에 *Handbook of Sociology and Human Rights*(Brunsma, Smith, and Gran, 2013)를 편집 · 출판하면서, 그 활동의 반경을 넓혀가고 있다. 한국사회학 내부에도 인권을 경험적으로 연구하는 그룹이 생겨나기 시작했으며, 이들의 주도로 한국사회학 연례모임에서 2008년 이래로 인권분과가 구성되고 있으며, 2012년에 인권사회학회가 창립되는 제도적 결실로 이어졌다.

이처럼 사회학적인 이론과 방법론으로 인권을 설명하고 해석하려는 노력들이 지난 10여 년 간 부상하고, 지속적으로 확대되는 추세지만, 20년 전의 브라이언 터너의 탄식은 여전히 유효하다고 볼 수 있다. 즉 여전히, 인권사회학이란 무엇이고, 인권사회학 이론과 방법론이 무엇인지에 대해서는 합의된 바가 없다고 보는 것이 옳다. 또한 인권사회학적 분석을 요청하는 영역은 무엇이고, 인권사회학과 같은 사회과학 내의 유사 학문분야(가령, 정치학)들과는 어떠한 차이가 있는지 등에 대한 심도 있는 탐색도 아직은 이루어지지 못했다. 최근 인권의 사회과학을 주창한 정치학자 토드 랜드만의 경우에도 폭넓은 의미의 인권의 사회과학을 내세운 것이지, 인권의 정치학을 구체화한 것은 아니었고, 이론적 자원 역시 새로운 이론체계를 정립했다기보다는 기존의 정치학과 국제관계의 이론들(가령, 합리주의, 구성주의, 문화주의 등)을 인권연구라는 목적에 맞게 변용하고 활용하는 과정을 거친 것으로 이해할 수 있다(Landman, 2005).

이번 장은 이러한 문제의식에서 출발한다. 구체적으로 인권사회학, 특히 인권사회학 이론을 둘러싼 그간의 국내외 논의들을 소개하고, 이를 통해 인권사회학 이론 정립을 위한 하나의 실마리를 마련하는 데 그 목적이

2) ASA 내의 인권분과 공식사이트를 참조할 것. http://www.asanet.org/sections/humanrights.cfm

있다. 특히, 인권사회학 이론의 흐름을 크게 두 가지, 첫째 인권 개념을 둘러싼 이론화의 노력(사회이론적 접근), 그리고 인권현상을 실증적으로 설명하려는 노력(경험적 접근) 두 가지로 대별하고, 각 흐름을 대표해 주는 주요 학자들의 연구와 주장을 검토하고자 한다.

2. 인권에 대한 사회이론적 접근

1) 인권의 존재론적 근거 : 브라이언 터너

터너는 사회학에서 인권에 대한 무관심의 기원을 고전사회학에서 찾는다. 뒤르켐은 법과 규범을 개인에 외재하면서, 영향력을 행사하는 사회적 사실(social facts)로 취급하였고, 이러한 실증주의적 태도는 정당한 법과 정당하지 않은 법, 정당한 법적 시스템과 정당하지 않은 법적 시스템의 구분을 불가능하게 만들었다. 인권에 대한 연구가 필수 불가결하게 정의·규범 등에 관한 탐색임을 고려할 때, 인권은 사회학적 분석의 영역이기보다는 철학적 탐색의 영역으로 한정될 수밖에 없었다는 것이다. 그러나 터너는 사회학적 설명이란 법, 권리, 의무 등에 관한 규범적 설명의 중요성에 대한 인정 없이는 궁극적으로 불완전할 수밖에 없다고 주장한다.[3]

마르크스의 계급이론과 자본주의 이론 역시 법의 영역을 부르주아적·자본주의적 지배를 정당화해 주는 상부구조적 기제로 보았기 때문에, 권리·인권 등에 대한 사회학적 탐색은 거의 불가능한 것으로 비춰졌다. 자본주의적 시민사회 내에서 인권이란 경제적·사회적 불평등을 위장하는 허울(facade)에 불과하기 때문에, 인권에 대한 사회학적 분석은 객관적 위치를 담보하지 못하는 것이다. 그러나 터너가 보기에 마르크스는 권리를

3) 이 절은 "Outline of a Theory of Sociology"(1993)를 주로 참조하여 작성되었다.

개인주의적 전통으로 가두는 오류를 범하였고, 따라서 권리를 집단주의적 맥락으로 이해해서, 오히려 민주주의적 사회를 앞당기는 중요한 조건으로 개념화할 수 있는 가능성을 차단하고 있다.

터너는 뒤르켐과 마르크스뿐 아니라, 베버 역시 인권에 대한 회의적 태도를 강화하는 데 기여했다고 주장한다. 베버는 법사회학에서 탈주술화, 법의 점진적 합리화, 법전문가 집단의 등장, 법철학의 등장 등에 초점을 맞추면서, 법의 영역이 점차 중요한 사회적 분석의 대상이 되고 있음을 인정했다. 그러나 법을 지배의 도구, 권력 및 권력투쟁을 반영하는 결과물로 이해하기 때문에, 법이 갖는 보편적 속성, 즉 보편적 인권을 개념화하고, 권리의 사회학을 발전시킬 수 있는 가능성을 인정할 수 없었다. 또한 베버의 법사회학, 국가론 등에서 권리란 개인에 내재하는 무엇이라기보다는 국가에 내재하는 기제로 이해되기 때문에, 개인이 담지하는 자격으로서 인권을 이해할 수 있는 여지는 거의 없었다고 주장한다.

터너는 사회학 내에서 시민권에 대한 관심이 등장하게 된 배경을 설명한다. 그러나 이 시민권 개념은 국민국가라고 하는 틀에 갇혀 있다고 비판한다. 시민권과 인권 개념 그리고 이 두 가지 개념의 등장 배경 및 맥락을 소개하면서, 인권 개념의 특징을 더욱 선명히 드러내고 있다. 특히, 인권은 글로벌리제이션 시대에 더욱 현실적이고, 더욱 진보적인 개념이라고 강조한다. 물론, 때때로 인권은 서구의 개인주의를 정당화하는 논리로 기능하기도 하고, 이에 말미암아 제3세계로부터 종종 비판을 받아왔다. 나아가, 서구의 개인주의 철학, 그리고 소유권 개념과 은밀히 연결되어 있다는 비판을 받기도 한다.

시민권 이론의 경우에는—인권 개념과는 달리—존재론적인 정당화가 필요치 않았고, 따라서 고전사회학 이래로 사회학자들로부터 높은 호응을 얻었다. 즉 시민권은 특별한 정당화가 필요 없는 하나의 일반적인 사회적 제도로 취급된 것이다. 특히, 이는 자본주의 시장의 부정적 결과에 대처하고, 복지국가라는 제도의 발전을 추동하려는 목적으로 등장한 개념이다. 이러한 이유에서, 시민권 담론은 보편적 존재론(universal ontology)에 대한 정당화를 굳이 요청하지 않는다. 그러나 터너가 보기에 시민권 개념은 세 가지의 분석적 문제점을 안고 있다. 우선, 시민권 개념은 공공이익에 봉사하는 시민을 전제로 하고, 이러한 시민들은 특수주의적 · 부족적 이해와는 거리를 두는 것으로 이상화된다. 그러나 이것은 서구적 전통의 공공성 및 공공시민 개념을 갖추지 않는 사회 및 문화에서는 적용되기 어렵다. 둘째는, 시민권의 개념이 근본적으로 국민국가(the nation-state)를 사회의 자연스러운 경계로 인식한다는 점이다. 이러한 전제는 역사적으로 국민국가 형성과정에서 배제된 사회집단(가령, 부족공동체 집단)들에 대한 고려와 배려를 어렵게 만든다. 나아가, 세계화 시대에 국민국가의 경계가 약화되고 있는 현실과도 부합하지 않는다. 셋째, 시민권은 임의적이고, 우연적인 권리들의 묶음으로 이해되는 경향이 있다. 따라서 특정한 권리목록들에 대해 특권을 부여하는 법적 문제로부터 자유롭지 못하다.

터너가 보기에 시민권에 비해 인권은 더욱 보편적이고, 더욱 현대적(contemporary)이며, 보다 진보적이다. 따라서 인권에 기반한 연대는 시민권에 기반한 연대를 넘어서는 역사적 단계에 위치한다고 보아야 한다. 시민권은 복지국가라는 맥락에서 국민국가라고 하는 좁은 틀에 사로잡혀 있는 반면, 인권은 세계체제에 조응하는 하나의 진보적인 패러다임이라는 주장이다. 시민권은 국가형성, 국민국가의 정당성과 연결되는 개념인 반면, 인권은 이를 넘어서서, 다문화주의, 글로벌리제이션과 조응되는 개념이라고 볼 수 있다. 시민권의 사회학을 넘어, 인권의 사회학으로 나아가야 하는 강력한 이론적 정당화인 셈이다.

터너는 인권 개념의 보편성을 "몸의 사회학(a sociology of the body)"이라는 측면에서 정당화할 수 있다고 주장한다. 구체적으로 신체의 취약성, 사회적 제도의 불안정성, 이 두 가지 존재론적 근거 때문에 국민국가에 얽매여 있는 시민권을 넘어서는 인권이 요청된다는 것이다. 그간 사회학이 인권을 중심적 범주로 연구하지 못한 이유는, 인간 · 인간성이라는 개념이, 모든 사회 및 문화를 넘어 보편적으로 적용되기 어렵다는 사회학적 상대주의의 영향력 때문이다. 또 하나의 이유는 권리 혹은 인권의 개념이 개인주의적 · 소유적 · 이기주의적 사회 개념과 긴밀히 연결된다는 편견 때문이었다. 그러나 신체의 취약성, 그리고 사회제도의 불안정성이라는 새로운 존재론적 근거를 통해 인권을 재정당화하고 재해석할 수 있다면, 세계화 시대의 하나의 새로운 규범적 프로젝트로 인권의 의미를 살려갈 수 있다.

인간은 불완전하게 세상을 마주하게 되고, 성숙한 개체로 발전해 가는 과정에서 늘 사회와 문화에 종속될 수밖에 없는 불안정한 존재들이다. 따라서 인간의 취약성은 일정한 훈육을 제공하는 정치적 · 사회적 환경 및 제도를 요청하고, 이는 사회적 질서유지를 위해 필수 불가결하다. 그러나 인권을 보호하기 위해 등장한 사회제도들(가령, 국가, 법, 교회 등)은, 제도가 추구하는 권력지향성 때문에, 종종 오히려 인간을 억압하는 기능을 한다. 따라서 민주적 참여의 전통이 국가를 포함한 강력한 사회제도에 종속되어 버리는 아이러니한 결과와 흔히 마주치곤 한다. 이 같은 인간과 사회제도의 취약성에 대한 인식은 인권사회학의 출발점이 된다.

2) 인권이론의 영역 : 기디온 쇼버그

쇼버그 역시 터너와 마찬가지로 사회학이 오랫동안 인권에 무관심한 태도를 보여왔다는 점을 비판한다. 특히, 인권원리의 핵심이라고 할 수 있는 '도덕성' 에 대한 사회학적 연구가 쉽지 않기 때문에, 사회학 내에서 인권연구는 정체된 상태로 남았다는 것이다. 실증주의적 사회학 전통은 도덕에 관한 연구를 외면했고, 베버주의 전통의 가치중립적 태도는 과학적 태도와 도덕적 관심을 분리시켰다는 것이다. 그러나 쇼버그는 인권이 담보하는 도덕성이야말로, 현대사회가 당면하는 다양한 계층적 · 인종적 · 성적 균열에 대응할 수 있는 유일하게 효과적인 방법이라고 주장하면서, 인권이 갖는 실천적 함의에 무게를 싣는다.[4]

쇼버그는 도덕적 관심(moral inquiry)이 사회학적 전통 내에서 결코 새로운 것이 아니며, 뿌리 깊은 지적 전통을 갖고 있다는 점을 강조한다. 즉, 도덕에 관한 탐색은 사회학의 본질적 측면이며, 인권은 크게 보아 이러한 도덕에 관한 사회학적 관심과 조응을 이룬다. 실증주의적 · 베버주의적 가치중립적 태도만이 사회학적인 연구의 정향은 아니었으며, 벨라, 소로킨, 굴드너, 무어, 하버마스, 부루디외 등으로 이어지는 사회학적 연구전통 내에 도덕에 관한 뿌리 깊은 사회학적 관심이 남아 있다. 쇼버그에 따르면 도덕에 관한 그간의 사회학적 관심은 세 갈래로 나뉜다. 첫째는 문화 상대주의적 전통이 도덕을 다루는 방식이다. 각 문화가 갖는 특수성을 존중하려는 문화 상대주의적 전통은 자연스레 타 문화 존중과 관련된 도덕적 문제를 제기하고 있다. 둘째는 공동체에 대한 관심이다. 전통적으로 사회학은 공동체의 보존 및 유지에 대한 깊은 관심을 가지고 있었고, 이는 도덕의 문제와 분리되어 이해될 수 없다. 셋째는, 아이러니하게도 공리주의적 전통이다. 공리주의는 인간에 대한 합리주의적 이해를 바탕으로 인간행위와 사회를 설명하려는, 다분히 '실증주의적' 전통이지만, 본질적으로는 모든 사회적 질서에 내재하는 궁극적 주체로 개인을 부각시키고, 개인주의를 옹호하기 때문에, 자연스레 도덕문제와 맞닿아 있다.

쇼버그는 인권을 다음과 같이 정의한다. "다양한 사회적 · 문화적 시스템에 위치한 개인이 인간존재의 존엄성을 옹호하기 위해, 조직화된 권력관계에 대해 제기하는 권리 주장(Sjoberg *et al.*, 2001: 25)." 여기에서 특히 주목할 부분은 '조직화된 권력관계'로 표현된 의무담지자에 대한 이론화이

---

4) 이 절은 쇼버그와 그의 동료들이 공저한 "A Sociology of Human Rights"(2001)를 주로 참조하였다.

다. 쇼버그에 따르면 조직적 권력(organized power)에 대한 저항이야말로 인권의 핵심을 이룬다. 이러한 조직화된, 혹은 조직적 권력은 2차 세계대전 이후 인권 개념의 등장을 유도한 나치의 대량살상에서 유래하며, 구소련의 억압적 체제를 거쳐 현대의 다양한 조직적 권력으로 이어지고 있다. 특히, 쇼버그는 도시화 · 산업화를 거쳐 현대사회가 점차 고도화됨에 따라 다양한 형태의 조직들이 그 영향력을 확대해 가고 있으며, 현대사회의 개인들의 인권을 제한하고 억압하는 기능을 담당하고 있다고 분석한다. 현대의 조직들은 더욱 복잡화되는 불평등 체제를 만들어 내고 있는 것이다. 경제, 정치, 종교, 군사 등 다양한 영역에서 다양한 조직들이 점차 강력한 사회적 권력을 행사하면서, 인권을 침해하는 주체로 서게 된다. 최근까지 대체로 국가가 이러한 조직화된 권력의 정점에 있는 것으로 이해되곤 했다. 따라서 인권 논의에도 의무담지자는 대체로 국가와 동일시되는 경향이 있었던 것이 사실이다. 그러나 쇼버그는 거대한 기업들이 행사하는 조직화된 권력의 남용에 대해 주목해야 한다고 주장한다. 인권사회학적 관점에서 보았을 때, 인권 어젠다의 실행이란 조직에 대한 재구조화, 그리고 현재의 다양한 인권문제의 해결을 도모하는 새로운 조직들의 창출을 요청한다.

쇼버그는 사회학적 분석의 대상이 되는 인권의 — 논쟁적 — 영역에 대한 구획을 시도한다. 보편주의와 문화적 상대주의의 영역, 인간 본성에 관한 논쟁, 합리성의 본질에 관한 토론, 공식조직의 본성에 대한 연구, 인권과 민주주의의 문제 등이 그 대표적 영역들이다.

우선, 보편주의의 미명하에 서구의 가치가 인권에 삼투된 것인지, 비서구에도 인권의 가치가 존재했었는지 그렇지 않은지를 포함해서 보편주의 및 특수주의에 관련된 다양한 논쟁에 사회학자들이 참여할 수 있다. 인권이론의 존재론적 기반이 되는 인간본성의 개념화 역시 대단히 중요한 사회학적 연구주제이나, 그간 소홀히 다루어진 연구분야이다. 개인의 행동의 본질에 관한 논쟁은 인권의 초석이 되며, 나아가 인권연구의 출발점이 된다. 다음으로, 인권의 기반이 되는 합리성에 대한 연구 역시 중요하다. 합리성에 대한 대안적인 인식이 필요하며, 이러한 새로운 합리성 개념은 개인이 속한 공동체에 대한 입장뿐 아니라, 다른 사회적 맥락도 동시에 고려하는 새로운 시각을 요청한다. 이를 통해 개인주의에 경도된 인권을 새롭게 해석하고, 인권의 영역 내에 타자와 공동체를 끌어들일 수 있다.

인권침해의 주체가 되는 다양한 층위의 다양한 사회조직들(가령, 국민국가, 유엔, EU, WTO, World Bank, 다국적기업 등)에 대한 연구 역시 인권사회학적 연구의 주요 대상이 된다. 이러한 조직들이 왜, 어떻게 인권을 침해하는 주체가 되는지에 대한 연구를 진행할 필요가 있는 것이다. 마지막으로, 민주주의와 인권의 관계는 무엇이고, 어느 정도로 두 개의 영역이 연관되는가에 대한 탐색을 할 수 있다. 그간 민주주의 연구자들은 인권 개념에 대한 연구에 소홀해 왔던 것이 사실이다. 따라서 참여적 민주주의 전통에서 인권은 어떤 위치를 점하고 또 점해야 하는가, 조직적 권력의 불평등한 속성을 드러내는 인권의 관점이 어떻게 민주주의에 대한 새로운 이해에 기여할 수 있는가 등에 대한 연구는 인권사회학 연구의 중요한 영역이 된다.

3) 자유주의적 권리를 넘어서 인권으로 : 블라우의 사회학적 인권 개념

앞서 밝힌 것처럼 규범주의와 실증주의의 간극, "미국 예외주의", 경제적 · 사회적 권리 개념의 실종 등으로 인하여 미국 사회와 학계에서 인권에 대한 논의는 터부시되었다. 그러나 2005년 8월 허리케인 카트리나가 가져온 재앙으로 말미암아 기본권으로서의 경제적 권리(가령, 식량권, 거주권, 일할 권리 등)에 대한 관심이 커졌고, 이를 인권의 프레임으로 해석하고 이를 통해 인권사회학의 정체성을 확립하려는 노력이 생겨났다. 이러한 노력의 중심에 쥬디스 블라우(Judith Blau)가 서 있다. 블라우는 시장 만능주의와 경쟁주의가 낳은 부작용과 이러한 자유주의적 원리가 왜 인권의 원리와 충돌, 대립할 수밖에 없는지를 지적하고 있다. 터너의 주장과 마찬가지로 시민권이란 국민국가의 틀에 사로잡혀 있는 협의적 개념이고 초국가적, 세계화 시대에 적합한 개념으로 인권을 제시하고 있으며, 이 인권의 개념이 통상적으로 이해되는 "자유주의적 권리" 개념과 어떻게 대비되는지를 개념적으로 정당화하는 데 주안점을 두고 있다(Blau and Moncada, 2005). 인권을 설명적 · 인과적 분석의 대상으로 삼고 있지 않고, 따라서 분석적 인권사회학 이론을 발전시키고 있진 않지만, 사회학적 의미의 인권 개념을 정당화하고, 이를 통해 인권사회학의 이론적 자원을 제공하고 있다는 점에서 주목할 만한 가치가 있다. 나아가 블라우와 같은 개념적, 담론적, 규범/실천적 접근은 미국사회학회 내의 인권사회학 분과 내에서 광범위하게 받아들여지고 있으며, 적지 않은 학문적 동조자를 확보하고 있다는 면에서 하나의 영향력을 확보하고 있는 관점이라고 할 수 있겠다.

블라우는 인권의 전제는 공유된 인간성, 즉 인간을 인간되게 만드는 기본조건이라는 통찰에서 출발한다. 시공을 초월하여 인간은 이러한 인권의 전제를 공유해 왔고, 나름의 방식으로 이를 추구하고 실현해 왔다. 그러나 시장의 영향력이 커지고, 즉 통제력을 상실하고 세계화가 가속화됨에 따라 전통 및 공동체 사회 속에서 나름의 방식으로 인권을 향유하던 개인들은 위협받게 되었고, 인권은 위험에 처하게 된다. 여기에서 블라우는 인권이 근대성의 산물이고, 따라서 전통사회에서는 인권의 관념이 존재하지 않았다라는 자유주의적 인권 관념을 정면으로 비판한다(Donnelly, 2003). 나아가 시장 근본주의와 세계화로 말미암아 근대사회에서 인권이 오히려 악화되고 있다는 주장을 폄으로써, 인권은 비가역적인 것이며 개인주의와 등치될 수 없는 역사적 관념이라는 주장을 전개한다. 자유주의적 권리 전통에서 정치적 권리란 국민국가에 참여할 수 있는 권리로 이해되고, 경제적 권리란 소유와 부의 축적에 관한 권리로 좁게 이해되는 반면, 인권 전통은 이러한 국민국가와 시장경제에 얽매여 있는 권리 개념을 근본적으로 다르게 이해한다. 여기에서 인권이란 "기본적인 인간의 열망이자 필요"로 이해된다. 여기에서 핵심은 "형평성(equality)"이다. 인간의 필요 그리고 형평성의 충족을 인권의 주요한 가치로 간주함으로써, 블라우는 자연스레 인권의 지축을 시민적 · 정치적 권리에서 경제적 · 사회적 권리로 옮기고 있다(Blau and Moncada, 2005).

블라우는 현재까지 미국사회에서 보편적으로 인식되고 있는 인권이란 '자유주의적 권리'와 다르지 않으며, 이 자유주의적 권리 개념은 여러 가지 면에서 중대한 한계가 있다고 주장한다. 우선, 자유주의적 권리 개념의 저변에는 실력주의와 인종주의가 깔려 있다. 특권과 서열은 노력에 대한 보상이기 때문에 장려되어야 한다는 주장이 그 핵심이고, 이 논리의 저변에는 백인 우월주의가 깔려 있다고 비판한다. 두 번째 자유주의적 권리 개념은 개인적인 이해 추구를 주요 덕목으로 하기 때문에, 집단적 이해와 권리 개념을 경시한다는 것이다. '나의 집', '나의 가족', '나의 재산'에 관해 말하지만, '우리의 공동체', '우리의 자원', '우리의 가족'에 대해서는 침묵한다는 것이다. 세 번째로, 자유주의적 권리 개념은—두 번째 항목의 논리적 결과로서—개인적 권리에, 특히 국가에 대해 성립되는 개인적 권리에 주요 관심을 두기 때문에 '타자의 권리', '다른 모든 사람들의 권리'에 대해서는 무관심하다는 것이다(Blau and Moncada, 2005).

블라우는 인권원리의 금과옥조가 '형평성'이라는 점을 누차 강조한다. 그러나 인권은 문화적 차이에 대해 높은 감수성을 갖는다고 주장한다. 자유주의적 권리 개념이 개인적 성취라는 차원에서 차이성을 이해한다면 인권 개념에서 차이란 문화적 차이, 그룹멤버십, 연대성에서 기인하며 개인적 차이 훨씬 이상의 것을 의미한다. 인권은 자아의 권리 못지 않게 타자의 권리를 중시하며, 자아에 대한 승인 못지 않게 타자에 대한 승인을 요청한다. 즉 인권의 관점에서 볼 때 개인은 독립적인 주체라기보다는 그룹과 사회의 맴버로서 이해되며, 개인의 정체성과 안전성은 궁극적으로 집단에 대한 소속감 그리고 타자에 대한 의무 관념 속에서 꽃피게 된다. 이러한 맥락에서 개인주의 권리전통에서 그룹의 권리주장의 정당성에 대한 끊임없는 문제제기가 있을 수밖에 없는 반면 인권전통에서는 개인의 존재조건이 그룹과 사회라고 하는 전제에서 출발하기 때문에, 그룹의 권리주장의 정당성은 온전히 인정된다. 개인주의 권리전통이 '보편주의' 라는 미명 아래 토착문화 및 종교전통과 인권 간의 단절성을 강조하는 반면 인권전통은 모든 문명 간의 형평성, 그리고 그들 간의 독특한 차이성을 이해하고 인정한다(Blau and Moncada, 2007).

4) 인권의 사회적 구성 : 앤서니 우디위스

우디위스에 따르면 권리란 자기 발생적 혹은 자기 강화적인 무엇이 아니라, 사회적 관계에 의해 규정받는 무엇이다. 또한 권리란 그 자체가 사회적 관계의 하위요소라고도 말할 수 있다. 즉, 권리란 사회적 기대를 낳는 사회적 관계의 거대한 집합체에 속하는 사회관계의 하나의 하위유형 그 이상도 이하도 아니다. 다만 특정한 법률적 형태를 띠며 권력남용의 방지에 초점을 맞춘다는 점에 그 특수성이 있다. 권리란 사회적 관계의 규정을 받는다라고 했을 때, 이 사회적 관계의 하나의 특징적 유형이 바로 '권력' 이 된다. 푸코의 지식은 권력이다라는 주장에 동조하면서 우디위스는 인권도 하나의 권력이다라는 주장을 펴고 있다(Woodiwiss, 2011). 우디위스는 터너, 쇼버그, 소머스 등과 마찬가지로 규범적인 것과 경험적인 것 간의 분리를 정당화하는 태도에서 벗어나 인권이란 미명하에 숨어 있는 권력적 요소, 특히 불평등 문제를 제기하는 것이 중요하다고 주장한다. 즉, 권력과 얽혀 있는 인권의 속성을 어떻게 바꿀 것이고, 이를 통해 어떻게 인권이 더 많은 세계시민을 위해 기여할 수 있을지에 대해 고민해야 한다는 것이다

(Woodiwiss, 2005).

따라서 인권은 어쩔 수 없이 자기 파괴적이고, 이를 구현하는 다양한 형태의 인권레짐들도 모두 자기 파괴적일 수밖에 없다. 다만, 더욱 자기 파괴적이냐, 덜 자기 파괴적이냐란 점에서 차이가 있을 뿐이다. 이 논리에 따르면 이른바 "좋은 사회들(good societies)"이 "나쁜 사회들(bad societies)"에 비해 인권침해로부터 자유롭다고 하는 주장은 일견 일리가 있는 것 같지만, 사실 그렇지 않다. 인권을 보다 잘 구현하고 있다고 주장되는 좋은 사회들 역시 인권의 자기 파괴적인 면은 존재하고, 따라서 역시 배제의 메커니즘으로 기능하고 있다는 것이다. 미국의 예가 대표적이다. 주지하다시피 미국에서는 시민적 · 정치적 권리에 비해 볼 때, 경제적 · 사회적 권리의 보호수준이 대단히 미약한 편이다. 특히, 경제적 차원의 불평등 수준이 대단히 높다. 가령, 노동자들의 결사의 자유에 대한 제약은 미국을 위시로 한 유럽국가들에서 빈번히 발생하고 있다. 미국과 영국의 경우 테러와의 전쟁이라는 명목하에 그간 기본적으로 인정되어 온 시민적 · 정치적 자유 역시 제약받고 있는 것이 현실이다. 정보권의 경우 초국적기업에 의해 통제되고 있는 것도 현실이다(Woodiwiss, 2003).

같은 논리로 국제인권 기준 역시 권력적 요소를 내포하고 있다. 무엇보다 국제인권 기준은 진정한 보편성을 담보하고 있다고 보기 어렵고, 오히려 미국적 · 유럽적 가치를 중심으로 구성되었다고 보는 것이 옳다. 세계인권선언의 정신을 보편성이라고 본 도널리와 달리 우디위스는 세계인권선언이 보편적 가치를 담보하고 있다고 보기 어렵다고 주장한다. 세계인권선언에 반영되어 있는 '좋은 사회'에 대한 이미지는 미국과 유럽의 그것과 크게 다르지 않다. 나아가 세계인권선언은 내재된 개인의 형평성을 말하고 있는 것이 아니라 내재된 개인의 존엄성에 대해 말하고 있다. 세계인권선언이 동등한 보호를 받는 사회적 존재들을 명시화하는 이면에는 명시되지 않은 경우에는 동등한 보호를 받기 어렵다는 논리가 깔려 있고, 이 역시 배제의 메커니즘으로 작동한다. 결국 우디위스가 보기에 보편적 권리를 명시하고 있다고 받아들여지는 세계인권선언 역시 국가와 시민들 사이에 존재하는 권력 불평등 문제를 해소하지 못한다. 다만 그 권력 불평등을 어느 정도 완화할 뿐이다. 국제인권담론/규범 역시 각 민족/사회의 다양성, 인권에 대한 다양한 시각을 포괄하지 못하고 있으며, 따라서 권력적 속성으로부터 자유롭지 못하다. 이런 의미에서 우디위스는 헌팅턴의 "문명의 충돌"과 같은 발상, 즉 서구문명은 우월하고 질서잡힌 것이고 나머지는 그렇지 않다는 이분법적 서구 중심적 발상은 다원화된 인권을 발전시키는 데 장애물이 된다고 주장한다(Woodiwiss, 2003).

우디위스가 보기에 현재 이해되고 있는 인권은 그리 잘 균형 잡힌 원리가 아니다. 왜냐하면 자율성(autonomy)의 원리가 상보성(reciprocity)의 원리를 과도하게 압도하고 있기 때문이다. 사실 칸트가 공화주의를 강조하여 인간의 자율성 원리를 끌어내었고, 이를 통해 인권의 기초를 다진 것은 분명하지만, 코스모폴리탄이즘을 강조하면서 상호성 혹은 상보적 의무에 대해 강조한 것 역시 사실이다. 즉, 칸트는 자율성에 대한 강조 못지 않게 상보성을 강조했으며, 같은 맥락에서 공화주의 윤리와 코스모폴리탄이즘 윤리 간의 갈등에 대해서도 잘 인식하고 있었다. 나아가 상보성이란 사회성을 규정하는 가장 기본적인 조건이며, 인간의 자율성을 위한 필수적 조건이라고 주장함으로써, 자율성과 상보성 간의 조화를 다시 한 번 강조하고 있다. 이러한 상보성에 대한 강조는 앞서 살펴본 블라우의 인권에 대한 관점과 상통하며, 인권을 사회계약적 관점으로 바라보는 오류에서 일정 정도 탈피하게 도와줄 수 있다. 또한 시장 근본주의와 이를 방조하는 국가에 의해 인권에 대한 이해 및 레짐이 차이를 낳는다고 본 소머스의 시각과도 일맥상통한다고 볼 수 있다. 사회계약의 과정에서 배제되는 집단에 대한 감수성을 촉구하고 있는 것이며, 이들에 대한 권리의 보장을 위해서는 개인의 자율성 못지 않게 상보성에 대한 강조도 중요하다는 것이다.

우디위스는 권력에 의해 규정당하고 있는 현실에서의 인권을 "인권의 박스"에 비유하고 있다. 인권의 박스란 인권의 프레임이 대중들의 삶을 개선시키지 못하면서 엘리트들에 의해 지배되고 있는 아이러니한 현실을 의미한다. 인권의 박스는 세계시민들이 아닌 소수의 엘리트들에 대해서만 선택과 기회를 제공하는 것이다. 이러한 인권의 박스를 열어서 새로운 내용으로 채우기 위해 요청되는 태도는 인권을 목적(ends)으로 보는 것이 아니라 수단(means)으로 간주하는 사회학적 태도이다. 흔히 오해되는 것처럼 인권은 그 자체가 근본적인 윤리적 원칙일 수 없다. 다만 글로벌 대중들을 보호하기 위해, 그들의 인간으로서의 기본 조건을 유지하기 위해 활용되어야 할 수단이다. 이렇게 인권을 목적이 아닌 수단으로 인식할 때 인권을 자유주의, 사회주의, 아시아 가치, 보편주의, 상대주의 등의 다양한 이데올로기로 가두어 버리는 오류에서 벗어날 수 있다(Woodiwiss, 2003).

냉전이 종식되고, 경제적 · 사회적 권리를 배타적으로 옹호했던 사회주의 진영이 몰락했다고 해서, 경제적 · 사회적 권리의 비중이 함께 줄어들었다고 보는 것은 오류다. 오히려 그 반대이다. 글로벌리제이션이 가속화됨에 따라 인권에서 경제적 · 사회적 권리의 비중이 오히려 커지고 있다. 이는 경제적 · 사회적 권리가 역사적으로 구사회주의 국가들뿐 아니라 유럽이나 아시아 국가들에 의해서도 오랫동안 강조되어 왔기에 가능한 일이며, 따라서 경제적 · 사회적 권리를 이데올로기적으로 재단하는 관점은 지극히 경계해야 한다. 경제적 · 사회적 권리는 글로벌 다수를 보호하는 윤리적 목표를 수행하기 위해 가용한, 중요한 실천적 수단의 하나이다.

우디위스에 따르면 인권사회학이 커버하는 영역은 인권담론의 발전, 그리고 인권의 국제적 · 국내적 실현에 관한 역사적 연구, 인권의 통합과 배제, 제도적 및 사회-구조적 인권지지 및 도전에 있어서의 차이, 인권의 다양한 영역(및 인권보호집단)에서의 인권실현의 효율성의 차이, 인권보호 메커니즘의 장점과 약점, 인권보장의 효율성을 평가하는 문제와 당면한 어려움, 인권의 미래 등을 포괄한다(Woodiwiss, 2003). 인권사회학은 인권에 대한 법학 중심적 접근법에 대해 새로운 시각을 제공해 줄 수 있는데, 특히 다양한 사회적 · 문화적 맥락에서 인권의 전 지구적 실현(global enforce-ability)과 연관되는 사회적 · 사회학적 이슈에 기여할 수 있다고 우디위스는 주장한다(Woodiwiss, 2011). 이론과 실천의 접목을 요청하는 우디위스의 시각이 다시 한 번 부각되는 지점이다.

3. 인권에 대한 경험과학적 접근

인권에 대한 사회학적 개념화에 초석을 다진 이상의 사회학자들의 공헌은 지대한데, 특히 자유주의적 · 개인주의적으로 좁게 이해되어 왔던 인권에 대한 시각을 넓히고, 풍요롭게 하는 데 큰 기여를 했다고 볼 수 있다. 인간의 존재론적 취약성과 인권적 사고의 필요성(터너), 도덕적 관심의 중요성과 인권을 억압하는 조직적 권력에 대한 연구의 필요성(쇼버그), 타자의 권리와 문화적 차이에 민감한 인권 개념의 필요성(블라우), 인권의 존재구속성 및 사회적 구성에 대한 강조(우디위스) 등 다양한 방식으로 인권 개념에 대한 재해석을 요구하고 있긴 하지만, 이러한 다양한 접근을 통해 인권의 개념이 재발견되고, 인권의 이해와 관련된 새로운 논쟁의 씨앗이 뿌려졌음은 자명하다.

그럼에도 불구하고, 이상의 논의들은 인권연구를 사회철학적 · 사회이론적인 분석 대상으로 '축소' 시키는 의도치 않은 결과를 낳은 것 또한 사실이다. 쇼버그와 우디위스가 인권과 관련된 사회학적 분석의 영역을 다양하게 규정하고, 블라우 역시 인권에 대한 사회학적 '분석' 을 시도하고 있기는 하나, 전체를 가로지르는 핵심은 인권의 구성과 의미에 대한 사회이론적 접근이라고 보는 것이 타당할 것이다. 따라서 인권이 구체적 상황과 실제적 삶에서 어떻게 발현되고, 이러한 발현이 사회학적 조건 및 변수들과 어떻게 관계를 맺으며, 또한 인권이 낳은 사회학적 결과가 무엇인지 등에 대한 '경험적'인 연구는 부차적으로 다루어질 수밖에 없었다. 이러한 이유에서 우디위스는 최근의 논문(Woodiwiss, 2011)에서 사회구조적 발전과 인권의 발전과의 관계를 경험적으로 해명하지 못한 스스로의 약점에 대해 인정하고 있다.

인권에 대한 사회이론적 접근 속에서 인권에 대한 '측정'은 관심받기 어려웠고, 인권관행이 시간이 지남에 따라 어떻게 바뀌어 왔는지, 또 그 요인은 무엇인지에 대한 답은 제시될 수 없었다. 이런 이유에서 인권에 대한 사회이론적 접근은, 측정과 경험적 탐색을 그 핵으로 하는 주류사회학과 괴리를 낳을 수밖에 없었다. 이러한 반성 속에서 인권에 대한 사회학적 접근은 경험주의적 · 실증주의적 탐색으로 변해 갔다. 그러나 이에 대한 접근 방식은 달랐는데, 하나는 역사사회학적 접근이고, 다른 하나는 계량 비교 사회학적 접근이다.

1) 역사사회학적 분석틀 : 마가렛 소머스의 권리의 사회학

우선, 소머스는 시민권이 위험에 처해 있다(citizenship imperiled)는 시대진단을 내놓는다. 특히, 선천적으로 주어진 비계약적 대상으로서의 권리와 의무가 어느 순간부터 계약적 대상으로 바뀌고 있다고 주장하며, 이를 시민권의 계약화(contractualization of citizenship)로 개념화하고 있다. 이제 권리는 모든 사회구성원이 조건 없이 획득하는 것이 아니라, 시장에서 가치를 교환할 수 있는 능력을 가진 자들에게만 선택적으로 주어지는 무엇으로 인식되고 있다는 것이다. 시민권이 위험에 빠진 가장 큰 원인은 시장에 대한 과도한 믿음 때문이고, 국가 · 시민사회와의 세력관계 속에서 시장 근본주의(market fundamentalism)가 과도한 지위를 획득했기 때문이라고 주장한다. 따라서 시장원리에 따라 사회를 배타적으로 조직/재조직하려는 이 위험스런 시장 근본주의를 제어할 수 있는 방법은 사회적 국가(social state), 이 국가를 책임 있게 만드는 공공영역(public sphere), 그리고 상대적으로 견고한 시민사회가 시장의 과도한 영향력 확대에 대응하여, 세력균형을 확보하는 것이다. 소머스는 이를 지속 가능하고, 사회 포섭적인, 민주적 권리 프로젝트라고 부른다(Somers, 2008).

소머스는 시민권을 두 가지 유형으로 나눈다. 첫 번째는 "시민적-법적 권리"로서, 통상적으로 국제인권 공동체에서 시민적 · 정치적 권리, 그리고 경제적 · 사회적 · 문화적 권리로 통칭하는 권리의 항목들을 일컫는다. 두 번째는 "권리를 가질 권리(the right to have rights)"이다. 이것은 존재론적으로 토대가 되는 권리라고 할 수 있는데, 이것 없이는 첫 번째 권리의 항목들은 의미를 갖지 못한다. 보다 구체적으로 권리를 가질 권리는 두 가지를 포함하는데, 첫 번째는 정치적 공동체에 대한 멤버십이고[5] 두 번째는 사회적 포용(social inclusion)이다. 사회적 포용은 타자를 동등한 기준과 가치를 통하여 동등한 도덕적 개체로 인정하는 것을 의미한다(Somers, 2008). 소머스는 권리를 가질 권리가 어떻게 작동하는지를 다음과 같이 요약하고 있다.

> "만약 승인이 시민권과 인권의 선결조건이라면, 그리고 멤버십(그리고 포용[저자 삽입])이 승인을 위한 필수요건이라면, 인권과 시민권 둘 모두 인간에게 인간성을 부여하는 그 무엇에 뿌리를 내리고 있는 것이다. 승인은 소속과 포용을 통해 비로소 가능해진다(Somers and Roberts, 2008: 7)."

5) 정치적 공동체에 대한 멤버십은 어떤 국가에 대한 법적 멤버십만을 뜻하는 것은 아니다. 소머스는 "법적(de jure)", "사실적(de factor)" 멤버십 모두를 정치적 공동체에 대한 멤버십에 포함시키고 있다. 또한 정치적 공동체는 지역공동체, 국가, 글로벌 공동체 모두를 포함할 수 있는 것으로 개념화된다.

소머스는 "권리를 가질 권리"를 현실이면서 동시에 이상이라고 부른다. 이는 권리의 사회학이 경험적인 것과 규범적인 것을 동시에 추구한다는 통찰과도 맞닿아 있다(Somers, 2008). 권리를 가질 권리가 현실적으로 어떻게 구현되어 있는지, 즉 시민권 레짐이 구현되어 있는 국가 간, 사회 간 차이를 밝히기 위해 이제 본격적인 사회학적 이론화가 필요하고, 이를 소머스는 시민권의 사회학 혹은 권리의 사회학이라고 부른다. 권리의 사회학은 권리구현의 차이를 낳는 제도적 조건 및 요인에 대한 탐색을 목표로 하며, 특히 국가 · 시장 · 시민사회가 어떻게 관계를 맺고 있는지, 즉 이 세 가지가 어떻게 상호작용하는지에 천착함으로써, 인권 및 시민권 구현의 양상 및 차이를 밝혀낼 수 있다(Somers and Roberts, 2008).

그러나 권리의 사회학, 즉 인권과 시민권의 사회학은 단순히 경험적인 현상을 설명하는 데 그쳐서는 안 된다는 점을 소머스는 강조하고 있다. 그간 권리의 사회학의 진수를 막아왔던 여러 가지 제약들에 대항하고, 초월하려는 집단적인 노력이 중요하며, 이것이야말로 새롭게 부상하고 있는 권리의 사회학이 공동으로 추구해야 할 목표라고 지적한다. 특히, 규범적인 것과 경험적인 것을 분리하려는 지적 태도, 철학적인 것과 기술적인 것을 구분하는 전통적인 사회과학적 태도에 대한 도전이 중요하며, 이것이 권리 사회학의 출발점이 되어야 한다고 믿는다(Somers and Roberts, 2008). 나아가 권리의 사회학은 경험적으로 보여지고 분석할 수 없는 차원, 즉 보다 근본적이고, 토대적인 차원에 대한 관심을 끊임없이 기울여야 한다. 보다 철학적이고, 존재론적인 인권에 대한 탐색도 대단히 중요하다. 이러한 차원에서 소머스는 인권사회학의 토대를 쌓으려 했던 터너의 선구적인 노력을 높게 평가한다. 터너는 인권사회학을 가능하게 하는 철학적 · 존재론적 가정으로 배태적 존재로서의 인간존재의 취약성, 인간의 의존성, 사회적 삶의 상보성, 그리고 사회적 제도의 불안정성(Turner, 1993) 등을 들고 있다.

인권사회학, 특히 인권사회학 이론에 소머스가 기여한 바는 지대하다.

특히, 2008년 *Annual Review of Law and Social Science*에 실린 논문에서 소머스가 제안한 시민권과 인권을 모두 포괄하는 "권리의 사회학" 관점은 그간 명확한 역사적 · 이론적 정당화, 그리고 종합화의 노력 없이 개별화된 형태로 진행되어 온 사회학 내의 여러 가지 인권연구의 전통이 서로 대화하고, 적극적인 사회학적 이론화의 방향으로 나아가야 한다는 원칙을 천명하고 있다. 두 번째로는, 향후 인권의 사회학은 경험적인 것과 규범적인 것의 이분법을 비판하고, 이를 넘어서야 한다는 점을 주문함으로써, 규범적인 영역으로서의 인권을, 경험과학을 본령으로 하는 사회학이 연구해 나갈 때, 규범과 과학을 조화시키려는 절묘한 전략이 필요하다는 점을 상기시키고 있다. 세 번째는 인권이라는 현상 및 영역을 사회학, 특히 비교사회학적 관점이 왜, 어떻게 다루고 분석할 수 있는지에 대해 설득력 있게 보여주고 있다는 점이다.

소머스가 제안하는 국가, 시장, 시민사회의 세 가지 축의 연결/조합 양상에 구조적인 분석은 질적 인권사회학 전통의 좋은 본보기가 된다. 이 세 가지 영역의 결합적 인과성(conjunctural causation)에 기반하여 인권 및 시민권 레짐의 차이를 설명하는 방식은, 주류 비교사회학의 질적 연구전통과 직접 맞닿아 있고, 인권을 사회학적 분석의 영역으로 끌어들이는 대단히 매력적인 전략이 될 수 있다(Ragin, 1987). 물론 국가, 시장, 시민사회, 그리고 공공영역이 구체적으로 어떠한 상호작용을 맺고, 그 상호작용의 구체적 패턴들이 왜, 어떻게 보다 지속 가능하고, 민주적인 시민권 및 인권을 낳는지에 대해서는 보다 세밀한 이론화가 필요해 보인다. 그럼에도 불구하고 경험적 연구의 질적 전통에 기반을 두어 인권을 설명하고자 하는 연구자들에게 중요한 통찰력을 제공하고 있는 것은 분명해 보인다.

2) 계량 비교사회학적 접근 : 세계정체이론의 기여

인권의 개념, 기원, 정당성과 관련하여 많은 논쟁이 있을 수 있지만, 인권이 국제규범으로서, 제도로서 지난 수십 년간 전 세계적으로 확산을 거듭하였고, 이 시대의 가장 영향력 있는 담론으로서, 그리고 국제 공용어(lingua franca)로서 자리 잡았다는 점에 대해서는 논쟁의 여지가 없다(Ignatieff, 2001). 규범체계와 제도로서의 인권 그리고 그 확산의 과정에 주목하면서, 사회학적 신제도주의 혹은 세계정체이론(World Polity Theory) 연구자들은 이러한 인권규범과 제도의 팽창이 어떠한 사회학적 조건에 의해 가능했는지에 천착하기 시작했다. 2000년대 이후로 국가들의 국제인권조약 가입(Cole, 2005), 인권 NGO의 설립과 확산(Tsutsui and Wotipka, 2004), 국가인권기구의 팽창(Koo and Ramirez, 2009), 인권교육의 확산(Suarez, Ramirez, and Koo, 2009; Meyer, Bromley, and Ramirez, 2010), 국제인권운동의 형성과 발전(Tsutsui, 2006; Tsutsui, Whitlinger, and Lim, 2012), 인권관행의 개선(Haftner-Burton and Tsutsui 2005; Cole and Ramirez, 2013) 등 다양한 주제에 대한 탐색을 통해 인권확산의 폭과 넓이를 가늠했고, 이러한 인권확산의 경제적 · 정치적 · 사회적 · 문화적 조건이 무엇인지를 탐색했다.

세계정체이론 연구자들은 이론적으로는 신제도주의, 방법론적으로는 양적 · 통계적 방법론으로 무장함으로써 미국 주류사회학과 인권을 접목시키는 데 결정적인 역할을 했다. 조직사회학의 대표적 관점 중 하나인 신제도주의는 조직의 형태 및 구조가 유사하게 변화하는 이른바 "동형화(Isomorphism)"에 주목하였고, 조직적 동형화가 어떤 메커니즘에 의해 가능해지는지를 설명하였다. 법 · 국가 등을 통한 강압적 동형화, 시장의 불확실성 속에서 선두주자들의 행위에 천착하는 모방적 동형화, 전문가집단의 가치관, 기준 등에 의한 규범적 동형화 등이 그 구체적 유형이다

(DiMaggio and Powell, 1982). 세계정체론자들은 이러한 동형화는 조직의 영역뿐 아니라, 무정부상태를 핵으로 하는 국제정치 및 국가의 영역에도 유사하게 진행된다고 주장한다. 특히, 각 국가는 올바른 국가상에 관한 전 세계적인 모델 및 규범으로부터 영향을 받으며, 이 영향력 속에서 동형화의 과정을 밟게 된다고 주장한다(Meyer *et al.*, 1997). 특히, 국제정치의 영역에서 동형화를 추동하는 가장 중요한 동인은 세계시민사회로부터 오며, 이때 세계시민사회는 국제민간단체(INGO)를 통해 이해된다(구정우, 2007).

세계정체이론이 인권을 설명하는 방식은 국제정치의 주류적 관점인 현실주의가 인권을 설명하는 방식과 뚜렷이 대비된다. 현실주의적 관점은 국제체제를 무정부상태(anarchy)로 정의하며, 국가 위에 군림하는 어떤 권위체도 존재하지 않는다고 가정한다. 주권국가들은 무정부상태 속에서 자국의 이익을 극대화하는 합리적인 행위자로 인식된다. 즉 경제적 행위자와 마찬가지로 이익을 극대화하고, 비용을 극소화하려는 합리적인 행위자로 규정되는 것이다. 국제체제 내의 협력과 동맹의 가능성은 주권국가의 도구주의적 자기 이해의 추구로 말미암아 요원한 이상으로 남는다. 나아가 현실주의적 관점은 헤게모니 국가를 포함한 강대국들의 영향력을 중시하고, 국제규범 및 제도는 대체로 강대국들의 이해를 반영하게 된다고 이해한다. 이러한 현실주의적 관점에 따르면, 국제규범 및 제도의 성립은 주권국가들 간의 권력쟁탈, 그리고 강대국들의 영향력 행사와 떼어놓고 설명할 수 없다. 국제인권규범도 마찬가지이다. 따라서 정치, 군사, 경제적으로 선진화된 국가들이 그렇지 않은 국가들에 비해 인권의 전파와 확산에 더욱 적극적일 것이라는 주장이 가능하다(Keohane, 1984). 특히, 자유주의, 개인주의 이데올로기를 근간으로 하는 서구의 국가들이 비서구의 국가들에 비해 인권규범과 제도의 확산에 더욱 적극적일 것으로 예측된다(Moravcsik, 2000).

현실주의적 관점은 그 이론적 전제로 합리주의적 이해방식을 그 저변에 깔고 있다. 즉 국제체제에서 각 국가들은 정책적 결정을 수행할 경우 비용-편익 계산을 하게 되며, 비용을 최소화하고 이익을 최대화하려는 정책 동기에서 의사결정을 하게 된다는 것이다. 그러나 인권과 관련된 정책의 경우는, 명시적인 이익 및 편익을 가늠하기 어렵기 때문에 대체로 각 국가는 비용을 최소화하려는 동기에서 인권규범 및 제도에 참여하게 된다는 것이다. 가령, 민주주의가 발전하고 인권관행이 잘 정착된 국가의 경우, 그렇지 않은 국가들에 비해 인권규범과 제도를 받아들이는 데 발생하는 비용이 적을 것이라는 가설이 가능하다. 또한 GDP 등 경제지표가 좋은 국가들의 경우 인권규범과 제도를 확립하는 과정에서, 국민들의 지지를 확보하고 필요한 비용을 충당하는 데 비교적 유리한 위치를 점하게 되고, 따라서 인권규범과 제도의 수용에 더욱 적극적일 것이라는 예측이 가능하다.

세계정체이론 연구자들은 인권의 확산을 설명하는 데 있어서, 이러한 현실주의적 · 합리주의적 관점의 설명이 명백한 한계를 갖는다고 주장한다. 현실주의적 · 합리주의적 관점은 국가를 원자화된 주체로 보기 때문에 국가와 국제체제를 둘러싼 국제규범, 기준, 원칙 등이 갖는 문화적 영향력을 충분히 고려할 수 없다는 것이다. 따라서 세계정체 및 세계사회의 독립적인 영향력, 특히 인권분야에서 국제인권레짐이 독자적으로 행사하는 문화적 권위 및 영향력에 주목할 필요가 있고, 이를 통해서 인권의 확산이 더 잘 설명될 수 있다고 주장한다. 국제인권레짐이 행사하는 영향력은 몇 가지 중요한 메커니즘을 통해 세분화되어 설명되는데 국제인권조약의 비준, 국제정부단체 및 국제민간단체에의 참여, 인권 관련 국제회의 참여, 지역적 · 국제적 수준에서 전개되는 규범의 확산(norm cascade) 등이 그것이다. 또한 국내 인권단체들과 국제 인권단체들의 연맹이 강조되기도 한다(Koo 2010; Tsutsui, 2007).

세계정체이론을 통해 인권의 등장과 발전을 설명하려는 학자들은 인권의 확산이 반드시 인권의 개선을 낳는 것은 아니라고 주장하며, 이와 관련하여 "탈결합(Decoupling)"이라는 개념을 제시한다. 탈결합은 본래 조직사회학에서 조직의 정책과 관행 사이의 불일치를 일컫는 맥락에서 등장하였으나, 인권연구에서 확산과 개선의 불일치를 이해하기 위한 목적으로 사용되기도 한다(Bromley and Powell, 2013; Cole and Ramirez, 2013). 국제인권조약을 비준국들이 인권규범을 이행할 분명한 의지 없이 조약에 가입하는 행위, 국제인권기구를 설립하는 국가들이 대체로 인권침해국인 사실 등이 이러한 탈결합 개념의 타당성을 보여주는 경험적인 증거로서 제시되었다(Haftner-Burton and Tsutsui, 2005; Human Rights Watch, 2001). 그러나 최근 콜과 라미레즈(Cole and Ramirez, 2013)는 국가인권기구가 인권개선에 미치는 영향을 탐색하면서, 인권의 확산이 특정한 조건하에서 실질적인 인권의 개선을 낳을 수도 있다고 주장했으며, 그 근거로 국가인권위원회가 안착되면서, 개인 신체에 대한 인권침해(정치적 구금, 고문, 사법외적 살인, 실종 등)를 약화시키는 역할을 한다는 증거를 들고 있다.

4. 인권사회학의 전개 : 한국의 경험

앞서 살펴본 것처럼 인권사회학 이론을 둘러싼 국제학계의 흐름은 크게 인권의 개념과 본질에 관한 사회이론적 접근과 인권의 등장과 발전에 관한 경험과학적 접근, 두 가지로 대별된다고 볼 수 있다. 이러한 흐름은 한국사회학 내의 인권연구에도 유사하게 이어졌는데, 1990년대 중반 이후에 등장하여 2000년대 중후반까지 이어진 인권에 관한 메타이론적 연구의 흐름, 그리고 2000년 후반부터 일련의 사회학자들에 의해 수행되기 시작한 인권현상에 관한 경험과학적 · 실증주의적 접근의 흐름이 바로 그것이다.

1) 사회이론과 인권 : 한상진의 기여

한국사회학에서 인권에 대한 본격적인 이론적 연구는 한상진(1996)으로부터 시작되었다고 해도 무방하다(한상진, 1996, 1998, 2012). 한상진은 베버, 하버마스, 푸코, 테일러, 롤즈, 가다머 등의 고전 · 현대사회학 이론과 인권을 접목시키면서, 인권 개념 구성, 인권의 정당화, 보편성과 특수성의 문제, 인권과 (성찰적) 근대성 등의 중요한 인권사회학의 주제들을 다루었다. 특히, 한상진은 서구 중심의 인권담론에 비판적인 입장을 택하면서, "인권 개념의 문화적 뿌리가 동양에는 없고 유독 서양에만 있었다(한상진, 1996: 13)"는 잘못된 통념을 바꾸려는 이론적 노력을 전개한다. 한상진은 루소의 '일반의지' 및 '인민주권' 개념을 활용하고, 자유주의와 공동체주의의 이론적 긴장에 자극받으면서, 인권은 개인의 권리로 한정될 수 없는 어떤 공동체적 성격, 집합적 차원을 내포하고 있다고 주장한다. 블라우가 지적했던 것처럼 자유주의적 인권 개념에 의해 사상되었던 집단적 이해와 권리가 인권의 중요한 한 축이라는 것이고, 이에 대한 충분한 성찰과 정당화가 이루어질 때라야 인권에 대한 진정한 이해에 도달할 수 있다는 주장이다. 나아가 전 지구적으로 확산되고 있는 인권이 다양한 문화적 전통을 넘어서 보편성을 성취하기 위해서는, 인권의 집합적 차원을 문화적 자원에 근거하여 복원할 필요가 있으며, 이러한 관점에서 유교 · 불교 · 이슬람 등 문화적 · 종교적 전통에서 인권이 어떻게 이해되고 발현되었는지에 주목해야 한다고 주장한다.

특히, 한상진은 문화에 민감한 접근(culture-sensitive approach)을 주문하는데, 이것은 문화의 '계보학적' 해체전략을 사용하며, 각 전통과 종교 · 문화 속에서 권력과 이해로 환원되지 않는 인권친화적인 요소들을 발굴하여, 이것들을 향후 인권확산과 대중화의 과정에서 중요한 문화적 촉매제로 활용하는 것을 뜻한다. 막스 베버가 통찰했던 것처럼 관념이 제도화되는 과정에서 항상 이해관계가 작동하지만, 계보학적 해체전략을 적절히 활용한다면 문화적 · 종교적 관념체계가 이해관계로 오염되기 이전의 상태를 복원할 수 있고, 이러한 관념체계 속에서 인권이 본래 어떻게 이해되었는지를 재현해 낼 수 있다는 것이다. 또한 이러한 복원작업이 성공하게 되면, 다양한 문화 및 전통에 기반을 둔 인권에 대한 중복합의가 가능할 것이며, 이를 통해 인권의 문화적 이념이 대폭 확대되고, 궁극적으로 인권은 인류가 공통적으로 받아들일 수 있는 진정한 보편적 가치로 발전해 나갈 수 있다는 주장이다(한상진, 1996).

한상진의 이러한 주장은 스테판 영, 다니엘 벨과 같은 정치철학자들에 의해 받아들여지고 있는 흥미로운 입장인데, "새로운 인권구조를 그 사회의 대부분의 구성원에게 의미를 가지는 기존의 가치 위에 근거시키는 것이 가장 좋다"는 스테판 영(1980: 209)의 주장, "인권관행을 전통적 문화자원 위에 쌓아올리는 것은 인권이념과 관행에 대한 장기적 헌신으로 이끌어갈 확률이 높다"는 다니엘 벨(1996: 36)의 주장과 그 궤를 같이하는 것이다. 자연스럽게 이러한 이론적 관점이 경험적 분석의 대상으로 삼는 것은 불교 전통에서 인권의 제 문제가 어떻게 다루어졌는지, 이슬람이 담고 있는 — 서구의 인권사고와는 완전히 다른 — 권리의 개념은 무엇인지, 유교 내에 인권사상 또는 이에 필적할 만한 가치 및 규범체계가 존재했는지 등을 밝히는 것이 된다.[6)]

---

6) 연기영(1996)은 "하늘 위 하늘 아래 오직 나만이 존귀하다. 세상의 온갖 고통을 내가 마땅히 편안하게 하니라(연기영, 1996: 86에서 재발췌)"라고 하는 붓다의 탄생 일성 자체가 인권선언이었으며, 이를 통해 차별의 벽을 허물고 소외된 사회의 모순을 비판했다고 주장한다. 또한 19세 말엽부터 아시아 제 국가에서 일고 있는 실천불교, 참여불교 전통이 인권운동과 밀접한 관련을 갖는다고 주장한다. 무자파(1996)는 이슬람 법이 공정하고 공평한 사법절차를 철저히 지지하고 있으며, 코란 내의 공적 책임성의 원리 역시 인권의 원리와 상통한다고 주장한다. 또한 코란은 이미 가난한 자에 대해서 다양한 "경제적 권리(음식, 의복, 주거, 교육, 건강 등)"를, 그리고 세계이슬람선언은 세계인권선언과 마찬가지로 모든 사람의 양심의 자유, 신앙의 자유 등을 포함한 기본적인 시민적 권리를 인정하고 있다고 주장한다.

이 밖에도 한상진은 경제성장과 인권과의 관계, 정치체제(및 민주주의)와 인권과의 관계를 사회이론적으로 탐색하는 이론적 작업도 수행했으며, 결론적으로 경제발전을 위해 인권을 제한하고 희생할 수 있다는 통념에서 벗어나야 한다고 주장한다. 인권억압의 동기가 경제발전이라기보다는 권력의 영속인 경우가 경험적으로 훨씬 많고 특정 시기, 특정 국가에서 정치적 위기의 단계가 지나가면 이러한 주장은 자연스럽게 성립하기 어렵기 때문에, 이러한 통념은 극복될 필요가 있다고 주장하고 있다(한상진, 1996). 나아가 인권이 실현되기 위한 중요한 조건으로 사회운동과 제도정치의 상호 협력과 역할 분담을 꼽고 있으며, 이러한 사회운동과 제도정치의 연맹을 사회의 중간계층이 강제하고 추동할 필요가 있다고 주장하면서 인권이론과 사회운동론, 정치사회학, 계층이론을 한데 접목시키고 있다. 이러한 정치세력 및 민주주의 운동이 인권개선에 미치는 긍정적인 영향력은 아래에서 살펴볼 조효제의 인권의 문법에서도 그대로 강조되고 있다.

2) 인권의 보편성과 특수성 : 정진성의 노력

한상진에 의해 한국사회학 내에서 비로소 의제화되기 시작한 인권의 보편성과 특수성 논쟁과 이에 관련된 문제의식은 정진성의 인권사회학으로 이어진다. UN 인권기구에서 자문관(consultant)으로 오랫동안 활동해 온 정진성은 국제사회에서 인권규범의 해석과 적용을 둘러싸고 지역 간, 국가 간 많은 논쟁이 지속되고 있으며, 이것이 인권의 확산에 걸림돌이 되기도 하지만, 많은 경우 인권의 외연과 보편성을 확대 · 강화하는 데 기여하고 있다고 지적한다(정진성, 2000). 한 국가와 문화의 인권발전 상황을 이해하는 데 보편성과 특수성의 프리즘을 동시에 활용하는 것이 필요하며, 이럴 때라야 그 사회의 인권상에 대한 균형 잡힌 이해가 가능하다는 것이다(정진성 외, 2010). 이런 맥락에서 정진성은 인권의 보편성과 특수성은

"필요한 긴장"이라는 도넬리의 입장을 받아들인다(정진성, 2000).

정진성은 인권에 대한 서구 중심주의야말로 인권의 진정한 보편성을 가로막는 장애물이라고 주장하면서, 특히 인권에 대한 자유주의적 · 개인주의적 이해방식, 국제인권기구에 내재되어 있는 강대국 중심주의, 서구의 이중적 인권정책[7] 등이 인권에 대한 전 세계적 중복합의를 가로막고 있다고 지적한다. 나아가 사회구조적인 측면에서 보았을 때, 세계체제 내에서 국가 간의 불평등 문제가 해소 혹은 줄어들 때, 그리고 한 국가의 대내적 법적 체계의 정비와 대외적인 자결권이 보장되는 조건 속에서 인권의 보편성이 확보될 수 있다고 주장한다. 이는 사회의 구조적 특성과 인권실현 간의 관계를 사회학적 관점에서 바라보고 있는 것인데, 세계체제론에서 주장하는 중심국과 (반)주변국 간에 형성되는 종속관계에 대한 통찰이라고 볼 수도 있다(Wallerstein, 1974). 이때 자결권의 개념은 비단 공식적 식민지를 극복하는 탈식민지에 국한되는 것이 아니라, 국가 간 정치적 · 경제적 · 문화적 종속의 문제와 밀접하게 연결되며, 이러한 다양한 형태의 국가 간의 종속과 불평등의 문제가 해결되지 않는다면, 보편적 인권의 실현은 요원한 과제로 남을 수밖에 없다고 말한다. 개발도상국들의 경제발전, 그리고 이를 통한 자원확보는 경제적 · 사회적 · 문화적 권리실현의 가장 중요한 물적 토대가 된다고 보며, 이것이 결핍될 때에 개도국 주민들은 인권실현에 큰 장애물을 마주할 수밖에 없게 된다(정진성, 2000). 이러한 정진성의 주장은 최근 각광을 받고 있는 인권에 기반한 개발의 관점(Rights-Based Approach)과 상통하며, 개발도상국의 개발과 빈곤 극복이 전 세계적 인권실현의 출발점이 된다는 인식과도 자연스레 연결된다고 볼 수 있다.

정진성의 인권의 보편성과 특수성의 긴장관계에 대한 문제의식은 일본

7) 가령, 1994년 미국이 중국을 무역최혜국으로 대우하면서 인권개선을 조건으로 내건 사례는 자국과 이해관계가 얽혀 있는 상황에서 인권문제를 더욱 중요시여기는 대표적인 사례라고 지적하면서, 서구의 이중적 인권정책이 작동하는 방식이라고 주장한다(정진성, 2010).

군 위안부 문제라고 하는 사회사적으로 중요한 인권침해 사례 분석에 그대로 녹아 있다. "전시하 여성침해의 보편성과 역사적 특수성"이라는 논문의 제목에서도 그대로 나타나는 것처럼, 일본군 위안부 문제는 1990년대를 거치면서 국제사회 전체에서 전시하 여성인권 침해의 문제로 인식되었지만, 이러한 관점은 이 문제가 갖는 제국주의적 · 식민주의적 성격을 사상하는 결과를 낳아, 인권의 진정한 보편성 실현에 장애가 된다고 분석된다. 정진성의 분석(1996)에 따르면 1990년대 초반에 발행된 국제기구와 국제민간단체의 인권문서들을 살펴보면, 일본군 위안부 문제가 아시아적 · 특수적 · 역사적 조건과 긴밀히 연관되어 논의되고 있으나, 시간이 지나면서 이러한 특수성 주장은 약화되었고 보스니아, 아프카니스탄, 동티모르, 미얀안마 등 무력갈등국에서 자행되는 전시하 여성폭력의 문제와 동일한 선장에서 논의되는 상황으로 바뀌었다. 즉, 일본군 위안부 문제의 본질인 국가간의 불평등 및 종속의 문제, 강대국의 억압에 따라 약소국이 겪는 인권문제라는 인권의 특수성이 그대로 파묻혀 버렸다는 주장이다. 이렇게 식민모국 일본에 의해 자행된 전쟁범죄라는 구체적 · 역사적 맥락이 사상된 이유에 대해 정진성은 국제여성단체와의 연대를 위해 불가피한 측면이 있었다는 점, 국제사회에서 식민지 피해 문제가 국제법적으로, 국제인권법적으로 논의되지 못한 측면 등을 지적하고 있다(정진성, 1996).

그럼에도 불구하고 정진성은 1980년대 말 한국의 여성단체에 의해 처음으로 국제사회에서 의제화되고, 이후 아시아와 세계의 여성단체 및 인권단체들이 적극적으로 협력하도록 유도한 일본군 위안부 문제의 인권운동적 의미를 높게 평가한다. 문제해결을 위해 계급과 성, 그리고 민족을 넘어서 국제사회, 특히 국제시민사회가 적극적으로 협력하도록 추동했다는 것이다. 나아가 동아시아 지역이 다른 지역에 비해 인권 개념이 가장 낙후되어 있고, 인권실현을 위한 국제기구도 가장 후진적인 지역이라는 점을 부각시키는 데 기여하였고, 궁극적으로 국제인권운동의 위상을 강화하는 데 중요한 기여를 했다고 분석한다. 국제인권운동의 중요성에 대한 정진성의 통찰은, 인권개선의 조건을 국제NGO의 역할을 중심으로 한 세계시민사회의 역할과 연계시키는 이론적 관점과도 맞닿아 있다(Smith and Wiest, 2005).

3) 인권의 문법 : 조효제의 성찰

한상진과 정진성에 의해 사회이론적 차원에서 논의되었던 인권은 조효제의 지적 세계 속에서 훨씬 구체적이고 일상적인 용어로 재탄생하게 된다(조효제 2007, 2008, 2011). 그럼에도 불구하고 일상생활 속에서 진정한 인권을 논하고 향유하기 위해서는, 고전적 · 현대적 인권이론으로 돌아가야 하고, 권리 개념에 대한 본질적 성찰이 필요하다. 또한 "인권의 문법" 그리고 "인권의 풍경" 속에서 인권은 실천적 영역이며, 전 지구적 연대와 저항의 영역으로 그려진다(조효제, 2007, 2008).

조효제는 지식체계의 변동과 이러한 지식체계를 떠받치는 경제적 · 정치적 · 문화적 조건에 대한 관심을 그 핵으로 하는 지식사회학적 관점으로 인권담론의 진화를 재검토한다. 인권의 서사방식은 크게 세 가지로 대별할 수 있다. 첫째는 인권전문가층이 주도하는 "전문적 서사방식"이고, 둘째는 인권과 정의의 관념을 동일시하여, 인권에 대한 저항적 해석을 추구하는 "근원적 서사방식"이며, 셋째는 사회의 제 영역에서 인권 개념을 실천적 · 정책적으로 활용하려는 "응용적 서사방식"이다. 전문적 서사방식을 떠받치는 힘은, 법실증주의적 정향을 가지고 국제적 담론에 익숙한 인권전문가들의 지적 능력이다. 그러나 이러한 서사방식은 엘리트주의적이며, 일상생활 속에서 마주하는 인권의 문제의식과 동떨어진 경우가 많다.

근원적 서사방식의 경우 사회를 평등하고 민주적으로 변화시켜 가려는 비판적 사회세력(진보주의자, 민주주의자, 급진적 민족주의자, 자유주의자 등)에 의해 주도되며, 인권을 통해 사회변화를 추동하려는 노력에 의해 뒷받침된다. 그러나 자체로 완결적 체계를 갖는 인권레짐을 뛰어넘어, 통상적인 규범담론과의 직접적인 접촉을 시도함으로써, 인권담론의 고유성을 과소평가하는 오류를 범하기 쉽다. 응용적 서사방식은 삶의 현장의 도처에 있는 실천가, 정책입안자 등에 의해 지지되며, 다양한 삶의 현장에 인권을 응용 · 활용하려는 의도에 의해 뒷받침된다. 그러나 이러한 흐름은 인권 자체의 독자성을 인정하고, 생활영역과 인권이론을 연결시키려는 관심으로부터는 한걸음 빗겨나 있다(조효제, 2007).

조효제는 이러한 서사방식의 차이를 불문하고, 기존의 인권에 대한 인식방식은 인권 개념에 대한 본질적 성찰이 부족하고, 일상생활 속에 존재하는 다양한 인권의 딜레마에 대해 손쉽게 눈감는 오류를 범하고 있다고 비판한다. 특히, 조효제는 국제인권이 발전을 거듭하면서 내부적으로 독자적인 언어와 문법을 발전시켰고, 어느 순간 이러한 언어와 문법은 특수한 전문영역 속으로 갇혀버리게 되어, 일상생활에서의 인권 혹은 인권 서사방식과는 유리되어 버리는 결과를 초래했다고 비판한다(조효제, 2007). 인권의 딜레마(가령, 인권과 이권의 대립, 인권과 사회질서 간의 갈등, 인권과 집단이기주의의 문제 등)를 극복하고, 실천적이고 비판적인 담론으로서 인권의 본연의 의미를 회복하기 위해서는, 새로운 이해와 접근법이 필요하고, 이 과정에서 인권의 사회과학이 중요한 역할을 할 수 있다.[8] 즉 인권을 논하는 세 가지 방식 중(철학적 접근, 법학적 접근, 그리고 사회과학적 접근), 가장 최근의 접근법이라고 할 수 있는 사회과학적 접근이 인권에 대한 재해석을 도와줄 수 있는 유용한 도구가 된다는 것이다. 인권법 체계가 위치한 사회적 맥락, 인권담론과 권력 간의 복잡한 관계, 제도와 운동 간의 관계 등에 주

8) 인권의 딜레마를 좀 더 이론적으로 정리하면, 다음과 같은 질문 및 탐색의 영역으로 요약된다. "인권은 수단인가 목적인가?" "인권은 이기적인가?" "인권이 법을 중심으로 이해되는 현실" "인권은 교조적인가?" "인권은 엘리트의 특권이 아닌가?" "인권은 위선적이지 않은가?" 등이다.

목하는 사회과학적 접근을 채택함으로써, 기존의 인권에 대한 철학적 · 법학적 접근이 갖는 한계를 극복할 수 있다고 주장한다.

나아가 조효제는 인권을 보다 잘 이해하고, 이를 통해 사회를 변화시키기 위해서는 인권과 정치영역 간의 밀접한 연관고리를 간과하면 안 된다고 지적한다. 즉 정치공동체와 동떨어진 인권은 상상하기 어렵다는 것이다. 인권과 관련된 국제법 및 제도는 정치영역의 의사결정에 의해 형성되고, 정치적 판단에 의해 비로소 인권이 의제화 · 정책영역화 되며, 권력이라는 렌즈를 통해서만 인권문제를 일관되게 해석할 수 있다. 이러한 주장은 인권의 발생, 진화 및 결과를 설명하는 사회학적인 주요 변수로서 정치영역 및 정치적 조건의 중요성에 대한 통찰이라고 볼 수 있으며, 인권을 사회학적으로 분석하려고 할 때 매력적으로 고려할 수 있는 하나의 설명요인이라고 이해할 수 있다.

4) 경험적 분석영역으로서의 인권 : 소장학자들의 노력

사회이론으로서의 인권을 넘어, 경험적 분석의 대상으로 인권이 본격적으로 한국에서 검토되기 시작한 것은 2000년 후반 경험적 · 실증적 사회학의 렌즈로 인권현상을 들여다보는 일련의 사회학자들이 등장하면서부터이다. 정진성 · 공석기 · 구정우(2010)는 경험사회학의 기본이라고 할 수 있는 측정문제를 인권의 영역에 적용하여, 국제인권지표를 통해 인권을 좀 더 실증적으로 분석하기 시작했다. 정치테러스케일(Political Terror Scale), 자유지수(Freedom Index), 인간발전지수(Human Development Index) 등을 통해 전 세계적으로 인권이 어떻게 변화되어 왔는지, 그리고 일본 · 한국과 같은 일국 내의 인권개선의 추이가 어떠했는지를 분석하기 시작했고, 시간의 흐름을 통해 나타나는 인권의 개선 및 후퇴의 역동성에 영향을 미친 경제적 · 정치적 · 문화적 조건에 대한 탐색을 수행했다.

이들의 이론적인 질문은 "인권개선이 왜, 어떻게 가능한가?"였으며, 이에 대한 해답을 찾기 위해 한국과 일본의 인권추이를 분석대상으로 삼았다. 즉, "왜 한국과 일본은 1990년 중반 이후로 인권개선의 차원에서 다른 길을 걷게 되었으며, 이러한 차이를 설명하는 요인은 무엇인가?"라는 연구주제를 던지면서, 이에 대한 해답을 찾기 위해 국제적 요인, 정치기회구조, 경제적 조건, 그리고 시민사회의 역량이라는 네 가지 요인에 주목한다(정진성 · 공석기 · 구정우, 2010). 우선, 세계정체이론의 주장을 받아들여, 국제인권 규범 및 제도가 국가와 개인의 행위에 작용하는 외생적 영향력에 주목하고, 국제인권규범의 팽창과 이에 대한 국가의 편입수준에 따라 인권개선과 후퇴의 역동성이 결정된다는 가설을 제시한다. 두 번째로는 제도정치의 성숙성을 일컫는 국내 정치기회구조의 변동이 결정적인데, 국가 및 정치지도자의 역할 및 의지, 정당을 정점으로 하는 정치사회의 영향력, 그리고 국내 인권법 체계 등의 성숙도에 따라 인권개선의 수준이 결정된다.

세 번째 조건은 경제발전의 정도이다. 이는 특히 경제적 · 사회적 · 문화적 권리 수준에 영향력을 행사하는 인과적 요인으로 이해된다. 1970년대와 80년대에 일본에서 구가된 '물질적 풍요로움'이 있었기에 일본은 당시 세계 최고 수준의 인권을 누릴 수 있었으나, 1990년대와 2000년대에 경제불황과 엇물려 인권보장 수준이 후퇴한 현실이 이를 잘 웅변해 주고 있다. 네 번째 조건은 시민사회와 사회운동의 역량이다. 헤프너-버튼과 츄츄이가 주장한 "빈공약의 역설(The Paradox of Empty Promises)"에서 주목한 국제민간단체의 영향력, 시킨크(Katherine Sikkink)가 분석한 "인권옹호네트워크", 그리고 조효제가 강조하는 지구시민사회와 같은 맥락이며, 이는 국가 및 시장으로 환원되지 않는 시민사회의 영역을 뜻한다. 그러나 국제적인 인권네트워크만이 전부는 아니며, 국내의 시민사회가 인권 어젠다를 발굴하고 주요 인권문제를 이슈화하지 않으면, 지구시민사회의 역할은 제한적일 수밖에 없다는 주장을 전개한다. 1990년대를 경과하며, 견고하게 성장한 한국의 시민사회와 이들의 인권개선을 위한 다양한 동원전략은 1990년대와 2000년대에 한국이 경험했던 급속도의 인권개선을 가능케 했던 주된 동력이었다. 반면, 경제침체에 동반한 일본 시민사회의 약한 결속력, 그리고 체제 내화된 특성으로 말미암아, 이 시기 일본의 인권은 답보상태를 벗어나지 못하게 된다(정진성 · 공석기 · 구정우, 2010).

이들 학자들은 인권에 대한 측정과 인권개선 조건 해명에 대한 연구를 필두로 두 가지의 방향으로 경험적 연구를 발전시켜 갔다. 첫 번째는 일국적 인권의 측정이며, 두 번째는 주관적 인권지수의 개발이다. 먼저 일국적 인권의 측정은 그간 인권연구에서 널리 쓰였던 글로벌 인권지수의 한계를 극복하고자 하는 의도에서 기획되었다. 구정우 등은 PTS(Political Terror Scale), 자유지수 등의 글로벌 인권지수는 정의와 측정의 문제, 데이터 신뢰성의 문제, 지표 및 지수의 가변성(variation) 문제 등 여러 가지 한계를 내포하고 있다고 비판하고 있으며, 이를 극복하기 위한 대안으로 일국적 인권지수를 구성하고, 실제로 1990~2007년의 기간 동안 한국의 인권발전 수준을 측정하는 작업을 수행했다(Koo, Kong, and Chung, 2012). 이 기간 동안 한국의 시민적 · 정치적 권리, 그리고 경제적 · 사회적 · 문화적 권리를 측정하는 것으로 정당화된 70여 개의 지표들이 동원되어, 두 개의 종합 인권지수가 구성되었고, 이를 통해 노태우 정부 시기부터 노무현 정부 시기까지 한국 인권개선의 역동성을 추정하였다.

또한 이들은 주관적 인권지수의 개발이라는 목표를 설정하고, 이를 위해 인권의식조사를 2008년, 2011년, 그리고 2012년에 세 차례 실시하였다(제4장 참조).[9] 이를 통해 2005년 한국에서 처음으로 국가인권위원회에 의해 실시된 국민 인권의식조사를 계승하고, 이를 확대 · 심화시키려는 노

9) 구정우는 SSK인권포럼 소속 학자들과 더불어 2011년 한국종합사회조사(KGSS)에 인권모듈을 구성하여 조사에 참여했으며, 흥미로운 분석 결과를 SSK Human Rights Brief 1호에 발표하였다(Koo and Kang, 2013).

력을 경주하였고, 시민들이 인권을 어느 정도로 알고 있고(인권지식 및 인지도), 어떻게 평가하고 있으며(인권지지), 어느 정도로 인권의 원칙에 따라 행동하는지(인권헌신 및 행동)를 측정하는 성과를 거두었다. 구정우와 정병은(2012)은 여기에서 나아가 이러한 개인들의 인권정향을 결정하는 사회학적 이론을 구축하기 위해 일련의 작업을 수행했으며, 이 결과 교육 등의 사회경제적 지위, 신뢰를 포함한 사회적 자본, 언론매체 노출 정도, 탈물질주의 성향, 글로벌 시민의식 등이 개인들 간의 인권정향의 차이를 가르는 중요한 요인인 것으로 분석하고 있다. 이러한 결과는 한국뿐 아니라 독일, 이탈리아, 그리스, 터키 등 여러 국가에서도 유사하게 나타났다(Koo, Cheong, and Chung, 2013).

5. 결론 : 인권사회학의 성공의 조건

법학적 연구의 대상으로 당연시되었던 인권이 넓게는 사회과학적, 좁게는 사회학적으로 연구되기 시작한 지는 10여 년에 불과하다. 인권의 사회학이 이론적으로, 방법론적으로 확고한 위치를 점하기에는 아직은 짧은 시간으로 보인다. 그러나 이 장에서 검토된 것처럼 10여 년의 기간 동안 국내외에서 여러 학자들에 의해 인권사회학 이론의 원칙과 전제, 가설과 진술, 그리고 탐색의 영역들이 다양한 방식으로 탐색되었다. 사회이론적 접근법이 초기에 우세했으나, 2000년대 중반 이후에는 경험과학적 접근법이 설득력을 얻으면서, 인권사회학의 스펙트럼이 다양해지고, 점차 주류사회학과의 거리가 좁혀졌다.

소머스 등의 역사비교사회학, 세계정체이론 연구자들의 통계적 분석방법은 주류사회학이 선호하는 방법론적 지향을 가지고 있기 때문에, 인권이 규범적 접근으로 머무는 것이 아니라 경험과학적 이해와 분석의 대상이 될 수 있다는 인식을 확산시키는 데 크게 기여한 것으로 보인다. 이론적으로도 기존의 공공영역이론, 시민사회이론 등을 활용하고(소머스), 조직사회학의 주류관점인 신제도주의 · 세계정체이론 등에 의지하면서, 인권현상을 보다 체계적이고 인과론적으로 이해하고 설명하는 데 기여한 것으로 판단된다. 그럼에도 불구하고 이러한 경험과학적 접근법은 규범적인 프로젝트로서의 인권을 부각시키는 데에는 일정한 한계를 보일 수밖에 없다. 실천적 영역(터너, 우디위스, 블라우)이자, 지구적 연대와 저항의 영역(조효제, 정진성), 성찰적 근대화의 영역(한상진)으로 간주된 인권의 영역이 단순한 경험적 분석의 영역으로 '갇혀버리는' 것은 본래 인권의 취지와는 다르게 자리매김되는 결과를 초래할 수 있다.

그러나 인권이 분석의 대상으로서가 아니라 규범과 실천의 영역으로 '갇혀버리는' 것 역시 경계해야 한다. 인과적 분석을 통해 일반화가 높은 진술과 이론을 창출하려는 주류사회학적 관심과 멀어지는 즉시, 인권사회학은 학문적 · 과학적 궤도에서 이탈하여, 일상적 세계와 실천과 운동의 세계에서 '배회' 할 수밖에 없을 것이다. 인권이 특정 이념에 사로잡히는 순간 인권의 보편적 가치로서의 효용을 다할 수밖에 없음을 기억해야 한다. 인권이 인류보편의 가치로서, 국경과 문화 · 성 · 나이 · 세대를 초월하여 모든 인간의 필요에 부응하는 원칙으로 자리 잡기 위해서는, 인권사회학은 그 객관성과 과학성을 유지해야 하고, 이를 통해 (인권)공공정책에 이바지할 필요가 있다. 또한 참여와 저항을 꿈꾸는 시민사회나 민간단체들에게 인권을 이해하는 하나의 수단을 제공할 필요가 있다. 그런 의미에서 인권사회학은 하나의 등대가 되어야 한다. 필요하고, 위험한 곳에 꺼지지 않는 밝은 빛을 제공하는 그런 등대 말이다.

제 3 장

인권사회학 방법론

| 유은혜(숭실대) |

1. 배 경

인권문제는 주로 인권운동가들과 이들의 활동을 중심으로 세상에 알려졌고, 이들이 연구 부문도 담당해 왔기 때문에 인권문제를 학문적으로 접근하는 방법론 자체에 대해서는 관심이 미약했던 것이 사실이다(Coomans, Grünfeld, and Kamminga, 2010). 즉 관심의 초점이 인권문제의 해결에 있었기 때문에 엄밀한 사회과학적 방법론의 추구가 힘들었으며 학문적인 잣대를 들고서도 인권문제 자체가 가치지향적인 성격을 띠고 있기 때문에 가치중립적인 실증적 연구가 힘들었던 것도 사실이다(Landman, 2009). 특히 1947년 미국 인류학회 집행위원회가 세계인권선언 초안 당시에 세계인권선언이 전 세계의 다양한 문화를 존중할 수 없다는 의견을 제시한 바 있는데 이러한 인류학회의 선언은 인권이라는 규범적인 문제에 과학이 개입하고 있다는 비판을 받은 사례로 지적되고 있다(Steward, 1948; Barnett, 1948; Freeman, 2005).

즉, 인권은 여전히 규범의 문제이며 실증적인 연구방법론을 지향하는 사회과학에서는 건드리기 까다로운 주제로 인식되어 왔던 것이다. 그러나 인권문제가 최근 사회학의 한 관심분야로 떠오르면서 인권을 어떠한 방법론을 사용해서 연구할 것인가에 대한 관심 역시 증가되고 있으며 주로 법학의 관점에서 다루어져 온 인권문제를 어떻게 사회과학 방법론을 사용하여 엄밀하게 다룰 수 있을 것인가의 문제를 고찰할 필요성 역시 증가되고 있다. 프리먼(Freeman, 2005: 113)의 지적처럼 "법률은 인권이 침해되었는지 혹은 존중되었는지에 대해 판단하는 데 주로 관심이 많"은 반면에 사회과학은 "인권의 침해와 존중에 대한 설명"이 주어야 하기 때문이다. 이 장에서는 인권문제를 다룰 때 사회학에서 사용 가능한 방법론에 대한 대략적인 소개와 함께 그 한계를 지적하고 앞으로의 방향에 대해 논의할 예정이다.

2. 양적 자료분석 : 인권지수를 중심으로

사회학적인 방법론을 크게 두 가지 흐름, 즉 양적 방법론과 질적 방법론적으로 나눈다면 현재 인권사회학 분야에서 가장 힘을 얻고 있는 방법론은 통계기법을 사용한 양적 방법론이라 할 수 있겠다. 양적 방법론이 질적 방법론에 비해 상대적으로 힘을 얻을 수 있었던 이유는 지난 몇십 년간 인권이라는 개념에 포함될 수 있는 세부항목들을 계량화해 인권지표를 만들고자 했던 수많은 사회과학자들의 노력 덕분이다. 이러한 노력은 주로 외교정책과 대외원조 부분에서 각 국가의 인권수준을 고려하고자 한 미국을 중심으로 이루어졌으며, 미국 국무부에서 1977년부터 발간하기 시작한 인권에 관한 국가보고서(The Annual Country Reports on Human Rights Practices)와 국제 앰네스티의 연간보고서가 그 대표적인 결과물이라 할 수 있겠다(정진성 · 공석기 · 구정우, 2010). 연간보고서가 각 국가의 인권문제와 관련된 기준과 사건에 대한 질적인 정보를 담고 있다면, 프리덤 하우스(Freedomhouse)의 지표화 작업과 미국 정치학자들이 지표화한 정치적 테러 스케일(Political Terror Scale: PTS) 등은 질적인 정보를 계량화하여 각국의 인권수준을 비교하고자 한 노력의 산물이라 할 수 있다.[1]

1) 인권지수 측정을 위한 노력

인권문제에 관심이 많은 학자들이 이미 지적한 바 있듯이, 인권을 객관적인 학문의 대상으로 삼기에는 다음과 같은 세 가지 점의 어려움에 봉착하게 된다(Landman, 2009: 21-24). 첫째, 인권 개념에 대한 합의된 철학적 토대의 부재, 둘째, 인권의 핵심 내용과 의미에 대한 논쟁, 셋째, 인권을 연

1) 인권지표의 발전과정에 대해서는 정진성 · 공석기 · 구정우(2010) 1장을 참조할 것.

구하는 데 있어서 사회과학적 방법론의 적용 가능성 등이 바로 그것인데, 인권지수를 측정하는 데 있어서도 이 난관들을 피해갈 수 없다는 점이 객관화된 인권지수를 측정 · 도출해 내는 데 큰 어려움으로 작용하고 있다. 특히 인권지수 측정에 있어서는 인권의 핵심 내용과 의미가 무엇이냐에 따라 인권의 어떤 측면이 척도에 포함되느냐가 결정되므로 굉장히 중요한 문제라고 할 수 있겠다. 물론 인권과 관련된 국제법이나 국제규약들은 정치적 · 시민적 · 경제적 · 문화적 · 사회적 권리들에 대해서 긴 목록을 제공하고 있으며, 적극적 권리(positive rights)와 소극적 권리(negative rights)라는 구분법을 탈피, 국가가 얼마나 이러한 권리들을 보호하고 존중하며 실행해 나가는가를 기준으로 새롭게 인권의 의미를 재조명해 나가고 있지만(Landman, 2009: 22-23; United Nations, 1999) 이러한 측면 중에서도 어느 측면을 강조해 나갈 것인가는 여전히 객관적인 지수를 산출해 내는 데 꼭 논의될 사안이다.

예를 들어, 미국 CIRI(Cingranelli-Richards) 인권지수는 여성의 사회권을 국제규약에 따라 남녀 동등한 상속권, 남성과 동등한 입장에서 결혼할 수 있는 권리, 외국으로 여행할 수 있는 권리, 여권을 획득할 수 있는 권리, 아이들이나 남편에게 시민권을 부여해 줄 수 있는 권리, 이혼을 행사할 수 있는 권리, 결혼 당시에 가져온 재산을 관리하고 보유할 권리, 사회적 · 문화적 · 공동체적 활동에 참여할 수 있는 권리, 교육을 받을 수 있는 권리, 거주지를 선택할 수 있는 권리, 동의 없이 본인이나 자식들이 할례받지 않을 권리, 강제로 불임시술을 받지 않을 권리로 정의한 후, 법적으로 이러한 권리들이 보호받을 수 있게 제정되어 있는지를 살펴보았다.[2] 이를 0부터 3까지(즉, 0인 경우에는 해당 국가에 여성의 사회권에 대한 보장이 전혀 없다는 의미이며 3의 점수를 가진 경우는 법적으로 이런 권리들이 충분히 보장되며 정부가

2) CIRI Human Rights Dataset에 대한 자세한 설명은 http://www.humanrightsdata.org/documentation.asp를 참조할 것.

적극적으로 이러한 권리실현을 추진하는 경우)의 점수를 할당해 지표화시킨 것이 CIRI 인권지수이다(Cingranelli and Richards, 2010). 따라서 이러한 여성의 사회권 지수는 물론 각 국가 간의 여성의 사회권 보장에 대한 객관적인 비교를 가능케 한다는 장점이 있지만 정부가 주체가 되어 실현되는 인권의 법적 보장만을 이야기할 수 있을 뿐, 실제적으로 개인들의 삶 속에서 인권이 어느 정도로 실천되고 있는지에 대한 논의는 불가능한 상황이다. 또한 여성의 사회권에서 빼놓을 수 없는 가정 내 폭력과 같은 중요한 인권의 측면은 측정되지 못한다는 점에서 한계를 보여주고 있다. 그러므로 인권을 지수화시키는 작업은 어떤 관점에서 어떤 인권의 측면들을 강조하느냐에 따라 하나의 개념을 가지고 지수화시키더라도 서로 다른 의미를 지닌 지수가 산출될 수 있는 위험성이 존재하는 것이다.

이러한 글로벌한 인권 관련 지수들은 학자들의 지난 30~40년간의 노력에 의해 시계열화할 수 있는 자료로 구축되었고, 한국 역시 이러한 인권지표에 대한 필요성에 주목하게 되었다. 특히 한국의 특수적인 상황, 즉 분단에 따르는 국가보안법과 높은 수준의 방위비, 경제 우선주의적 접근방식이나 유교적 문화 등은 한국의 인권상황에 큰 제약으로 지적되고 있다(정근식 · 서승 · 정용화 · 이정은, 2000).[3] 그럼에도 불구하고 근래에 들어 한국적인 인권지표 생성을 위한 노력들이 계속되고 있는데 민주화운동 기념사업회에서 주관한 민주발전지수(민주화운동기념사업회, 2005, 2006), 국가인권위원회와 서울대 사회발전연구소에서 주관한 한국인권의식조사[4] 등이

3) 한국적 상황에 따라 지적되는 인권문제들은 일본 제국주의의 유산(일본군 위안부, 조선인 징병, 원폭피해 등), 한국전쟁 시의 피해, 군대징집 문제, 미군주둔 문제, 민주화과정에서 발생된 문제, IMF 관리체제하에서 발생한 역사적 특수성에 따른 인권침해 문제들과 가부장제, 여성차별, 지나친 연고주의, 개인보다 집단을 우선시하게 되면서 발생되는 문제들, 도덕근본주의, 인종적 순결주의, 높은 교육열에 따른 문화적 특수성에 따른 인권침해 상황들이 있다(정근식 · 서승 · 정용화 · 이정은, 2000: 184-187).

4) 한국인권의식조사는 2005년부터 국가인권위원회 주관으로 실시되었으며 각 연도에 해당하는 보고서는 국가인권위원회 홈페이지 자료실에서 다운로드받을 수 있다(http://www.humanrights.go.kr/03_sub/body02_4.jsp).

대표적이다. 이렇게 수집된 자료들은 사회과학적 방법론을 사용하여 한국의 인권상황을 재조명할 수 있는 전기를 새롭게 마련해 주고 있다(Koo, Kong, and Chung, 2012).

2) 인권지수 소개

(1) PTS(Political Terror Scale)

전 세계적인 인권지수 산출에 대한 첫 시도로는 찰스 휴매너(Charles Humana)가 국제인권법을 인권지표의 토대로 삼고 시도한 인권지표가 있으나 본 섹션에서는 현재 자주 쓰이는 글로벌 인권지수를 중심으로 소개하도록 하겠다. 인권지수 산출에 대한 노력은 주로 정치학자들을 중심으로 1980년대부터 지속되어 왔는데 그중 가장 오래된 데이터베이스와 많은 이용률을 자랑하는 인권지수는 PTS(Political Terror Scale)이다.[5] PTS의 모체라고 할 수 있는 첫 데이터셋은 1976년부터 1983년 사이에 측정된 59개국의 자료이며 1984년부터는 180개국으로 그 범위가 확장되어 1976년부터 2008년에 이르는 약 30년간의 자료가 축적되어 있다(Wood and Gibney, 2010: 369). PTS 지수가 측정하는 것은 국가권력에 의한 인권침해이므로(즉, 국가 혹은 국가기관에 의해서 자행되는 육체적이고 개인적인 권리에 대한 침해) 사적 기관에 의한 침해(예를 들어 여성의 할례)는 포함되지 않는다. 또한 많은 사람들이 이 지수를 국가에 의한 억압(state repression)과 혼동하는 경우가 있는데, 이 또한 지양되어야 한다. 즉, PTS 지수는 국가에 의한 실제 침해사례만을 측정하기 때문에 억압이 심한 국가에서는 오히려 침해건수가 적을 수도 있다(Wood and Gibney, 2010: 369-370).

실제 PTS 코딩과정에서는 미국 국무부의 인권에 관한 국가보고서

5) 자세한 사항은 http://www.politicalterrorscale.org를 참조할 것.

(Country Reports on Human Rights Practices)와 앰네스티 인터내셔널의 연례보고서(Amnesty International Annual Report)를 기초자료로 활용했으며 두 명의 훈련된 코더들이 이 보고서에 적힌 내용들이 사실이며 정확하다는 가정하에 각 국가의 인권상황에 대한 지수를 매기기 시작했다. 두 코더들의 상호 간 측정신뢰도는 0.85 이상이었다(Wood and Gibney, 2010). 그러나 미국 국무성 보고서를 주된 원자료로 사용한 PTS 데이터는 미국 국무성 보고서가 가지고 있는 약점, 즉 미국과의 관계가 좋은 국가에 대한 인권수준은 실제상황보다 더 좋게 평가되고 미국과의 관계가 안 좋은 국가의 인권수준은 실제보다 악화된 것으로 평가내릴 수 있다는 비판을 피해가지 못하고 있다(Poe, Carey, and Vazquez, 2001; Wood and Gibney, 2010: 373).

(2) CIRI 인권지수

CIRI(Cingranelli and Richards) 인권 데이터는 195개국 약 26년(1981~2007, 매년 갱신)에 걸친 각 인권부문에 대한 각국 정부의 인권존중 상황을 지수로 산출한 데이터이다. CIRI 인권지수에 포함된 내용들은 다음과 같다.

① **물리적 인권침해**(Physical Integrity Rights) : 고문당하지 않을 권리, 사법재판 후 처형당할 권리, 정치적 신념에 의해 투옥 · 실종되지 않을 권리

② **사회적 권리와 자유** : 언론의 자유, 집회와 결사의 자유, 국내 · 국외 이동의 자유, 종교의 자유, 정부 지도자 선출을 위한 공정하고 자유로운 투표에 참여할 자유

③ **근로자의 권리** : 결사의 자유, 단체교섭권, 아동노동의 최저연한, 작업장의 안전보장, 강제로 노역하지 않을 권리

④ **여성의 권리** : 정치적 · 경제적 · 사회적으로 공평한 대우를 받을 수

있도록 법적인 보호를 받을 권리

이러한 다양한 인권부문에 대한 지수화 노력은 분명 PTS 자료가 제공해 줄 수 있는 한계를 넘어 어떠한 인권부문이 정부에 의해 덜 보장받고 더 보호되는지, 시간에 따라 이 흐름이 어떻게 변화되는지, 다양한 세계화의 조건들(신자유주의의 압력, 국제 ODA와 협력 등)에 의해 인권이 어떠한 영향을 받는지와 같은 중요한 문제들을 연구하는 데 기초적인 단초들을 제공해 줄 수 있다(Cingranelli and Richards, 2010: 404). CIRI 데이터 프로젝트 팀은 자료의 공정성을 유지하기 위해 정부 관련 기관에서는 전혀 보조지원금을 받지 않고 있다(Cingranelli and Richards, 2010: 404). 그러나 CIRI 데이터 역시 코더들이 질적인 정보를 이용해 양적인 데이터를 산출해 내는 과정에서 미국 국무성의 연례보고서만을 정보출처로 사용하기 때문에 정보출처의 공정성에 대한 시비에서 자유로울 수 없다.

(3) 시민적 · 정치적 권리지표 : 자유지수

인권, 민주주의에 관한 폭넓은 지표와 보고서를 제공하고 있는 프리덤하우스(Freedomhouse, http://www.freedomhouse.org)의 경우에는 "정치적 · 시민적 자유에 관한 비교 설문(Comparative Survey of Political and Civil Rights)"이라고 불리는 문건을 통해 1972년 이후로 자유지수를 매년 공시해 왔다. 그러나 자유지수의 경우, '자유'라는 단어가 지시하듯이 지수 자체가 '인권'에 무게를 두고 있기보다는 민주주의 지수로서의 성격이 더 강하며 설문 자체도 민주주의에 관한 설문 성격을 띠고 있다고 볼 수 있다(Gastil, 1990: 26). 따라서 자유지수는 프리덤하우스 단체가 가지는 보수 · 우파적인 성격으로 인해 받는 비판 이외에도 인권의 또 다른 측면인 경제적 평등 혹은 권리에 대해 관심을 기울이지 않는다는 비판 역시 받고 있다.[6] 그럼에도 불구하고 자유지수는 PTS와 함께 글로벌 수준의 인권에 대한 가장 포괄적인 지수로 손꼽히고 있으며 그 활용도가 높은 편이다.

자유지수는 크게 정치적 자유지수와 시민적 자유지수 두 가지로 나뉘며 정치적 자유지수는 주된 정치권력자들이 최근 의미 있는 선거과정을 통해 선출되었는지, 공평한 선거에 대한 법률 제정, 선거활동 과정의 공정성, 다양한 정치정당의 존재, 군부나 외세의 압력으로부터 자유로울 것 등과 같은 서구 민주주의에 기반한 정치적 권리가 보장되는지를 측정한다(Gastil, 1990: 30). 시민적 자유지수는 미디어와 언론이 정치적 검열에서부터 자유로운지, 열려 있는 공적 토론이 가능한지, 집회와 결사의 자유가 보장되는지, 정치 혹은 준정치 조직의 자유가 있는지, 정치가 개입된 사건에서도 편중되지 않은 법치가 가능한지, 종교 · 결사의 자유가 있는지와 같은 목록을 검토해서 측정된다(Gastil, 1990: 36). 즉 정치적 자유는 시민들이 정치에 참여하는 과정에 자유롭게 참여할 수 있는지를 기준으로 측정되고 시민적 자유는 시민들이 정치 · 경제 · 종교적 시스템에 대해 자유롭게 발언하고 비판할 수 있는지를 기준으로 측정된다고 할 수 있겠다(정진성 · 공석기 · 구정우, 2010: 55). 두 지수 모두 7점 척도를 기준으로 구성되며 자유수준이 가장 높은 국가는 1점을, 자유 수준이 가장 낮은 국가는 7점을 부여받게 된다.

(4) 인간개발지수(HDI) : 경제적 · 사회적 · 문화적 권리지표

위에서 언급한 글로벌 인권지수들이 모두 정치적 혹은 시민적 권리에 초점을 맞추어 산출되었다면 UN의 산하기관인 UNDP(United Nations Development Programme)는 '개발'이라는 기치 아래 1990년 이후로 전 세계의 개발지수를 측정할 수 있는 프로젝트를 운영하기 시작했으며 그 결과물이 매년 발간되는 「인간개발보고서(*Human Development Report*)」이다.

---

6) 정진성 · 공석기 · 구정우(2010) 2장 참조.

개발이라는 개념이 계속적으로 진화한다는 기치하에 지난 20년 동안 기존의 건강, 불평등, 교육에 관련된 지수를 산출해 왔던 UNDP는 최근에 들어 인간개발지수에 기반해 재조정된 불평등지수(Inequality adjusted Human Development Index), 젠더불평등지수(Gender Inequality Index), 그리고 다면빈곤지수(Multidimensional Poverty Index) 등을 추가해 왔다(UNDP, 2010: 1). 2010년 보고서에 따르면 전 세계 평균 인간개발지수는 1990년에 비해 18%(1970년에 비해서는 41%)가 증가되었으며 현재 135개 국가(전 세계 인구의 92%)의 수치를 포함하고 있다(UNDP, 2010: 3).

교육, 빈곤, 삶의 질에 초점을 맞춘 지수답게 인간개발지수는 세계은행(World Bank)과 ICP(International Comaprison Programme) 등 국제기구 혹은 국제통계기관에서 작성된 통계자료를 이용 다음의 네 가지 하위지표를 포함하고 있다.

① 1인당 GDP

② 출생 시 기대수명(life expectancy at birth)

③ 성인문해율(adult literacy)

④ 학교등록률(enrollment ratio)

인간개발지수는 이 각 지표의 최저지점과 최고지점을 설정해 각 국가들이 이 지점에 상대적으로 어떤 위치에 놓여 있는지를 0과 1 사이의 값으로 표현한다.[7] 예를 들면, 인간개발지수의 출생 시 기대수명을 구성하는 지표들은 20살이라는 최저값과 83.57살이라는 최고값을 이용해 계산된다. 이는 1980년과 2012년 사이의 시계열 자료를 이용해 산출된 값이며 만약 어떤 국가가 출생 시 기대수명이 55살이라면 0.551의 값을 갖게 되는 것이다. 그러나 이러한 지수는 각 국가의 다양한 인간의 삶의 측면을 단

7) http://hdr.undp.org/en/statistics/hdi/

순히 소득, 교육, 건강과 같은 세 측면만으로 측정한 단점을 가지고 있으며 UNDP에서는 이러한 단순성을 극복하기 위해 새로운 시대적 요구에 맞는 젠더발전지수(Gender-Related Development Index)와 젠더권능척도(Gender Empowerment Measure) 등을 도입하고 있다. 또한 인간개발지수의 세 측면(건강, 교육, 소득)의 수준 간의 불평등의 요소를 고려, 불평등 인간개발지수(Inequality Human Development Index)를 산출, 2010년부터 제공하고 있다. UNDP의 경우 인간개발지수의 글로벌한 성격을 잘 이해하고 있기 때문에 각 국가에게 각 국가의 우선순위에 맞는 개별적인 지표를 이용해 각 국가의 필요에 맞는 지수로 활용하기를 권고하고 있으며, 특히 각 국가의 평균값을 이용, 각 국가의 하위 지역이나 단체들의 개별 값과의 비교는 의미 있는 정책적 · 분석적 함의를 가질 것이라고 제안한다(UNDP, 2010).

3) 횡단시계열분석

현재까지 확보된 글로벌 인권지표의 시계열 자료를 활용하여 인권연구 분야에서 가장 잘 활용될 수 있는 기법과 연구분야는 횡단시계열분석(cross-sectional time-series analysis)을 통한 국가 간 비교연구이다. 횡단시계열분석 모델은 국민국가와 같은 고정된 단위 안에 반복적인 관측값을 가지는 데이터를 기반으로 해서 구축되며, 위에서 설명한 글로벌 인권지표들이 바로 각 국가의 수십 년간의 인권수준 변화추이를 반복해서 관측한 횡단시계열 데이터의 대표적인 예라고 볼 수 있다. 횡단시계열분석의 경우 분석단위가 가지는 시공간적 특성으로 인해 기존의 통계분석에서 사용하는 OLS(ordinary least squares)를 사용할 수 없다는 점이 특징이다(Beck and Katz, 1995). 따라서 이 경우 기본적으로 회귀분석에 대한 이해를 바탕으로 연구문제와 가설에 따라 계량경제학 모델에서 사용되는 다양한 기법을 사용하여 분석을 시도한다(Greene, 2008; Wooldridge, 2002). 글로벌 인권지표가 국가 간의 인권수준을 수치화한 양적 자료임을 감안한다면 횡단시계열분석을 통한 국가 간 비교연구는 ① 맥락의 기술(contextual description), ② 분류(classification), ③ 가설검증(hypothesis testing), ④ 예측(prediction)이라는 국가비교연구의 기본적인 목적을 달성하는 가장 좋은 분석기법이라 할 수 있겠다(Landman, 2002: 891). 특히 횡단시계열분석의 경우 많은 국가수를 관측수로 삼을 수 있기 때문에 적은 수를 사례수로 삼았을 경우의 문제(small-N problem)를 극복하고 강력한 추론을 도출해 낼 수 있다는 장점을 가지고 있다. 그러나 횡단시계열분석으로 도출된 결론들은 일반화와 추상화의 정도가 굉장히 높고 구체적인 인권연구 사례들에 비해 인권문제를 국민국가의 문제, 특히 인권의 개념 자체를 정치폭력의 문제로 가두어버리는 한계를 가지고 있다(Landman, 2002: 900-901).

글로벌 인권지표를 이용한 횡단시계열분석과 이와 유사한 국가별 시계열 자료를 이용한 횡단면분석(longitudinal analysis)은 위에서 언급한 바와 같이 인권연구에 있어서 전통적으로 많이 사용되던 고급 통계기법들이다(Romeu, 2008). 그러나 그 외의 통계기법들은 인권분야에 있어서 기초통계의 적용수준을 벗어나지 못하고 있는 것이 현실이다(Reed and Padskocimaite, 2012). 또한 한국의 인권의식조사, 2002년 파키스탄 난민캠프 설문조사(Bell, Nolle, Citrin, and Scheuren, 2008)와 같은 설문조사를 이용해 수집된 자료의 경우에는 종속변수와 독립변수가 무엇인지에 따라 사회과학에서 다양하게 사용되는 여러 통계기법들을 사용할 수 있으나 횡단시계열분석이나 횡단면분석에 비해서는 그 활용도가 떨어지는 상황이다. 주지하다시피 인권통계 분야의 한 흐름은 실제로 인권침해 정도가 높은 국가에서 망명한 인권운동가 출신의 연구자들로 이루어져 있기 때문에(Romeu, 2008: 67) 데이터에 대한 엄밀한 통계분석기법의 적용은 정치학과 사회학 분야에서 훈련받은 연구자들에게 남겨진 몫이라 할 수 있겠다.

3. 심층면접 및 참여관찰

위에서 언급한 횡단시계열분석이나 통계분석은 양적 자료에 기반을 둔 추론을 주된 방법론으로 삼고 있다고 볼 수 있으며, 경우에 따라 질적 자료를 보충하여 인권연구를 진행할 수 있을 것이다. 만약 연구자에게 충분히 이론에 기반을 둔 추론을 이끌어낼 수 있는 국가수준의 혹은 개인수준의 질적 자료의 수집이 가능하다면 참여관찰, 문화기술지, 심층면접 혹은 생애사 등과 같은 다양한 방법들을 사용한 인권연구가 가능할 것이다. 그러나 현재까지 인권분야에서 가장 활발히 질적 연구방법을 사용한 연구들은 작은 수의 국가사례 비교 내지는 하나의 국가사례를 연구한 경우가 대부분이며(e.g., Risse, Ropp, and Sikkink, 1999) 사례연구들도 주로 정치체제와 인권과의 관계를 주제로 삼고 있는 경우가 많다. 따라서 질적 방법론을 사용한 사회학적 접근들은 인권문제와 연관된 개인들(예를 들어 난민, 탈북자 등)의 문제를 연구하거나 인권문제와 관련된 이해관계가 첨예하게 충돌되는 현장을 연구하는 경우에 유용할 것이다. 특히 이희영(2008: 207)이 북한 여성의 인권에 관련된 연구논문에서 지적한 바와 같이 "특정한 사회, 역사적 맥락 속에서 태어나 살아가는 개인의 '인권' 은 법제도나 계량화된 수치만으로 환원될 수 없다"는 점은 인권분야에 있어 질적 연구방법의 유용성을 더욱 강화해 준다.

그러나 질적 연구방법론에서 주로 사용되는 참여관찰, 문화기술지, 심층면접 등은 인권이라는 연구대상의 특수성으로 인해 다른 연구방법론들에 비해 제한적으로 사용되는 경우가 많다. 예를 들어 많은 인권시민단체들이 수행하는 사례연구의 경우에는 이 사례연구들이 연구를 위한 연구가 아닌 실용적인 목적, 즉 인권문제에 대한 공공의 관심을 증진시키고 정책이나 관련 법들을 수행하기 위한 기초자료를 수집하는 경우가 대부분이다.

따라서 사례연구를 이용하여 추상적인 이론수준의 논의를 전개하거나 의미 있는 발견을 끌어내기 힘든 경우가 많다고 볼 수 있겠다. 또한 이러한 연구들의 경우 그 자체가 가지는 기술적이고 비이론적인 성격으로 인해 사회과학적으로 가치가 전혀 없거나 의미 있는 추론을 끌어내지 못하고 근거만을 제시하는 데 그치는 경우가 많다(Landman, 2009: 28).

1) 심층면접

심층면접의 경우에도 인권문제에 있어서는 기존 사회과학 방법론에서 지적하고 있는 한계점(연구기간의 장기화, 일반화의 어려움 등)들 이외에도 심층면접에 참여함으로써 면접자들이 처할 수 있게 되는 정치적 위험들이나 면접자들의 신상정보가 누설될 위험성, 그리고 면접자들이 관료들일 경우에는 자신들의 권한을 넘어가는 수준의 정보는 말하지 않으려고 하는 경향 등이 단점으로 지적될 수 있을 것이다(Reed and Padskocimaite, 2012: 17). 실제로 분쟁지역에서 이루어진 심층면접들은 인권침해자들의 경우, 자기부죄(self-incriminating)가 될 수 있는 사건에 대해서는 이야기하기를 거부한다든가, 혹은 피해자들의 경우에는 범죄에 대해 이야기하는 것이 곧 직접적인 위험을 감수하는 것인 경우가 많기 때문에 침묵을 지키거나 잘못된 정보를 주는 경우가 많다(Madden and Ross, 2009: 509).

예를 들어, 지리학자인 로스는 그녀가 우간다의 한 난민캠프를 방문하여 순수하게 연구목적으로 인터뷰를 요청했을 때의 어려움을 기술하고 있다(Madden and Ross, 2009). 난민캠프를 방문하기 위해 연구자는 우간다 국방부의 허가를, 그리고 그녀가 들어가려고 하는 지역의 군사책임자의 허락을, 그리고 마지막으로 난민캠프 지도자의 허락을 받아야 하는 긴 과정을 거쳐야 했다. 덧붙여 종종 심층면접을 실시하는 장소에 군관계자가 참석해 있는 경우도 많았으며, 특히나 면접대상자들(난민들)로 하여금 그녀가

NGO 직원이 아닌 순수 연구자임을 이해시키는 데에도 시간이 오래 걸렸다. 특히 참여자들의 경우 왜 연구자가 직접적인 도움을 주지 않고 자신들에게 질문을 던지는 데 대해 혼란스러워하거나 욕설을 하는 경우도 있었다(Madden and Ross, 2009: 514).

한국 사례연구의 경우에는 탈북이주자, 결혼이민자, 성 매매업 종사자 등과 같이 사회의 주변부에 있는 소수자 집단들이 주된 연구대상자들이 되는 경우가 많은데, 이들이 가진 특수성들 때문에 심층면접과 인터뷰 자료들을 사용하는 데 있어 각별한 주의를 기울여야 한다(박경숙, 2012; 염미경 · 김규리, 2008; 김정선 · 김재원, 2010). 박경숙(2012)의 탈북이주자들에 대한 연구는 인터뷰를 통한 생애사 구성에 있어 어떠한 각별히 주의를 기울여야 하는 지점은 '관점의 차이'(박경숙, 2012: 300)라고 지적한다. 연구자는 "그들의 관점이 우리와 같다고 자의적으로 판단하고서 인터뷰를 시작"하였기 때문에 "탈북의 경험에서, 제3세계의 경험에서, 남한에서 생활하면서, 북한 · 남한사회, 그리고 삶에 대한 시각은 재구성되고 있고, 그 관점은 남한사람들과 다를 수 있다는 데 충분히 주의하지 못하였다"고 고백한다. 뿐만 아니라 이러한 인권침해자들을 심층면접하는 경우에는 침해 혹은 가해 당사자의 인터뷰만으로 충분한 정보를 얻을 수 없기 때문에 보조적인 자료수집이 필요한 경우도 많다.[8]

8) 박경숙(2012)의 연구도 북한에서의 거주지, 성, 연령을 고려하여 17명의 심층면접에 성공했지만 이에 그치지 않고 350명의 설문조사를 준비하고 연변을 방문, 중국 조선족, 탈북을 도와주는 사람들, 중국에 살고 있는 탈북이주자, 남한행을 계획하고 있는 잠재적 이주자들을 만나 부차적인 인터뷰를 실시했다. 김정선 · 김재원(2010)의 연구도 결혼중개업에 대한 연구를 실시하면서 캄보디아 여성과 이들과 결혼하고자 하는 남성들을 인터뷰하는 데 그치지 않고 캄보디아 주재 한국대사관 관계자, 캄보디아 내무부 · 외무부 · 여성부 관계자 및 관련 NGO 실무자들과의 면담을 실시했다.

2) 문화기술지 · 참여관찰

심층면접 방법이 주로 인권침해 가해자들이나 피해자들을 중심으로 현장에서 근무하는 활동가들이 선호하는 방법임을 감안할 때, 보다 사회과학적인 방법론을 심층적으로 적용할 수 있는 질적 연구방법은 문화기술지와 다음 섹션에서 소개될 참여관찰법을 들 수 있겠다.[9] 또한 인권침해 상황들이나 문제들이 각 국가의 문화적 맥락과 긴밀히 연결되어 있음을 감안할 때 문화적 맥락에서의 인간의 행위와 의미구조를 중요하게 생각하는 문화기술지는 연구자로 하여금 인권이 처해져 있는 상황에 대한 이해를 더욱 깊게 해 주며 인권 피해자 혹은 가해자들이 용인할 수 있는 방식을 통한 지속적이고 효과적인 개입이 가능하다(Bolton and Tang, 2004). 인권문제에 깊게 개입하고 있는 실천가들은 문화기술지가 참여관찰과 함께 해당 공동체와 "신뢰를 구축할 수 있는 최선의 방법"이라고 지적하면서 공식적인 인터뷰에서는 표현될 수 없는 종종 상충되는 관점들을 밝히는 데 유용하다고 고백한다(Reed and Padskocimaite, 2012: 20).

그러나 모든 학자들이 주지하다시피 문화기술지는 참여자들과 래포(rapport)를 형성하는 데 오랜 시간이 걸리며 현지 언어를 이해하는 데 있어 통역사를 사용하거나 언어를 공부해야하는 어려움이 있다.[10] 특히 인권침해 상황을 조사하는 데 있어 이러한 방법론적 한계는 큰 문제가 될 수 있는

9) 연구자들에 따르면 문화기술지가 NGO 활동가들보다는 학계에 있는 인권연구자들에 의해 더 많이 선택되는 방법론적 도구로 지적되고 있다(Reed and Padskocimaite, 2012: 19).

10) 문화기술지 · 참여관찰의 경우 통역사를 사용할 때의 문제점은 ① 현지의 언어를 대체할 적절한 용어가 없을 경우, ② 통역사들의 전문성에 따라 통역의 수준이 달라질 수 있는 경우, ③ 통역사들이 통역에 문제가 있음을 인정하지 않는 경우, ④ 통역사들이 현지인들과 다른 문화적 배경이나 계급 배경을 가지고 있는 경우, ⑤ 통역사들이 자신들의 역할을 남용할 경우, ⑥ 통역사들이 인터뷰 대상자들을 협박하거나 위협하는 경우 등을 생각해 볼 수 있겠다(Bolton and Weiss, 2001).

데 큰 재난 이후 정신적 문제를 겪고 있는 피해자들에 대한 개입 등이 필요한 경우에는 빠른 시일 내에 조사와 연구가 끝마쳐져야 하기 때문이다. 따라서 이런 경우 연구자들은 고등학교 학력 이상의 현지인들을 5~10명씩 모아 7~10일간의 짧은 훈련과정을 거친 후, 이들을 통해 자유롭게 관련자들이 피해상황을 기술하고(free listing) 핵심적인 정보원들을 인터뷰(key informant interviewing)하는 방법을 사용하고 있다. 이렇게 수집된 정보는 자유기술을 통해 지적된 문제점들이 얼마나 자주 목록에 나타나는가, 그 문제점을 이야기하는 당사자들이 얼마만큼의 비중을 가지고 이를 이야기하고 있는가, 인터뷰하는 정신건강 담당자들이 이 문제를 얼마나 중요한 문제로 인식하고 있는가, 그리고 문제점을 해결하기 위해 가능한 자원들이 무엇인가 등의 순서에 따라 분류되고 수집되어 상황에 대한 개입을 가능케 한다(Bolton and Tang, 2004: 99).

무엇보다도 문화기술지 혹은 참여관찰의 경우 가장 문제가 되는 상황은 연구대상들과의 교류가 그들의 생존이나 목숨을 위협할 수 있는 경우이다. 한 인권실천가는 "일상에서 현지 참여자들과 이야기를 하는 것 혹은 외국인들과 교류하는 것이 발각될 경우 그들의 안전이 위협받기 때문에 문화기술지를 방법론으로 사용할 수 없었다(Reed and Padskocimaite 2012: 21)"라고 이야기하고 있으며, 이러한 상황은 세계에서 인권상황이 열악한 폐쇄적인 국가(중국, 북한, 미얀마 등)에서는 빈번한 일이다. 뿐만 아니라 인권이 침해되는 상황에 대한 연구주제 설정은 "그 상황의 특수성으로 인해 많은 경우에 있어서 학문적인 근거로서의 자기 입증성이 감소되는" 비판을 받곤 한다(Malkki, 1997: 89). 그녀의 경우 탄자니아에 있는 3만 5000명의 후투족의 난민캠프를 현장으로 삼고 연구를 시작했는데 난민캠프가 가지고 있는 독특한 환경과 비결정성, 그리고 급격한 가변성 등이 연구의 난점으로 지적되었다(Malkki, 1995). 특히 인류학적 관점에서는 난민캠프 자체가 인간의 거주지가 아니며 전통적인 아프리카사회가 아님이 큰 문제점으로 지적되었다. 따라서 문화기술지나 참여관찰의 방법론을 가지고 인권 문제 상황으로 들어가는 연구자들에게는 이러한 실증적인 관점에서의 비판을 항상 염두에 두어야 할 것이다.

4. 담론분석

인권연구에 있어서 담론분석(discourse analysis)은 인권의 개념이 어떻게 형성되었는가 혹은 인권에 대한 담론 자체가 정책이나 혹은 실제적인 사람들의 행동에 어떤 영향을 미쳤는가를 연구하는 데 있어 유용한 분석도구로 사용된다. 실제로 인권문제가 사회의 지배(dominance), 즉 엘리트, 제도, 혹은 그룹에 의해 행해지는 사회적 권력의 문제와 밀접한 관련이 있고, 그 결과로 나타나는 사회 불평등의 문제는 반드시 다양한 담론의 작동방식(mode)과 관련이 있다는 점을 생각한다면 담론분석은 인권연구에 있어 매우 중요하다고 할 수 있겠다(van Dijk, 1993: 249-250; Skillington, 1997). 특히 인권과 밀접한 관련이 있는 제도와 정책 부문은 "계급투쟁이 일어나는 장소"임과 동시에 이데올로기의 "물적 기반"이 되므로 "문자와 담화(text and talk)", 정책실행과 정치의 제도화는 담론의 지배를 측정할 수 있는 좋은 자료원이 될 수 있는 것이다(Fairclough, 1992: 87). 사회학 부문에서는 언어학의 논리에 기반한 기호학적 담론분석기법을 사용하기보다는 담화분석(conversational analysis)과 비판적 담론분석(critical discourse analysis)을 선호하며, 특히 비판적 담론분석의 경우 방법론 자체가 "담론권력이 작동하는 현실적 기제와 사회적 기능에 대한 비판적 분석에 집중"하고 "행위로서의 담론"과 "그것의 구체적인 상황적 맥락"을 더 중시하는 경향(신진욱, 2011: 12)을 보이기 때문에 인권연구에 있어서 더욱 유용하다고 할 수 있겠다.

따라서 담론분석의 방법론을 사용하는 인권연구자들은 담론분석을 이용하여 다양한 연구들을 시도하고 있는데, 진실화해위원회가 가해자들에 대한 비판적 담론 형성에 실패한 엘살바도르의 사례연구(Mazzei, 2011), 동남아시아 국가연합(ASEAN)이 어떻게 인권위원회와 여성 · 아동권 보호위원회를 설립하게 되었는지를 규범적이고 정치적인 토론과정을 살펴봄으로써 제도의 진화과정을 살펴본 연구(Ciorciari, 2012), 러시아에 대한 르몽드지의 사설을 분석함으로써 인권에 대한 담론과 국제관계의 연관성을 연구한 사례(Le, 2002), 담론-역사 분석의 방법을 도입해 이민심사관들의 가족재결합 부적합 판정 편지를 분석해 오스트리아사회의 이주자정책을 분석한 연구(Leeuwen and Wodak, 1999), 보스니아 내전에 대한 서구세계의 논의를 분석한 연구(Hansen, 2006) 등은 담론분석을 활용하여 인권연구를 진행한 대표적인 사례들이라 할 수 있겠다. 한국의 경우에도 5·18 특별법 제정과 관련한 동아일보와 조선일보의 사설을 비교하여 이들의 보도방식을 통해 법 제정과 관련된 담론의 기능을 살펴본 연구(박선희, 2002), 1960년대 박정희 군사정부의 전략으로 시작된 인권 관련 제도와 담론들이 사회에 내면화되는 과정을 추적한 연구(이정은, 2008), 한국 전쟁 이후 '인권보호대상자' 를 둘러싼 담론형성의 동학을 파악한 연구(이정은, 2010) 등이 존재한다. 그러나 위의 사례에서도 알 수 있듯이 담론분석을 통한 인권연구들은 개인사례 중심이기보다는 인권이슈에 대한 담론을 분석하고 이것이 사회에 미치는 영향력을 거시적 차원에서 분석하는 경우가 많다.

5. 역사/비교분석 방법론

인권 부분에 있어서는 학자들이 역사/비교분석 혹은 단일사례 분석, 비교분석, 스몰-N-비교분석 등 다양한 스펙트럼을 가지고 인권이슈들을 다루고 있다(Landman, 2009). 역사/비교분석 방법론은 사회과학 방법론 중에 고전이라 할 수 있으며, 역사방법론이 가지고 있는 풍부한 사료 중심의 접근방식은 시간과 장소에 초점을 맞추어 인권이슈를 다룰 수 있는 장점을 가지고 있다. 역사방법론을 사용한 경우는 인권의 두 가지 이슈에 초점을 맞추는 경우가 대부분인데, 첫째 이상과 규범으로서의 인권의 원천 혹은 그 계보에 관심을 가지고 추적하는 경우, 둘째 인권을 유럽 계몽주의 전통의 자연권의 법적 · 철학적 해석의 부흥으로 이해하고 접근하는 경우이다(Quataert and Roth, 2013). 클로드(Claude, 1976)는 역사/비교방법론을 사용하여 프랑스, 영국과 미국의 인권발전의 고전적인 패턴을 분석, 자본주의 경제의 등장에 있어서 인권법의 제도화의 경제적 기반이 존재함을 발견했다. 헌트(Hunt, 2009)의 경우 자율성과 공감이라는 특징 아래 18세기 프랑스에서 인권이라는 개념이 어떻게 형성되고 확산되었는지, 즉 인권이라는 개념의 발명이라는 주제로 역사분석을 시도한 바 있다. 뿐만 아니라 브루베이커(Brubaker, 1990) 역시 시민권의 개념이 각각 혈연주의 기반과 속지주의 기반으로 독일과 프랑스에서 어떻게 형성되어 왔는지를 비교/역사방법론을 이용하여 추적한 바 있으며, 역사사회학적 관점에서 소머스(Somers, 2008) 역시 인권이라는 개념을 시민권의 사회학과 연결시키면서 국가 · 시장 · 시민사회의 축을 중심으로 인권이 어떻게 변화되는지를 고찰하고자 하는 시도를 지속하고 있다.

비단 역사학의 방법론 전통을 사용하지 않더라도 비교분석을 통해 케이스 수를 적게 혹은 많게 잡아 연구하는 경향도 정치학과 사회학에서는 보편적이다. 통계적 방법론을 사용해서 비교분석을 하는 경우는 주로 국가 사례 수가 많은 경우이며 스몰-N-분석이라든지 적은 수의 사례를 중심으로 하는 비교분석/단일사례분석의 경우에는 질적 방법을 사용하는 경우가 많다. 도넬리(Donnelly, 1989)의 경우 브라질과 한국을 사례로 삼아 필요, 평등, 자유라는 인권의 주된 구성요소들이 개발과정 속에서 어떻게 상충(trade-off)되는지를 비교방법론을 사용해 살펴보았다. 또한 인권운동에 있어서의 초국적 동원, 국가에 대한 압력, 그리고 인권규범 내재화의 기제 등을 검토함으로써 규범의 사회화과정에 대한 함의를 이끌어내는 연구들도 활발한 편이다(Landman, 2009: 29; Risse, Ropp, and Sikkink, 1999; Hawkins, 2002).

비교분석 방법론을 사용해 밝혀진 사실들은 주로 보편적인 함의를 담고 있는 경우가 많으며 이론기반의 귀납적 추론을 중심으로 논리를 전개한다(Landman, 2009). 그러나 사례수를 적게 가지는 경우, 조사하는 국가수보다 훨씬 많은 수의 변수를 고려해야 한다는 단점과 의도를 가지고 케이스를 선택하기 때문에 무작위 선택의 경우보다 그 추론의 성격이 많이 달라질 수 있다는 단점을 지적할 수 있다(Landman, 2002, 2009). 반대로 사례수가 많은 경우에는 각 국가단위로 많은 양의 데이터를 수집해야 하는 어려움과 인권 데이터 측정의 타당성 등이 문제가 될 수 있다(Landman, 2002: 899). 무엇보다도 통계분석을 사용하는 경우, 질적 방법론의 다양한 분석기법들이 제공할 수 있는 인권 개별 사례에 대한 깊은 이해와 자세한 설명이 부족한 점은 다수의 사례를 분석하는 비교분석의 경우 감수해야 할 부분이다.

6. 결 론

지금까지 국제법 분야나 혹은 인권실천가들 사이에서 회자되었던 '인권' 이라는 연구주제가 어떻게 사회과학의 방법론을 가지고 사회학에서 연구될 수 있는지를 간략하게 되짚어 보았다. 근대사회학의 창시자들인 마르크스, 베버, 뒤르켐은 사회를 과학적으로 연구할 수 있는 방법론들을 추구하였고 이들에게 "사회는 과학적으로 이해될 수 있는 자연적인 산물로 간주되었지 윤리원칙에 의해 다듬어진 인위적인 탄생물"로 이해되지는 않았다(Freeman, 2001: 127). 따라서 인권 혹은 자연권이라는 주제는 사회학에서 주변화되었고 인권의 범주에 들 수 있는 연구주제들은 민주주의나 혹은 사회평등이라는 언어로 이해되게 마련이었다(Freeman, 2001). 하지만 최근에 등장한 인권사회학의 경향 — 미국사회학회에서의 인권사회학 세부분과 창설, 인권분야의 사회학자들의 저서 출판(Blau and Moncada, 2007a, 2007b, 2009; Denzin and Giardina, 2010) 등 — 은 인권사회학에 대한 방법론적 고찰이 필요함을 주지시켜 주었다. 따라서 이 장에서는 기존의 인권사회학에서 사용되었던 방법론들을 하나씩 살펴보고 그 응용이 인권이라는 분야와 어떻게 특수하게 맞물려 돌아갈 수 있는지를 고찰하였다.

인권 지표/지수의 등장으로 인해 가장 선호되는 통계적 방법론은 풍부한 학문적인 성과를 거두었지만 인권이라는 개념의 모호성, 서구 중심성, 그리고 가치 중립성 등이 지속적으로 문제가 되어 그 타당성과 신뢰성에 대한 의문이 지속되고 있는 상황이다. 특히 인권의 개념에 어떤 범주가 포함되어야 하느냐, 즉 인권에는 어떤 권리가 포함되어야 하는가에 대한 질문들이 끊임없이 제기되고 있으며 질적인 속성들을 산술적으로 치환하는 과정에서의 의미상실의 문제들은 양적 방법론을 사용하여 인권을 탐구하는 학자들에게는 떨칠 수 없는 부담이 될 것이다. 그러나 앞 절에서 살펴보았듯이 통계적 방법론을 사용한 글로벌 데이터의 분석, 많은 국가수 사례 비교분석, 그리고 전 세계 인권운동이나 담론형성의 흐름에 대한 경험적인 분석은 사회과학 방법론에서 중시되는 실증적인 연구분석의 한 예로 그 타당성을 인정받을 수 있을 것이다.

통계적 방법론에서 미처 다루지 못한 각각의 사례들 — 특히 개인 사례와 이들의 내러티브, 생애, 주관적인 느낌과 감정, 인식에 대한 인문학적 고찰은 질적 방법론이 넘겨받아 인권에 대한 풍부하고 깊은 이해를 가능케 한다. 마바스티와 맥키니(Marvasti and McKinney, 2013)는 질적 방법론이 가지고 있는 장점이 ① 설문조사나 대형 데이터 수집에 비해 적은 구성원으로 이루어진 팀이 짧은 시간의 교육만으로 조사를 마칠 수 있다는 점, ② 사회에서 주변화되고 대규모 데이터 수집이 불가능한 소수자에 대한 연구가 가능하다는 점, 그리고 ③ 통계분석보다 추상적인 개념에 대한 측정과 연구를 가능케 한다는 점이라고 지적한다. 그러나 이러한 질적 방법론들은 엄밀한 이론과 사회과학적 논증이 뒷받침되지 않는다면 비학문적인 영역에서 인권실천을 위해 사용되는 방법론들과 혼동되어 실제 사회학에서 필요한 학문적인 성과를 내지 못할 수도 있다는 단점들이 있다. 즉, 통계적 방법론에 비해 비교적 짧은 시간의 훈련으로 실전조사에 들어갈 수 있기 때문에 연구결과의 깊이가 떨어질 수 있다는 점이 한계로 지적될 수 있는 것이다.

인권사회학의 영역은 이제 막 주목을 받기 시작한 사회학의 분과 중 하나이며 민주주의와 사회 불평등의 문제와 밀접한 관련이 있는 '인권'이라는 개념을 도입, 기존 사회학의 이론과도 잘 접목될 수 있는 가능성을 가지고 있다. 또한 인권과 관련된 다양한 연구주제들—환경, 사회적 약자, 여성, 노동, 국가폭력, 소수자, 장애인, 아동, 정보인권 등—은 오히려 기존 사회학에서 주류로 취급되지 못했던 그룹들이 새롭게 조명받을 수 있는 기회를 제공할 것이다. 따라서 인권사회학의 방법론 역시 기존 사회학의 양적 · 질적 방법론이 가지고 있는 장단점을 잘 인식하고 연구 목적과 주제에 맞는 방법론을 선택하는 것이 중요하며, 학자들에게는 이 두 방법론의 흐름을 잘 접목하여 인권사회학의 새로운 지평을 여는 일이 과제로 남게 될 것이다.

제 2 부

인권사회학 지평의 확장

제 4 장

인권의식조사

| 정병은(서울대 사회발전연구소 선임연구원) |

1. 왜 인권의식조사인가?

1948년 '세계인권선언'이 제정된 이후 인권에 관한 법률, 제도, 담론의 비약적인 발전으로 인권은 국제사회의 대표적인 규범으로 발전해 왔다. '세계인권선언'의 정신을 구체화한 주요한 협약들은 인권의 구체적인 내용과 권리의 항목을 제시함으로써 각국의 국내법들이 인간의 존엄성과 평등에 기반하도록 영향력을 행사하였다. 이러한 인권규범의 확산에 발맞추어 사회과학자들은 당위적·추상적 수준에서 다루어졌던 인권 개념을 실증적이고 객관적으로 접근하고 분석할 것을 요구하게 되었다. 이에 따라 법학을 중심으로 발달해 오던 인권의 사회과학은 사회학과 정치학을 중심으로 경험적 탐구와 논의의 대상이 되었고 인권수준을 객관적으로 정밀하게 측정할 필요성이 커졌다. 어떤 사람이 누구에 의해서 어떻게 인권을 침해받는지 등의 실태를 광범위하게 조사하고, 이를 통해서 어떠한 사회적 조건이 인권을 발전시키는가를 설명할 수 있기 때문이다.

그런데 인권실태를 파악하기 위해서는 개인이 인권에 대하여 갖는 의식과 태도를 이해하는 것이 중요한 출발점이 된다. 무엇보다도 인권이라는 개념 자체가 개인을 모태로 형성되어 왔으며 인권의 핵심에 개인이 자리잡고 있기 때문이다(Donnelly, 2003). 즉 인권은 개인의 권리라는 의미로 사용될 수 있으며, 현대사회에서 인권 개념이 성립하는 데 결정적인 기반을 제공하였다. 따라서 인권에 대한 개인의 인식과 사고체계 즉 인권에 대해서 갖는 태도, 평가, 그와 관련된 경험을 이해하는 것은 인권을 연구하는 출발점으로 간주해도 무방하다. 이를 위해서는 정치, 경제, 사회, 문화의 측면에서 가치관, 관습, 법률, 제도의 중층적 차원으로 얽혀 있는 현실의 문제를 있는 그대로 인식할 필요가 있다.

다른 한편으로 인권의식조사는 인권의 담지자가 되는 국민/개인들이 처한 상황을 이해할 수 있도록 유도함으로써 보다 신뢰할 만한 인권정책을 입안하고 구현하는 데 도움을 줄 것으로 본다. 과거에는 국가가 인권을 침해하는 유력한 행위자로 인식되었지만 최근에는 오히려 국가가 인권을 보호하고 개선하는 데 영향력을 행사할 수 있는 기관으로 인식되고 있다. 이를테면 국가인권위원회는 '국가인권정책 기본계획(National Action Plan for the Promotion and Protection of Human Rights)'을 통해서 범정부 차원에서 인권개선을 체계적으로 추진할 수 있도록 구체적인 방안을 제시한 바 있다. 이처럼 인권개선의 핵심적인 주체로서 국가의 전반적인 인권보장 수준은 어떠한지, 어떤 사람들이 차별받고 있는지, 어떤 분야의 인권이 침해되고 있는지, 따라서 시급한 정책적 개입을 요구하는지 등에 대한 국민의 견해를 체계적으로 얻게 된다면 보다 효과적이고 효율적으로 정책의 대상이 되는 사람들의 인권을 보호하고 향상시키는 데 결정적인 동인이 된다.

뿐만 아니라 인권을 보호하고 개선시키기 위한 다양한 방안들로서 법률, 조직, 정책, 교육 등의 인권제도가 일상생활 속에서 실제로 작동하고 효력을 갖기 위해서는 그러한 제도의 영향권하에 놓여 있는 개인의 인권의식이 중요하다. 인권과 관련된 기본적인 인식수준이 높고 인권에 호의적인 입장을 취하며 인권 개선과 증진을 위한 행동에 나설 수 있는 개인이 다수인 상황에서는 그렇지 않은 상황보다 인권정책이 훨씬 효율적이고 효과적으로 실행됨으로써 가시적인 성과를 나타낼 것이다. 이런 연유로 인권에 대한 인식, 태도, 경험 등을 파악하고 그에 영향을 미치는 요인을 설명하려는 시도는 개인의 배경뿐만 아니라 문화적 · 사회적 · 심리적 요인을 중요하게 고려하는데, 개인을 둘러싼 상황과 맥락에 따라서 인권의식의 형성은 달라질 수 있기 때문이다.

특히 개인들이 자신에게 일어난 상황을 '인권문제'로 파악하고 그것을 해결하겠다고 인식하는 것이 매우 중요하다. 일반적으로 이것을 인권감수성(또는 인권민감성)이라고 하는데, 인권문제가 제기되어 있는 상황에서 그

상황을 인권과 관련된 상황으로 지각하고 해석하며, 그 상황에서 가능한 행동이 다른 관련된 사람들에게 어떠한 영향을 미칠지를 알며, 그 상황을 해결하기 위한 책임이 자신에게 있다고 인식하는 과정을 의미한다(문용린 외, 2002). 이러한 인권감수성은 인권을 옹호하고 지지하는 행동을 이끌어 내는 기본적인 과정이기 때문에 매우 중요하게 여겨진다(정선영, 2006).

최근에는 조사방법론의 전문성을 가진 사회학자들이 인권의식조사에 참여함으로써 인권연구에 새로운 영역을 발전시키고 뚜렷한 하나의 흐름을 만들어 내고 있다. 인간과 사회에 대해 연구하고, 사회현상을 탐색하며 인과관계를 밝히는 데 관심을 갖는 사회학자들은 다른 사회과학자들에 비해서 오랫동안 조사방법을 발전시켜 왔고 연구에 많이 활용하였다. 현대사회에서는 선거와 관련한 국민/개인들의 정치적 성향이나 지지 후보에 관한 조사, 상품의 인지도나 소비자의 반응을 알아보는 조사, 정부 및 지방자치단체의 정책을 평가하는 조사, 특정 인구집단의 사회지표 조사 등과 같이 사회조사의 중요성이 날로 커지고 있으며 사회학자들이 대거 참여하고 있다. 사회학자들이 구축해 놓은 조사방법론은 인권의식조사를 수행하는 데 과학성과 체계성을 담보하게 함으로써 인권실태를 정확하게 파악하게 한다.

2. 인권의식조사의 전개 및 각국의 현황

1) 인권의식조사의 전개

국제사회에서 인권에 관한 규범과 논의들이 활성화되고 확산되면서 각 국가에서 인권이 얼마나 보장되고 보호되고 있는지를 객관적으로 측정하고 평가하려는 시도들이 등장하였다. 정치적 테러지수(Political Terror Scale), 시민적 · 정치적 권리지수(자유지수), CERI 지수, 경제적 · 사회적 ·

문화적 지수(인간개발지수) 등이 잘 알려져 있는 대표적인 인권지수들이다(구정우 외, 2011). 그런데 인권실태를 파악하기 위해서는 인권의 객관적 지수뿐만 아니라 주관적 측면도 중요한데, 인권에 대한 구체적인 체험을 통해서 얼마나 개선되었는가를 보여줄 수 있기 때문이다. 주관적 측면의 인권을 측정하기 위해서는 인권의식조사를 수행해야 하지만, 실제로 인권의식조사는 충분히 이루어지지 않고 있는 실정이다. 인권연구자와 단체활동가, 인권 관련 국제기구들은 각국의 법률, 제도, 조직에 관심을 두는 반면 개인의 인권의식을 측정하고 분석하려는 노력은 별로 기울이지 않았기 때문이다. 이러한 상황을 놓고 이미 오래 전에 프릿차드(Pritchard, 1991)는 인권분야에서 대중의 의견, 태도, 여론에 대한 관심이 적고 이를 다루는 연구가 별로 없다고 비판하였다. 또한 허텔 등(Hertel *et al*., 2009)은 이러한 프릿차드의 비판에도 불구하고 근래에도 여전히 인권에 대한 여론동향에 관심이 높지 않다고 지적하였다.

전반적으로 인권의식조사가 충분히 발달하지 않은 상황에서도 주목할 만한 몇몇 인권의식조사가 실시되었다. 80여 개 국가를 대상으로 각국의 정치적 · 사회적 변화를 조사하는 세계가치조사(World Value Survey)는 인권이 얼마나 존중되고 있는가 등의 질문을 포함하고 있다. 50개 이상의 국가에서 실시된 갤럽조사(Gallup International Millennium Survey)에도 인권에 관한 문항들이 포함되어 있다. 또한 Eurobarometer의 일부인 Central and Eastern Eurobarometer(CEEB)의 경우에는 1990년에서 1997년 사이에 구소련 지역의 국가들을 포함해서 민주주의로 전환하는 18개 국가를 대상으로 유럽공동체(EC)와 자국의 상황에 대해 질문하면서 인권과 관련된 평가를 조사하였다. 그런데 이러한 조사들이 갖는 한계점은 인권과 관련된 문항이 충분하지 않기 때문에 개인의 인권의식이나 여론의 실태를 단편적이고 제한적으로 파악하는 데 그치고 있다는 점이다. 인권의식을 보다 총체적으로 파악하기 위해서는 인권의 다양한 측면을 탐색할 수 있는 문항들을 포괄적으로 구성할 필요가 있다.

2) 국외의 인권의식조사 현황

인권의 보편적 속성에 따라서 국제사회는 보편적으로 통용되는 또는 국제법이 용인하는 인권의 범주를 체계적으로 발전시켜 왔다. 인권은 기본적으로 시민적 · 정치적 권리(자유권)와 경제적 · 사회적 · 문화적 권리(사회권)의 양축으로 구성된다고 알려져 있으며, 그 하위에 많은 개별 항목들이 국제사회에서 정당한 권리로 인정받아 정당화되고 있다(정진성 외, 2010). 국제법에 의해서 보장된 이러한 권리들은 각 사회의 사회문화적 맥락의 차이에도 불구하고 반드시 보호해야 하는 필수적인 가치라는 의미에서 보편적이다.

그러나 각 국가가 처한 상황에 따라서 인권의 강조점은 서로 달랐고 이러한 강조점의 차이는 각 국가의 인권의식 형성에 영향을 미치는 결과를 초래하였다. 이를테면 슈텔마허 등(Stellmacher, Sommer, and Brahler, 2005)은 서독과 동독의 국민의식조사를 비교하면서 사회체제의 성격에 따른 인권의식의 차이를 보여주었다. 이들에 따르면 서독의 국민들은 시민적 · 정치적 권리에 대하여 더 많이 알고 있는 반면 동독의 국민들은 경제적 · 사회적 · 문화적 권리에 대하여 더 많이 알고 있다. 이러한 차이는 다른 국가에서 이루어진 인권의식조사에서도 드러나는데, 미국의 인권의식조사는 자유권 및 차별 부분에 집중되어 있고 일본의 경우에는 이러한 경향이 더욱 심한 것으로 분석된다(정진성 외, 2010). 반면 러시아나 동유럽의 인권의식조사는 경제적 · 사회적 권리에 더 많은 관심을 기울이고 설문문항을 할애하는 경향을 보인다. 이러한 차이점은 인권의식을 비롯해서 각종 인권정책을 수립하는 과정에 영향력을 행사해 왔음을 보여준다. 그래서 각국의 인권상황을 평가하는 도구로서 보편적으로 사용되고 있는 국제인권지표가 오히려 각국의 특수성을 제대로 반영하지 못하고 있다는 비판도 제기되고 있다(Koo, Kong, and Chung, 2012).

한편, 각국에서 인권실태, 인권의식에 관한 조사가 이루어지는 배경과 맥락을 살펴보면 대체로 정부의 정책적 관심과 필요에 따라서 추동되는 경향을 보인다. 특히 주요 국가들은 외교정책 등을 포함하여 전쟁, 원조 등의 문제를 해결하는 과정에서 사회적으로 형성된 여론을 고려하면서 정책적인 판단을 내리는 데 활용하였다. 인권의식조사가 각국의 상황에 따라 관심을 갖는 인권의 내용이나 설문문항이 다르게 구성되는 것은 바로 이러한 상황을 반영한다. 그 결과 각국에 공통적으로 통용될 수 있는 인권 모듈(module)이 개발되지 못하고 인권의 특정한 측면이나 차원에 초점을 맞추는 조사가 이루어짐으로써 전반적인 인권의식을 측정하거나 평가하는 작업을 어렵게 만들고 있다.

일본의 경우에는 1958년에 최초로 시행된 이후 2007년에 이르기까지 내각부의 주관으로 3~4년의 주기로 총 10차례에 걸쳐서 일반국민을 대상으로 하는 '인권옹호에 대한 세론조사'가 대표적인 인권여론조사로 알려져 있다(정진성 외, 2010). 또한 전국조사를 참고로 하여 일부 지자체에서도 비슷한 형태로 지역주민의 인권의식에 대한 조사가 실시된 것으로 알려져 있다. 일본은 1948년에 인권을 전담하는 행정기구로서 법무청 산하에 인권옹호국이 설치되었고 인권옹호국의 사무를 보조하는 인권옹호위원들이 일본인권제도의 근간을 이루었기 때문에(이정은, 2012) 인권옹호위원과 관련된 항목들이 중요하게 다루어졌다가 최근에는 조사되지 않고 있다. 또한 일본의 소수자 및 차별의 문제를 보여주는 부락민과 관련된 내용도 포함되어 있다.

일본의 인권의식조사에서 발견되는 중요한 특성은 전반적으로 시민적 · 정치적 권리에 관한 항목이 과도하게 조사되는 반면에 경제적 · 사회적 · 문화적 권리에 관한 항목들이 미약하고 제대로 조사되지 않고 있다는 것이다. 한편, 총 10차례의 조사에 일관되게 포함된 설문문항은 공동체와 책임에 관한 강조인데, 이는 일본적 특수성을 드러내는 것으로 판단된다. 인권존중과 권리의 주장이 타인에 대해 폐를 끼치지 않는지 여부를 묻는 항목도 서구의 개인 중심적 인권관념과는 다소 상이한 일본적 특수성을 보여준다(정진성 외, 2010).

미국은 외교정책의 고려 속에서 인권기준의 중요성을 질문하는 항목들이 1970년대 이래로 외교정책 관련 여론조사에 등장하기 시작하였으며, 1990년대 이후에는 여러 차례에 걸쳐서 전체 국민을 대상으로 인권의식의 폭과 깊이를 측정해 왔다(McFarland and Mathews, 2005a, 2005b). 또한 국제관계시카고위원회(Chicago Council on Foreign Relations)에서 1978년 이래 4년 주기로 수행하고 있는 '외교정책 리더십 프로젝트(Foreign Policy Leadership Project)'는 미국의 외교정책과 인권의 관계에 초점을 맞추는 설문조사이다. 이 조사에서는 외교정책의 우선순위로 고려되어야 할 다수의 항목을 열거하고 인권이 얼마나 중요하게 고려되어야 하는지를 질문하기도 하였다. 개인의 인권감수성을 평가하는 인권지표(Human Rights Inventory)가 간략한 형태의 설문지로 제작되기도 했으며, 피터하트연구소(Peter D. Hart Research Associates)의 주관으로 1997년에 실시된 '인권에 관한 성인 및 청소년 서베이', 2006년 세계여론연구소(World Public Opinion)에 의해 수행된 '테러리즘 피의자의 권리에 관한 미국인 여론조사' 등이 대표적인 인권의식조사로 거론된다.

그런데 미국에서 본격적인 인권의식조사는 9·11 테러, 이라크전 등과 같이 군사분쟁이 확산되고 안보위협이 커지게 된 2000년 이후부터 빈번하게 이루어지고 있다. 이라크와 아프가니스탄에서 미군에 의한 고문 등이 알려지면서, 인권과 안보의 충돌에 대한 우려가 커졌고 이와 관련한 여론조사가 활기를 띠게 된 것이다. 그런데 미국의 인권의식조사는 특정 집단을 대상으로 하는 경우가 많은데, 이는 조사결과를 고려하여 정책을 수립하려는 관심에서 비롯된 것으로 보인다. 미국의 인권의식조사 역시 고문 · 구금 등의 신체권을 비롯하여 시민적 · 정치적 권리와 관련된 문제를 위주로 조사가 이루어지고 있으며, 경제적 · 사회적 · 문화적 권리의 문제는 간과하고 있다는 제한점을 보인다.

한편, 스페인, 러시아 그리고 동유럽 국가, 라틴아메리카의 여러 국가들도 국민인권의식 조사의 중요성을 인식하고 있으며 여러 차례에 걸쳐서 인권의식을 조사하였다(Anderson *et al*., 2005; Gerber and Mendelson, 2002). 특히 사회주의의 영향을 받은 러시아, 동유럽 등의 경우에는 시민적 · 정치적 권리보다 경제적 · 사회적 · 문화적 권리에 대해서 더 많이 알고 있으며 많은 관심을 기울이고 있는 경향을 보인다. 이상에서 볼 수 있는 바와 같이 전반적으로 기존의 인권의식조사는 많은 경우에 자국의 정책적 관점에 바탕을 두고 인권에 대해 국민들이 어떤 태도를 가지고 있는지를 파악하려는 노력의 일환으로 이루어졌다. 따라서 안보, 외교 상황 등과 함께 다루거나, 또는 테러나 고문과 같은 신체적 자유에 치중하고 있다는 뚜렷한 한계점을 보인다.

3) 국내의 인권의식조사

한국의 경우에는 2000년대 들어서 비로소 인권에 대한 사회적 관심이 고조되고 담론이 활성화되었기 때문에 그 이전 시기에는 인권의식조사를 찾아보기 힘들다. 인권의 불모지로 인식되는 박정희 정부하에서 정권의 정당성을 확보하고 대외적으로 '자유우방국가' 임을 보여주기 위해서 다양한 인권 관련 제도를 만들고 인권행사를 성대하게 했는데, 이때 사회단체, 인권단체들이 수행한 인권침해조사를 통해서 국가에 의한 인권침해 사례들이 보고된 것으로 알려져 있다(이정은, 2008). 물론 정부가 주도하는 이러한 인권사업은 유신체제의 성립 이후 급속하게 축소되었으며 산업화 · 근대화, 국가안보를 위해서 인권은 유보되었다.

한국에서 인권조사가 본격적으로 실시된 것은 국가인권위원회의 설립과 밀접하게 관련되어 있다. 국가인권위원회의 설립으로 인권운동이 제도권 안으로 편입될 수 있었고, 국가인권위원회법에 의거하여 인권의식조사가 실시되는 제도적 근거가 제공되었다. 그리하여 국가인권위원회가 설립된 지 4년 뒤인 2005년에 '국민인권의식조사'가 처음으로 실시되었다(국가인권위원회, 2005). 그리고 다음해인 2006년에는 국가인권위원회 광주지역사무소가 주관하여 '광주, 전남·북 지역 인권의식 실태조사'가 실시되었다. 2010년에는 국가인권위원회가 주관하여 '국가인권위원회 인지도와 인권의식조사'가 이루어졌으나, 전반적으로 설문내용이 적고 국가인권위원회에 초점을 맞추었기 때문에 한국인의 인권의식을 종합적으로 파악하기에는 제한점이 많았다. 이러한 상황에서 국가인권위원회는 설립 10주년을 맞아 2011년에 '국민인권의식 실태조사'라는 연구용역을 통해서 두 번째로 국민인권의식조사를 진행하였다.

정부 주도가 아닌 민간 차원에서 이루어진 전국규모의 인권의식조사는 2008년 서울대 사회발전연구소가 실시한 '한국사회의 안전에 대한 인식조사'로서 위험과 안전, 에너지, 광우병과 함께 인권 관련 문항을 포함시켰고, 한국인의 인권의식이 어느 정도이고 과거와 어떤 차이를 보이는지를 조사하였다. 그러나 문항수가 적다는 제한점을 가지고 있어서 2011년에 '한국종합사회조사(Korean General Social Survey)'에 포함된 인권 모듈(module)이 국내 최초의 자율적이고 본격적인 인권의식조사이다. 그간 국내의 인권의식조사는 국가인권위원회가 직접 주도하거나 국책연구기관이 담당하는 연구의 일환으로서 이루어져 왔다. 전국의 일반국민을 조사하는데 소요되는 막대한 비용과 시간 때문에 정부기관이 관여할 수밖에 없는 상황이었다. 그런데 SSK 인권포럼이 한국종합사회조사의 인권 모듈을 개발함으로써 민간 차원의 전문적인 조사연구가 가능하게 되었다. 한편,

2012년에는 서울대 사회발전연구소가 유럽 4개국과 한국의 일반국민을 대상으로 수행한 '사회의 질 조사' 에서 핵심적인 인권 관련 문항을 포함시킴으로써 인권의식의 국제비교연구의 길을 개척하였다.

한편, 전체 국민을 대상으로 한 조사는 아니지만 의미 있는 일부 집단을 대상으로 한 인권의식조사도 찾아볼 수 있는데, 2011년 동아시아연구원이 일반국민, 학자, 국회의원을 대상으로 각각 수행한 '한국의 내셔널 어젠다 조사' 에도 제한적이지만 인권문항이 포함되어 있다. 국가인권위원회 광주인권사무소는 2011년 광주시청 근무자를 중심으로 '공무원 인권의식 실태조사' 를 실시하였다. 또한 청소년, 대학생, 교사, 복지시설 종사자 등과 같은 특정 집단을 대상으로 그들에게서 보여지는 인권민감성, 인권태도 등이 분석되기도 하였다(김자영, 2011; 심영희 · 박병진, 2011; 류지헌 · 허창영, 2008; 정선영, 2006; 이지수, 2006; 이미식, 2003; 정선영 · 공상길 · 임은경 · 천덕희 · 오영림, 2010). 그런데 이처럼 일부 특정 집단을 대상으로 하는 조사는 일반화하기 어려운 문제 때문에 전체 사회구성원의 인권의식 수준을 파악하기 어렵다. 또한 인권지식, 인권감수성 등과 같이 인권의식의 특정한 측면을 다루고 있기 때문에 전반적인 인권의식 실태를 알기에는 여러모로 부족한 점이 많다는 한계점을 갖고 있다.

3. 인권의식의 개념과 이론

1) 인권의식의 개념과 차원

인권의식조사를 위해서는 조사를 통해서 측정하려고 하는 인권의식이라는 개념이 무엇인지를 명확하게 규정할 필요가 있다. 일반적으로 말해서 인권의식이란 개인이 인권에 대해 인식하고, 자신과 타인의 인권을 존중하며, 이를 적극적으로 수호하고 옹호하려는 것을 의미한다. 즉 인권의식이란 개인의 의지에 따라서 이루어지는 각성으로서의 의식이 아니라 사회심리적인 '태도(attitude)'를 의미한다. 일반적으로 태도란 "어떤 대상 또는 대상들의 집합에 대해 일관적으로 호의적 또는 비호의적으로 반응하는 학습된 성향"(Allport, 1935)으로서, 사람들로 하여금 어떤 자극 또는 대상에 대하여 특정한 반응을 보이게 한다.

일반적으로 사회심리학에서 태도는 인지, 정서, 행동의 3요소로 구성된다고 알려져 있는데, 이런 관점에서 보자면 인권에 대한 태도로서 인권의식도 인지적 요소, 정서적 요소, 행동적 요소로 구분할 수 있다. 인권의식의 인지적 요소는 인권에 대한 지식, 인권의 중요성에 대한 이해, 대상에 대한 사실과 신념들이 포함된다. 정서적 요소는 대상에 대한 긍정적 또는 부정적 감정으로서, 인권에 대한 공감과 감수성, 타인의 인권을 존중하고 지지하는 것이 포함된다. 행동적 요소는 대상에 대한 특정한 행동을 하려는 경향이나 의도를 뜻하는 것으로 인권개선을 위한 방안을 모색하고 적극적으로 실천하는 것이다. 이에 따라서 김자영(2011)은 인권의식의 3요소를 인권판단력, 인권감수성, 인권행동의사로 보고, 각 요소가 높고 낮은 경우를 고려하여 모두 8개의 유형화를 시도한 바 있다. 즉 인권의식의 3요소가 모두 높은 수호자형에서 3요소가 모두 낮은 무관심형 사이에 관망형, 원칙형, 무감각형, 온정형, 맹목형, 무기력형이 있다는 것이다.

그런데 다수의 경험적인 연구들은 인권의식의 의미와 차원이 더욱 다양하고 복합적으로 구성되어 있음을 보여준다. 이를테면 인권과 관련된 다수의 문항을 제시하여 얻은 응답을 분석한 연구(Diaz-Veizades, Widaman, Little, and Gibbs, 1995)에서는 인권을 4가지 차원, 즉 시민적 억압(civilian constraint), 프라이버시(privacy), 평등(equality), 사회적 안전성(social security)으로 구분하였으며, 각 차원과 관련된 요인들은 서로 다르다고 보았다. 맥파랜드와 매튜스(McFarland and Mathews, 2005a)는 인권태도의 개념을 인권 '지지(endorsement)', 인권 '헌신(commitment)', 인권 '제한(restriction)'의 3차원으로 구분하였으며, 인권에 대한 지지란 한 가지 성격적 특성, 가치나 견해에 기인하는 것이 아니라 많은 요인들이 상호 영향을 미친다고 설명한다. 슈텔마허 등(Stellmacher *et al.*, 2005)은 인권 '지식(knowledge)', 인권헌신, 인권 '중요성(importance)'을 강조하였다. 종합적으로 인권의식을 다룬 실증적 연구(Koo and Cheong, 2012)에서는 인권지식, 인권 '인식(awareness)', 인권 '평가(assessment)', 인권 '경험(experience)', 인권 '민감성(sensitivity)', 인권지지, 인권헌신, 인권 '행동(behavior)' 등의 차원을 구분하였다. 이러한 논의들을 통해서 볼 때 인권의식은 인지, 정서, 행동의 3가지 요소만으로 분류하기 어렵고, 보다 복합적인 의미와 차원이 있다는 것을 보여준다.

이를테면 인권헌신이라는 개념이 중요하게 다루어지는데, 인권이라는 가치의 수호는 결코 수사로는 성취할 수 없으며 구체적인 실천과 행동을 요구한다. 인권헌신은 바로 이러한 비용이 수반되는 상황을 감수할 것인지의 의미를 내포하고 있다. 인권헌신의 정도가 높으면 이러한 비용을 감수하고서라도 인권의 기치를 높이 들 것이고, 그렇지 않다면 인권을 보류하거나 다른 집단 · 영역의 인권을 희생하게 된다. 맥파랜드에 따르면 사람들이 보편적 가치로서 인권에 대한 강한 지지를 나타내지만, 그러한 지지는 여전히 자국의 이익보다 아래에 위치하며 인권지지의 비용이 증가하면 약화된다고 보았다. 즉 인권이라는 이상에 동의하더라도 인권을 증진시키고 보호하기 위해서 국가의 자원을 사용하는 데 머뭇거리게 된다는 것이다. 이와 같은 인권헌신의 의미를 태도의 3가지 요소 중의 어느 하나로 간주하기에는 다소 어려운 측면이 있다.

또한 인권이라는 개념의 가치적 · 도덕적 차원으로 인하여 인권행동도 중요하게 고려되고 있다. 최근 들어서 시민단체 또는 인권단체를 중심으로 인권운동이 활발해지고 확산되면서 인권개선과 증진을 위한 행동지침들이 다양하게 개발되고 있기 때문이다. 인권에 관한 지식이 제고되고 그것의 중요성을 공감하며, 인권상황이 어떻다는 평가가 내려진다면 인권 개선을 위한 방안을 모색하고 정책이나 제도를 위한 행동에 나서게 될 것이다.

2) 인권의식의 영향요인

인권의식조사는 인권에 대한 전반적인 인식, 태도, 경험, 행동 등을 이해하며, 개인들 간에 어떠한 차이가 있으며, 그 차이를 낳는 요인은 무엇인가를 밝혀내는 것을 목적으로 한다. 성별, 계층, 종교 등의 요인에 따라서 인권에 대한 태도와 경험이 차이를 보인다면 보편적인 인권이라는 이상을 실현하기 위해서는 이러한 차이를 줄이기 위한 노력이 경주되어야 할 것이다. 인권의식의 차이를 설명하는 연구에는 크게 심리학적 관점으로 접근하는 방식과 사회학적 관점으로 접근하는 방식으로 구분되는데, 두 관점이 기반하는 기본적인 가정과 전제, 주요한 설명요인들은 다음과 같다.

(1) 심리학적 관점

인권에 대한 지식, 태도, 경험을 이해하는 것이 인권의식을 연구하는 출발점이라면, 그러한 인권의식은 개인별로 어떠한 차이가 있으며, 그러한 차이를 초래하는 영향요인은 무엇인가를 밝혀내는 것은 중요한 작업이다. 그런데 지금까지 인권의식은 주로 인지적 요소를 중심으로 다루어져 왔는데, 인간의 존엄성에 기반하는 인권이 결국 도덕성과 밀접하게 관련되어 있다고 보았으며, 도덕성은 주로 인지발달의 관점에서 다루어졌기 때문이다. 인지발달의 관점에서 인권의식에 관한 연구의 뿌리는 삐아제(Piaget)로부터 거슬러 올라가며, 삐아제의 인지발달론을 이어받아 콜버그(Kohlberg)는 도덕성 발달론을 발전시켰다. 물론 도덕성이 가장 발달된 상태에 가서야 개인의 권리, 인간의 존엄성에 기초한 도덕적 판단을 내릴 수 있다(Kohlberg, 1986). 이러한 인지발달론에 근거하여 일련의 발달심리학자들은 개인의 인권의식은 도덕추론 수준에 따라서 차이가 있으며 원리적 도덕추론을 사용할수록 보편적 가치로서 인권을 옹호하고 인간을 존중하는 태도를 일관되게 보인다고 설명한다(Getz, 1985).

이러한 이론적 전통에 서 있는 게츠(Getz)는 인권에 대한 태도, 도덕추론 수준, 종교적 신념의 상관성을 밝히고 인권 지지의 일관성의 정도와 도덕추론 수준의 관계를 탐색하였다(이승미, 1999). 그에 따르면 인습수준의 도덕발달 단계에 있으면 자신이 선호하거나 소속되어 있는 집단의 이해관계가 충족될 때, 사회질서 유지를 위해서 인권을 지지하지만 원리적 도덕발달 단계에 있으면 모든 상황에서 모든 사람들에게 적용되는 원리로서 인권을 일관되게 옹호한다는 것을 보여주었다.

〈표 1〉 인권의식의 6단계 특징

단계	단계의 특징	사고의 특징
1	처벌, 복종지향적 의식	타인을 존중한다는 것은 권력에 복종하고 처벌을 회피할 수 있을 때만 의미. 그러므로 벌은 사악행위에 자동적으로 주어지는 것이다.
2	도구적 쾌락주의에 근거한 의식	공평함이란 개인의 이해관계를 균형 맞추는 것이며, 정의란 '눈에는 눈, 이에는 이' 식으로 자신이 대접받은 대로 똑같이 되돌려주는 것이다.
3	공동체 조화와 감정이입에 근거한 의식	인간에 대한 존중은 그의 동기와 인성에 기초한다. 2단계보다는 객관적인 인권의 관념을 가지는 것 같지만, 아직은 사적인 감정의 용어로 표현된다.
4	사회체제 유지에 근거한 의식	시민의 권리와 의무는 법 앞에 평등하다. 인권은 사회체제를 유지하는 한에서만 존중된다. 도덕보다는 법이 우선한다.
5	사회복지에 근거한 의식	인간생존과 자유라는 궁극적인 가치는 개인들이 동등한 권리, 가치, 존엄성을 가지고 있다는 인식을 가지게 한다.
6	보편화 가능하고 가역적인 의식	한 사회를 넘어서 모든 사회에 모든 시대에 참인 인권에 대한 인식을 가진다. 이는 신성불가침한 인권 존엄성에 대한 인식으로서 가능하다.

출처 : 이승미(1999), p.107.

따라서 이런 관점에서 인권의식은 연령이 증가할수록 높아지게 되며, 이외에도 도덕성의 발달에 영향을 미치는 요인, 이를테면 교육, 자율성, 자아존중감 등도 인권의식을 높이는 요인이 된다. 또한 성별에 따른 인권의식의 차이도 많이 거론되는데, 서구사회에서 인권의 등장에는 공감력(empathy)이 중요한 역할을 차지하였다는 헌트(Hunt, 2009)의 설명을 감안한다면 남성에 비해서 공감력이 높은 여성이 타인의 권리에 대한 존중과 인정, 인권감수성 등이 높다고 기대할 수 있다. 경험적인 연구에서도 여성의 인권의식이 남성에 비해서 높다고 분석된 결과들을 찾아볼 수 있다(Diaz-Veizades *et al*., 1995; 류지헌 · 허창영, 2008).

인권의식에 영향을 미치는 요인으로서 정치적 성향도 밀접한 관련성을 갖는데, 보수주의 성향에 비해 자유주의 성향을 가진 개인들이 전반적으로 인권을 옹호하는 편이라고 알려져 있다. 인권 자체가 개별적 인간의 존엄성과 권리에 기반하고 있을 뿐만 아니라 초기 단계의 인권 개념이 국가의 억압과 간섭으로부터의 자유에서 출발했다는 점을 상기한다면 자유주의적 성향이 인권을 옹호하는 태도와 상관성을 보이는 것은 당연할 것이다. 실제 연구에서도 정치적 보수주의, 자민족중심주의, 편견적인 태도가 강하면 소수자의 인권을 제한하는 경향에 동의하는 모습을 보여주었다(Jost *et al*., 2003; Crowson, 2004).

(2) 사회학적 관점

사회학적 관점에서는 개인을 둘러싼 사회적 환경과 맥락에 따라서 인권에 대한 태도와 경험, 행동이 차이가 난다고 본다. 따라서 개인의 사회적 배경을 알려주는 요인들에 초점을 맞추게 되는데, 개인의 인구학적 배경, 그리고 교육수준, 소득 등의 사회경제적 지위에 따라서 어떤 관련성을 갖는지를 설명한다. 이러한 요인들은 개인을 둘러싼 사회적 · 구조적 환경을 형성함으로써 개인의 사고체계와 행동에 지대한 영향을 미친다. 따라서 사회학적 관점에서는 개인을 둘러싼 사회적 · 경제적 · 문화적 환경에 따른 인권의식과 경험의 차이를 설명하는 데 강점을 갖고 있다.

한편, 최근에 인권에 대한 사회학적 요인의 영향을 설명하는 가장 강력한 이론으로 세계정체이론을 꼽을 수 있다. 세계정체이론(world polity theory)은 세계사회의 문화적 영향력을 중시하고, 이것이 국가 및 조직뿐만 아니라 개인의 행위에도 영향을 미친다고 본다(Meyer, 2010). 이 이론은 인권의식과 규범의 세계적인 확산과정을 설명하는 신제도주의 관점의 이론으로서, 어떤 조건에 의해서 국제적인 인권규범과 제도의 팽창이 이루어졌는지를 탐색하였다(Meyer, 2010; Beckfield, 2010). 이들은 조직의 형태가 유사하게 변화하는 '동형화'의 개념에 주목하면서, 세계화를 통해서 문화와 사상에 기초한 세계사회(world society)가 형성되고 발전한 상황에서 이러한 환경적 변화에 적응하기 위하여 조직의 영역뿐만 아니라 국제정치 및 국가의 영역에서도 동형화가 진행된다고 주장한다. 특히 각 국가는 보편적 인권모델 및 국제인권레짐의 영향력 속에서 동형화의 과정을 밟는데, 이때 가장 중요한 역할을 하는 것은 국제민간단체(INGO)로 대표되는 세계시민사회의 영역이다. 세계시민의식을 담지한 국제민간단체의 활동가, 전문연구자, 과학자 등이 국제인권규약과 협약을 제정하고 각국의 정부가 이를 수용하도록 권고하거나 압력을 행사함으로써 인권규범과 제도가 세계적으로 확산된다. 각국의 토착적 상황에 따라서 규범과 제도의 실행에서 분리(decoupling)가 발생하기도 하지만 결국에는 국제인권레짐이 보편적으로 확산된다고 보았다. 따라서 세계사회의 형성에 따른 세계문화로서 인권규범과 세계시민의식이 얼마나 확산되고 각 개인에게 체득되었는지가 중요한 고려의 대상이 된다.

세계정체이론가들은 실증연구를 통해서 인권규범과 제도의 세계적인 확산을 추동하는 세계시민의식과 개방성에 주목하였다. 세계시민의식은 개인으로 하여금 자신이 잘 알지 못하는 타인에 대한 개방적인 의식과 태도를 갖게 함으로써 인권에 긍정적인 영향을 미치기 때문이다. 실제로 경험적 연구에서도 해외거주 경험과 세계시민의식은 개인의 인권의식, 태도, 경험을 가르는 주요한 변수로 주목받고 있다(Koo and Ramirez, 2009). 이런 맥락에서 본다면 보편적 인권의 개념, 인권감수성, 세계시민 등을 주요한 내용으로 하는 인권교육의 역할이 중요하게 떠오른다. 실제로 국제인권규범의 확산에 따른 영향력이 학교현장에서 교육을 통해 증가하고 있는 추세를 발견할 수 있다(Meyer, Bromley, and Ramirez, 2010). 인권교육은 대부분 학교교육의 형태로 아동 · 청소년기에 이루어지는데, 이는 도덕성의 발달이라는 학습의 직접적 효과뿐만 아니라 세계시민의식을 고양시키기 때문에 인권정책에 있어서 우선적인 중요성을 차지하고 있다.

한편, 맥파랜드와 매튜스(McFarland and Mathews, 2005a, 2005b)에 따르면 공감능력, 교육, 세계지식은 인권에 대하여 강한 정(+)의 관계를 나타낸다. 또한 교육과 세계지식은 약하게 연관되어 있고, 규범적 도덕은 매우 약하게 연관되어 있다. 인권헌신은 세계화, 규범적 도덕에 의해 직접적으로 강화되며, 자민족중심주의와 사회적 우월 지향성(social dominance orientation)은 인권에 대한 지지를 약화시키지는 않지만, 자국 이익에 대립할 경우 인권에 대한 헌신을 약화시켰다. 자민족중심주의와 규범적 도덕은 인권헌신을 약화시키고 반대로 인권제한을 강화시킨다. 공감능력과 인권과의 관계는 상관성을 보이며 인권이 사회적으로 매우 바람직하다는 의식도 함께 나타낸다. 글로벌리즘은 인류의 복지에 대한 근본적인 염려를 나타냈고, 인권에 대한 행동은 그러한 염려와 일치한다.

또한 이들은 인권에 헌신적일수록 글로벌주의 성향이 강하여 국제적인 것에 관심이 많고 자민족중심주의 성향이 낮은 것으로 분석하였다(McFarland and Mathews, 2005a, 2005b). 이런 측면에서 미디어는 타 문화에 대한 개방성에 영향을 미칠 수 있는 역할을 하는데, 미디어의 확산으로 모든 사람이 세계시민에 가까워질 수 있게 되었고(Hannerz, 1990) 미디어 노출 정도에 따라 글로벌한 주제에 대한 친밀성이 증가하게 되기 때문이다.

인권의식에 영향을 미치는 또 다른 사회학적 요인으로서 일반화된 신뢰가 다른 문화 또는 집단에 대한 인권의식에 장벽이 될 수 있는지를 고려해 볼 필요가 있다. 신뢰는 지금까지 사회자본의 논의에서 중요한 변수로 여겨져 왔고 다른 개인적 자원과는 달리 사회문화적 메커니즘을 통해서 형성되는 특성을 갖는다. 후쿠야마(Fukuyama, 1996)는 일반화된 신뢰수준이 높은 사회에서는 가족이나 친족 관계가 아닌 사회관계에서도 협력도가 높은 조직이 발달할 수 있다고 주장한 바 있다. 이런 맥락에서 사회과학자들은 일반적인 신뢰와 세계시민주의가 관련이 있으며 정(+)의 관계를 갖는다고 주장한다(Schueth and O' loughlin, 2007). 일반화된 신뢰는 외집단에 대해서 갖는 신뢰를 말하며, 이러한 유형의 신뢰는 기본적으로 배타적이지 않고 개방적인 성향을 가진 사람들의 관계적 특성이다. 이러한 신뢰가 풍부하게 형성되고 축적되면 목적을 달성하기 위해서 협력적 행위가 용이해지고 공통의 행위규범이 작동하게 됨으로써 높은 성과를 낼 수 있다.

4. 인권의식조사의 절차와 방법론

1) 조사의 분석틀(이론)

인권의식조사를 수행하기 위해서 반드시 고려해야 할 요소들이 있는데, 무엇보다도 인권조사의 분석틀로서 뒷받침되어야 할 이론에 기초해야 한다. 주요한 이론적 차원들은 인권의 보편성, 인권의 특수성, 인권의 국제적 차원, 인권의식의 조건, 정책적 고려 등인데 이들에 대한 고려와 충분한 검토가 왜 인권의식조사에서 중요한지를 설명하면 다음과 같다.

먼저 인권이 누구에게나, 그리고 어떤 사회 또는 상황에서도 작용된다는 보편성은 인권의 핵심적인 차원으로 인식되고 있다. 이에 따라서 국제사회에서는 보편적으로 통용되는 또는 국제법이 용인하는 인권의 범주를 체계적으로 발전시켜 왔다(Donnelly, 2003). 인권은 기본적으로 시민적 · 정치적 권리(자유권)와 경제 · 사회 · 문화적 권리(사회권)의 양축으로 구성된다고 알려져 있으며, 그 하위에 많은 개별 항목들이 기본적 권리로서 정당화되고 있다.

둘째, 이러한 인권의 보편성은 인권상황의 특수성을 배제하는 것을 의미하는 것이 아니며, 오히려 각국의 특수한 상황을 적절히 반영해야 진정한 보편성이 확립된다고 할 수 있다. 한국사회의 경우 남북분단, 유교주의 문화, 민족주의, 국가 주도의 경제개발 등은 주요한 시민적 · 정치적 권리를 제약하는 구조적인 요인으로 작용하였고 일반국민의 인권의식에 커다란 영향을 미쳤다. 또한 1997년, 2008년의 경제위기 이후 빈곤과 실업 문제가 심각해지고 사회양극화가 진행되면서 사회보장, 주거, 건강, 교육 등의 경제적 · 사회적 권리가 중요하다는 인식이 대두되었다(정진성 외, 2011).

셋째, 각국에서 인권상황이 전개된 과정을 상세히 고찰해 보면 유엔을 비롯하여 다양한 국제인권단체 및 국제인권법 체계에 힘입어서 개선되어 왔다는 것을 부인할 수 없다. 심지어는 국제민간단체를 위시하여 국제인권레짐의 압력이야말로 일국의 인권상황이 개선되는 데 결정적으로 작용하는 조건이라는 주장도 있다(Haftner-Burton and Tsutsui, 2005). 1948년 '세계인권선언' 이후 구축되어 온 국제인권조약이 갖는 영향력을 고려해 볼 때 국제적 차원은 인권의 중요한 차원을 구성한다.

넷째, 2009년 국제앰네스티가 한국의 인권단계를 차상위에서 차차상위로 강등시킨 것에서 볼 수 있듯이, 인권은 단선적으로 개선되거나 후퇴하는 것이 아니라 시기와 상황에 따라서 개선과 후퇴를 반복하는 역사성을 고려해야 한다. 글로벌한 차원에서 세계인권을 살펴보면 시민적 · 정치적 권리는 1970~80년대에는 조금씩 개선되었고 1990년대를 거치면서 비약적으로 발전하였으나, 2000년대 중반 이후에는 정체 또는 일정한 후퇴의 경향을 보이고 있다. 경제 · 사회 · 문화적 권리의 경우에는 점진적으로 개선되고 있지만 여전히 낮은 수준에 머물러 있다(정진성 외, 2010: 66-68).

다섯째, 인권 현안에 대한 국민들의 인식과 태도, 그에 부합하는 신뢰할 만한 인권정책은 인권의 정책적 차원을 구성한다. 인권의식조사가 국민들의 정서에 부합하고 신뢰할 만한 인권정책의 시발점이라는 점을 상기할 때, 조사문항의 주요한 부분은 인권정책 그리고 인권정책을 총괄하는 정부기관에 대한 견해 및 평가에 초점을 맞출 필요가 있다. 국외의 인권의식조사도 각국에서 중점적으로 시행되어 온 정책을 평가하는 항목들이 포함되어 있으며, 인권보호와 보장을 위해서 정부의 정책이 어떤 방향에 초점을 맞추어야 하는지에 대한 문항들도 있다.

2) 인권의식의 개념화 및 조작화

모든 조사는 조사를 하려는 개념의 의미를 규정하고 구체적으로 정의할 수 있어야 한다. 이것을 개념의 규정(definition)이라고 하는데, 인권 · 인권의식이라는 개념이 무엇을 의미하는지 명확하게 규정하고 조사가 가능하도록 구체적이고 실증적이어야 한다. 기존의 연구를 검토해 보면 인권의식은 몇 가지 주요한 요소, 즉 인권지식, 인권평가, 인권경험, 인권감수성, 인권헌신, 인권행동 등으로 구분될 수 있다.

첫째, 인권 '지식(knowledge)' 이란 인권상황을 얼마나 잘 알고 있는가를 의미하는 것으로, 인권의식 · 태도의 가장 기본적인 요소일 뿐만 아니라 다수의 인권의식조사에서 자주 찾아볼 수 있기 때문에 이론의 여지가 없을 것이다. 인권지식의 수준이 높으려면 국내 인권상황뿐만 아니라 다른 나라 또는 국제 인권상황에 대한 인식도 중요할 것이다.

둘째, 인권 '평가(evaluation)' 란 인권상황에 대한 주관적인 평가를 의미하며, 인권의식조사에서 자주 찾아볼 수 있을 정도로 기본적인 구성을 차지한다. 전반적인 인권상황을 통틀어서 평가하는 방식은 개인마다 떠올리는 집단이나 상황이 제각기 다를 수 있기 때문에 인권보호가 필요한 집단, 그리고 주요한 분야의 인권이 얼마나 존중되고 있는지를 질문하는 방식이 적절할 것이다. 인권보호가 필요한 취약계층은 노인, 아동 · 청소년, 여성 등과 같은 특정 인구집단도 있지만 장애인, 성매매 여성, 성소수자 등과 같이 인권개선이 시급한 집단도 포함된다. 인권분야는 인권의 양대 축인 시민적 · 정치적 권리(신체의 자유, 집회 · 시위의 자유 등)와 경제 · 사회 · 문화적 권리(교육권, 건강권 등)를 균형 있게 포함시킬 필요가 있다.

셋째, 인권 '경험(experience)' 은 인권실태를 보여주는 지표로서 실제로 본인, 배우자, 가족의 인권이 침해된 경험을 의미한다. 가족이 중시되는 한국 및 아시아 사회의 특성을 감안한다면 자신이 겪은 경험뿐만 아니라 배우자를 포함하여 가족원이 경험한 인권침해까지 확장할 필요가 있다.

넷째, 인권 '감수성(sensitivity)' 이란 자신이 처한 상황을 인권문제와 관련된 것으로 파악하고 그것을 해결해야겠다고 인식하는 것을 의미한다. 즉 인권문제가 개재되어 있는 상황에서 그 상황을 인권 관련 상황으로 지각하고 해석하며, 그 상황에서 가능한 행동이 다른 관련된 사람들에게 어떠한 영향을 미칠지를 알며, 그 상황을 해결하기 위한 책임이 자신에게 있다고 인식하는 심리과정이다. 인권감수성이 높은 사람은 일상생활에서 만나는 다양한 자극이나 사건에 대하여 아주 작은 것일지라도 인권적인 측면을 발견하고 적용한다. 이러한 인권감수성은 인권을 옹호하는 행동을 이끌어내는 기본적인 과정이기 때문에 매우 중요하게 여겨진다. 일상에서 벌어지는 다양한 차별을 간과하지 않고 차별(동등권의 침해)로 인식할 경우 이는 인권감수성과 곧바로 연결된다.

다섯째, 인권 '헌신(commitment)' 은 인권보호와 개선과정에서 요구될 수 있는 비용/대가를 지불하더라도 인권을 지지하는 태도를 말한다. 이 개념을 측정하려면 한편에는 인권을 옹호하는 내용을 제시하고 다른 한편에는 인권을 위해 감수해야 하는 비용 또는 희생을 설명하는 내용을 제시해야 한다. 한국사회의 맥락과 관련된 예시로는, ① 집회 · 시위의 자유는 민주주의의 기본적 권리이므로 적극적으로 보장해야 하는가? 아니면 교통혼잡이나 소음이 발생할 경우 제한할 수 있는가? ② 영주권을 가진 해외동포의 참정권을 허용해야 하는가? 아니면 납세/병역의무를 이행하지 않았고, 외교문제가 발생할 수 있으므로 허용하지 말아야 하는가? ③ 저소득층에 대한 사회복지혜택을 확대하는 것은 막대한 복지비용이 발생하고 세금부담이 증가하므로 신중해야 하는가? 아니면 사회 양극화를 줄이고 기본적인 생존을 보장하기 위해서 적극 실시해야 하는가? 등이다.[1)]

여섯째, 인권 '행동(behavior)' 은 인권을 옹호하고 개선하는 실천을 의미하는 것으로서, 인권이란 단순히 개념적으로 거론하는 데 그치는 것이 아니라 궁극적으로 행동을 통한 실천의 차원으로 옮겨져야 한다. 그런데 인권의식과 태도를 진단하지 않고서는 인권을 옹호하고 개선하는 본질적인 행동을 이끌어내기 힘들기 때문에 설문문항으로 포함된다. 인권행동은 단순한 사회참여가 아니라 인권을 염두에 두고 인권상황을 개선하기 위한 활동으로 제한하는 것이 좋다. 이를테면 종교단체 지원, 소수자 또는 약자를 돕는 단체 지원, 인권단체 활동에 참여, 인터넷에 인권문제 관련 글쓰기, 청원 · 서명운동, 인권캠페인 · 거리시위, 사회적 약자를 위한 자원봉사활동 등이다.

---

1) 인권헌신(몰입)을 측정하는 문항은 상반된 의견을 같이 제시해야 하는데, 예시를 들면 다음과 같다.

	매우 동의	다소 동의	다소 반대	매우 반대	
시위나 집회의 자유는 교통혼잡이나 소음 발생이 우려될 경우 제한할 수 있다	□	□	□	□	시위나 집회의 자유는 민주주의의 기본적 권리이므로 적극적으로 보장되어야 한다

일단 개념의 의미가 규정되면 조사를 하기 위해서 개념의 조작화(조작적 정의)를 해야 하는데, 이는 개념을 실제로 설문문항으로 어떻게 측정할 것인가를 결정하는 것을 의미한다. 전반적으로 인권의식을 규정하고 측정하는 방법에 대한 충분한 논의와 합의가 부족한 상황이지만, 그럼에도 불구하고 다수의 인권의식조사의 내용을 살펴보면 인권지식, 인권평가, 인권침해 및 차별 경험 등으로 질문이 시작되며 비교적 비슷한 방식으로 측정되고 있다. 이를테면 인권지식은 세계인권선언, 7대 국제인권조약 등의 기본적인 주요 개념을 들어봤는지, 알고 있는지를 포함하여 전반적으로 인권상황에 대해 얼마나 알고 있는지를 질문한다. 인권평가는 인권상황에 대해서 주관적으로 평가하는 것으로서, 전반적인 인권상황을 평가할 수도 있고 특정 집단이나 영역의 인권상황을 평가할 수도 있다. 인권경험은 인권이 침해되거나 차별이 얼마나 빈번하게 발생하는지를 측정한다.

3) 인권의식조사 방법론

인권의식조사를 수행하려면 과학적이고 체계적인 조사방법론에 의거해야만 정확하고 중요한 조사자료를 수집할 수 있고 이를 분석된 결과를 일반화하여 모집단에게 적용할 수 있다. 일반적으로 조사는 알아보고자 하는 '전체 대상자(모집단)'를 조사하는 전수조사가 아니라 전체 대상자(모집단)를 대표할 수 있는 소수(표본)를 표본조사하고 그 결과에 의거해서 전체 대상자가 어떻다고 적용시킨다. 따라서 모집단에 대한 명확한 규정, 그리고 모집단에서 표본을 정확하게 추출할 수 있는 표집틀을 확보하는 것이 일차적인 과제이다. 다음으로는 어떤 방법으로 조사할 것인지를 결정해야 하는데, 모집단에서 표본을 추출하는 방법과 조사방법을 결정하는 것은 밀접하게 관련되어 있다. 대규모의 조사를 할 경우에는 모집단의 구성적 특성을 정확하게 반영할 수 있는 표본추출이 적합한 반면 현장조사를 하는 상황이라면 연구자가 관심을 갖는 모습을 보여주는 정보원만을 선택할 필요가 있다(Babbie, 2010).

모집단은 일반적으로 전국의 가구에 거주하는 특정 연령 이상의 남녀인데 조사의 목적에 따라서 연령을 결정하지만, 투표권을 기준으로 성인을 조사하는 것이 가장 일반적이다. 이러한 모집단을 대표할 수 있는 표본을 추출하기 위해서는 확률표집원칙에 따른 다단계 확률표집방법(multi-stage probability sampling)을 사용하는데, 여러 단계에 걸쳐서 인구비례확률로 층화된 집단들의 표본을 추출하는 방식이다. 조사방법론을 가장 철저하게 준수한다고 알려진 한국종합사회조사는 다단계지역 집락표집방법(multi-stage area cluster probability sampling)을 사용하고 있다(석현호 외, 2003). 이 조사에서는 먼저 몇 개의 조사지점을 조사할 것인지, 조사지점당 몇 명을 조사할 것인지를 조사여건에 따라서 적정하게 결정한다. 그리고 정해진 조사지점을 행정구역을 기준으로 광역시 · 도→시 · 군 · 구→읍 · 면 · 동의 단계로 내려가면서 인구수에 따라 배분한다. 각 단계에서 조사지점은 각각 무작위로 추출되며 최종 조사지점이 선정되면 조사지점을 방문하여 총 몇 가구가 있는지, 주택인지 상가인지, 사람이 살고 있는지 등을 확인하여 가구 리스트를 작성하고 이를 최종적인 표집틀로 활용한다. 조사지점의 가구 리스트가 작성되면 조사대상 가구를 계통적으로 또는 무작위로 추출하여 1가구당 1명을 조사한다. 만일 가구 내에 2명 이상의 조사적격자가 있을 경우에는 생일법을 통해서 최종 조사대상자를 결정한다.

조사원이 직접 가구를 방문하여 조사대상자에게 인터뷰를 실시하고, 각 문항에 대한 응답내용은 조사원이 직접 기입(interviewer administration)하는 것이 원칙이다. 본조사(main survey)에 들어가기 이전에는 반드시 사전조사(pretest)를 실시하여 문항들은 제대로 이해되는지, 용어표현은 적절한지 등을 포함하여 조사과정에서 발생할 수 있는 예상문제를 해결해야 한다. 현장조사는 훈련된 면접원에 의해서 이루어져야 하며, 따라서 조사의 목적 · 내용 · 주의사항 등을 설명하는 조사원 교육은 매우 중요한 과정이다. 현장에서 조사원을 감독하는 감독원은 완료된 설문지를 검표해서 누락된 응답, 논리적 일관성의 결여 등을 점검하여 응답의 완결성이나 일관성에 문제가 있다고 판단되는 사례는 재검사를 하거나 해당 설문지를 폐기한다. 이러한 검증과정을 거쳐서 문제가 없다고 판단되는 설문지만 입력하고 응답의 논리적 비일관성을 제거하는 데이터 클리닝을 통해서 자료의 질을 높인다.

5. 인권의식조사의 유의점

1) 당위적 · 규범적 응답의 통제

인권을 당위적 · 규범적 가치로만 인식할 경우 인권의식을 제대로 측정하기 어렵다. 인권의식이 확산되었다는 사실이 곧바로 헌신(commitment)의 확대로 이어지는 것은 아니다. 인권이라는 가치에 대한 논의가 늘어나고 사람들이 큰 틀에서 동의한다 할지라도 인권규범의 내면화와 실천은 별개의 문제이기 때문이다. 이는 러시아인들의 전반적인 인권의식과 체첸에서의 군사행동에 대한 평가를 담고 있는 여론조사를 분석한 연구에서도 나타난다(Gerber and Mendelson, 2002).

일반적으로 인권지식에 비해서 인권헌신은 별로 높지 않고 인권개선을 위한 행동에 대한 참여도가 낮다는 점은 인권의식조사에서 나타나는 공통된 결과이다. 이는 인권수호를 위해 국가자원을 동원하는 데 주저하거나 실질적인 이해관계 앞에서는 인권을 유보하는 태도를 보일 수 있다는 점을 의미한다. 또한 인권을 당위적인 가치로 받아들일 뿐이고 일상생활 속에서 타인과의 관계를 통해 실천에 나서지 않게 한다. 따라서 머리로는 인권을 안다고 생각하고 인권이 존중되어야 한다고 하지만 실제로는 인권 친화적이지 않거나 인권을 침해하는 행동을 묵과하거나 심지어는 인권을 침해하는 행동을 한다. 스태어클과 클레멘스(Staerkle and Clemence, 2004)는 바로 이러한 측면을 지적하여, 사람들은 인권적 판단을 사회적 규범(social norm)에 따라서 맥락적으로 받아들이기 때문에 인권이 침해되는 상황을 용인하게 된다고 설명하였다.

그런데 이러한 현상은 사회조사에서 경고하는 사회적 바람직성 편향(social desirability bias)의 문제를 보여준다. 사회적 바람직성이란 응답자가 질문을 받았을 때 진짜 응답을 말하지 않고 다른 사람들이 선호할 것으로 여겨지는 응답을 말하는 경향을 의미한다(Rubin and Babbie, 2008; Babbie, 2010). 즉 사회적으로 터부시되거나 법을 어기는 행동은 실제보다 줄여서 말할 것이고 사회적으로 부합되거나 권장되는 행동은 실제보다 부풀려서 말할 것이다. 따라서 개인의 차이뿐만 아니라 집단 전체의 평균이나 경향성을 해석하는 데 문제를 초래한다. 조사방법론 연구에 따르면 이러한 사회적 바람직성 편향에 민감한 주제로는 소득 또는 수입, 신체의 생리현상, 외모, 폭력, 약물복용, 종교, 애국심, 관용성, 지적 능력, 자선 또는 박애심 등으로 다양하게 열거되고 있다.[2] 이런 측면에서 보자면 인권 · 인권의식이야말로 사회적 바람직성 편향에 취약한 주제라고 하지 않을 수 없다. 따라서 인권의식조사에서는 응답자로 하여금 진짜 자신의 생각과 행동을 응답할 수 있도록 설문문항이 고안되어야 하고 조사환경을 배려해야 한다.

2) 국내 주요 인권의식조사의 비교

국내에서 본격적인 인권의식조사를 수행한 대부분의 주체가 정부기관

2) http://en.wikipedia.org/wiki/Social_desirability

또는 국책연구기관이라는 사실은 대규모의 인권의식조사를 위해서는 많은 비용과 시간이 소요된다는 것을 의미한다. 전국에 거주하는 성인 1,000명을 대상으로 대면적 면접조사를 하는 데 들어가는 막대한 인력과 비용을 고려한다면 국가기관 또는 풍부한 연구비를 확보하고 있는 연구팀에 의해서 조사가 가능하며, 그렇지 않은 경우에는 특정 지역 또는 특정 집단을 대상으로 조사가 가능할 것이다. 그런데 실제로 국내에서 수행된 인권의식조사를 조사방법론에 의거하여 응답자의 응답에 영향을 미칠 수 있는 요인들을 검토해 볼 필요가 있다.

먼저 조사를 주관하는 기관이 정부기관인지, 전문연구자(들)인지 등에 따라서 응답자의 응답은 서로 다를 수 있다. 정부기관의 조사에서는 응답자들이 순응하는 태도를 보일 수 있지만 민간기관 또는 전문연구자(들)의 조사에서는 솔직한 응답을 기대할 수 있다. 특히 자유롭게 자신의 의견을 말하고 표현하는 분위기가 형성되어 있지 않은 사회, 권위주의적인 정부가 언론을 엄격하게 통제하는 사회에서는 사람들이 "살아남기 위해서 사적이지 않은 상황에서 말하는 것을 매우 조심스러워한다(Babbie, 2010: 343)." 문화혁명 또는 천안문사태, 중국 공산당에 대한 일반인의 태도를 알아내기 위해서 중국에서 조사를 실시하여 믿을 만한 자료를 수집하는 것은 거의 불가능할 것이다.

또한 조사주제가 모두 인권과 관련된 문항으로 구성되었는지, 아니면 다양한 주제를 다루는 조사의 일부분으로서 인권이 포함되었는지도 응답자에게 영향을 미칠 수 있다. 조사원이 인권에 대해서만 질문을 던진다면 응답자는 부지불식간에 인권에 관한 지식과 생각을 동원하거나, 조사과정에서 점차적으로 인권에 관한 새로운 사실과 지식을 얻게 된다. 이런 경우 응답자는 인권에 대해서 응답할 준비를 마친 상황에서 조사원에게 적극적으로 대응할 수 있다. 반면 조사의 일부분으로서 인권을 다룬다면 응답자는 다른 주제의 문항에 응답하느라고 인권에 대해서는 미처 준비되지 못한

상황에서 질문을 받게 된다. 이런 상황에서는 적극적으로 진실된 응답을 하기보다 마지 못해서 응답하는 반응을 보일 수 있다.

설문지에서 문항의 배열과 위치도 응답자의 응답에 영향을 미칠 수 있다. 응답자의 흥미를 끌 수 있는 주제의 문항이 앞쪽에 배치되어 있다면 적극적으로 대답할 것이다. 그런데 인권이 응답자의 흥미를 끌 수 있는 주제일지 여부는 조사시점이 언제인지에 따라서 달라진다. 심각한 인권침해가 발생하여 사회적인 여론이 비등해 있다면 인권은 흥미롭고 관심이 가는 주제일 것이다. 그렇지 않다면 평소 별 생각이 없었던 인권은 막막하고 어려워서 회피하고 싶은 주제로서 응답을 주저하게 만든다. 게다가 막대한 분량의 설문지에서 후반부에 배치되었다면 응답자의 흥미를 지속시키기 위한 특단의 조치가 필요할지 모른다. 따라서 인권문항들이 설문지에 어떻게 배치되었는지, 같이 조사되는 주제는 무엇인지 등이 진실된 응답을 얻어내는 데 영향을 미친다.

이러한 조건을 고려하면서 국가인권위원회가 주도한 2회의 조사, 전문연구자(들)가 주도한 3회의 인권의식조사에서 나타난 결과를 비교해 보았다. 5개의 인권의식조사가 갖는 각각의 특징을 상술하면 〈표 2〉와 같은데 조사주체, 조사시기, 모집단 및 표본추출법, 인권 문항의 배치 등이 서로 다르다. [그림 1]은 비교 가능한 문항들에 대하여 5개 조사결과에서 나타난 긍정 또는 동의하는 응답비율을 보여주고 있다. 비교 가능한 문항들은 ① 한국의 인권상황에 대해서 알고 있는지, ② 인권보호가 헌법에 명시되어 있다는 사실을 알고 있는지, ③ 해외 또는 국제 인권상황에 대해서 알고 있는지, ④ 한국에서 인권이 어느 정도 존중되고 있는지를 질문한 것이다(국가인권위원회, 2005; 정진성 외, 2010; 정진성 외, 2011; Koo and Kang, 2013; 장덕진 외, 2012). 한국의 인권상황에 대한 인식은 한국종합사회조사의 인권 모듈에서는 37.1%, 2012년 사회의 질 조사에서는 40.1%가 알고 있다고 응답하였지만 다른 조사에서는 50% 내외의 응답자들이 알고 있다

〈표 2〉 인권의식조사의 특성

조사 제목	국민인권의식 실태조사	한국사회에 대한 인식조사	한국종합사회 조사(KGSS)	국민인권의식 실태조사	5개국 사회의 질 조사
조사 시점	2005년	2008년	2011년	2011년	2012년
조사 주체	국가 인권위원회	서울대 사회발전연구소	SSK 인권포럼	국가 인권위원회	서울대 사회발전연구소
조사 기관	한국리서치	한국갤럽	성균관대 SRC	현대리서치	한국갤럽
모집단	제주를 포함한 전국의 만 15세 이상 남녀	제주를 제외한 전국의 만 19세 이상 남녀	제주를 포함한 전국의 만 19세 이상 남녀	제주를 포함한 전국의 만 15세 이상 남녀	제주를 제외한 전국의 만 19세 이상 남녀
표집 방법	시도별 층화 계통추출법	시도별 층화 무작위 추출법	다단계지역 집락확률 추출법	다단계 집락확률 추출법	시도별 층화 무작위 추출법
문항 위치	설문지 전체	설문지 후반부	설문지 후반부	설문지 전체	설문지 후반부

[그림 1] 국내 인권의식조사 비교

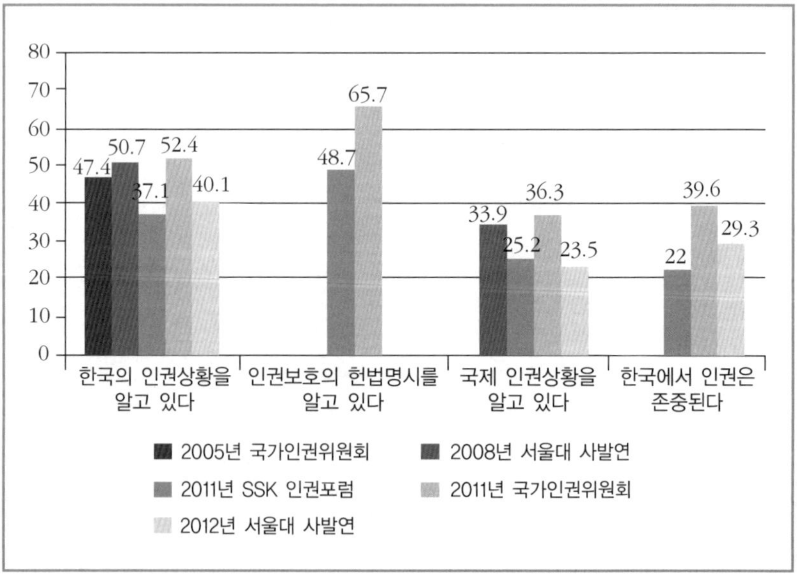

고 응답하였다. 다른 문항에서도 한국종합사회조사는 다른 조사의 응답률보다 일관되게 낮은데, 이는 한국종합사회조사의 엄격한 표본추출법과 표본대체의 불가능성이 앞에서 지적한 요인들과 조합된 결과로 판단된다.

6. 맺음말

'세계인권선언'의 제정과 국제인권레짐의 구축을 통해서 인권에 대한 논의가 본격적으로 이루어지고 널리 확산되고 있다. 인권은 경제적 · 정치적 · 문화적 차이를 넘어서 인류의 보편적인 가치로서 인식되고 자리매김하고 있다. 사람들이 생각하고, 판단하고, 행동하는 과정에서 인권이라는 원리가 주요한 지침의 지위를 차지하게 된 것이다. 인권의 개념에 관한 논쟁에도 불구하고 인권의 핵심은 개인의 권리이다. 따라서 개인의 인식과 사고 속에 인권이 어떻게 자리 잡고 있는지, 개인의 행동에 어떻게 영향을 미치는지에 대해 관심을 가져야 할 필요가 있다. 그러나 실제로 인권을 옹호하고 확산시켜 왔던 국내외의 주요한 인권단체, 인권연구자들은 개인들이 인권에 대해 갖고 있는 인식, 태도, 정향을 측정하고 분석하려는 노력을 기울이지 않았다. 개인의 인권의식은 인권제도와 정책의 수립과 방향성을 결정할 뿐만 아니라 그것이 수행되는 효율성과 효과성에도 지대한 영향을 미칠 것이다. 개인들의 인권감수성이 높고 인권 친화적인 사회에서는 인권 개선과 옹호가 용이할 것이고 인권침해에 둔감하고 침묵하는 사회에서는 인권 개선과 보호를 위한 지난한 과정이 요구되기 때문이다.

또한 인권의식조사에 대한 연구는 인권의식의 구조와 차원, 인권의식의 변화와 경험, 인권의식의 추이 등과 같이 인권의 사회과학화를 촉진하고 저변을 확대하는 데 지대한 공헌을 하고 있다. 도덕적 · 추상적으로 이해되어 왔던 인권이라는 개념을 사회과학의 경험적 · 과학적인 탐구의 대상으로 끌어들였기 때문이다. 즉 인권의식조사는 인권의식의 확산, 인권 관련 정책 및 제도에 대한 태도, 인권의식의 변화와 추이에 대한 객관적인 측정과 평가를 제공함으로써 인권의 사회과학에 중요한 이론적 기여를 할 수 있다. 법학을 중심으로 인권을 다루어 왔던 기존의 접근방식에 새로운 시각을 제공해 주고 인권의 확산과 개선에 밀접하게 관련되어 있는 다양한 사회적 · 구조적 요인들을 설명하고 있다. 그런데 각국의 인권의식조사 또는 인권여론조사는 외교문제, 안보, 대외원조 등과 관련된 정책적 결정에 지향점을 두었고, 또는 정부의 정당성을 확보하기 위한 일환으로서 시행되는 경우가 빈번하다. 이런 연유로 서로 다른 영역의 인권을 과도하게 강조하거나 또는 인권의 주요한 영역을 간과함으로써, 인권을 보다 객관적으로 측정하고 평가하지 못하는 한계점을 보인다. 따라서 향후 인권사회학은 본격적인 인권의식조사를 통해서 인권에 대한 총체적이고 종합적인 이해를 돕고 인권보호와 개선을 위한 사회적 조건을 밝혀냄으로써 인권수준을 한층 더 높이는 데 커다란 역할을 담당해야 할 것이다.

〈부록표 1〉 미국의 인권의식조사 사례

연도	제목	실시기관	대상	주요 내용
1978~ (매 4년)	Foreign Policy Leadership Project	Chicago Council on Foreign Relations	일반인 및 오피니언 리더	국제인권에 대한 미국인들의 의식
1980	College Global Understanding Survey		전국의 대학생 3,000여 명	대학생들의 인권 및 글로벌 규범 및 제도에 대한 지지도 조사
1985	Attitudes toward Human Rights Inventory	Irene Getz (University of Notre Dame)		시민적 권리 중심
1997	Public knowledge and opinions on universal human rights	Peter D. Hart Research Associates	1000/200여 명 (성년/청년)	차별경험 및 인권 전반
2004	Americans on Detention, Torture, and the War on Terrorism	PIPA-Knowledge Networks	892명	신체의 자유
2006	American Opinion on the Rights of Terrorism Suspects	World Public Opinion	1,059명	테러리즘, 고문 등
2006	Human Rights and Ethical Consumption Survey	Hertel 등 Univ. of Connecticut의 정치학자들	508명	고문으로부터의 자유, 양심과 사상의 자유, 최소한의 생활수준 보장 등에 대한 지지를 묻고, 이를 행동과 연결시키기 위해 '윤리적 소비'와 관련된 질문을 하였음.
2007	Belden Poll: Human Rights in the United States	Belden, Russonello, and Stewart	아시아계 미국인 1,633명	국내정책 관련 인권의식

2008	State of the First Amendment	Freedom Forum, American Journalism Review	1,005명	언론의 자유
2009	Americans on Torture	World Public Opinion	805명	고문 등
2009	U.S. Opinion on Human Rights(in "Public Opinion on Global Issues")	Council on Foreign Relations	1,000여 명	UN의 인권활동에 대한 견해 및 고문, 표현의 자유, 종교의 자유, 교육권을 비롯한 경제 · 사회적 권리 등 인권 전반에 대한 평가 및 의식을 조사

출처 : 정진성 외(2011), p.29.

〈부록표 2〉 기타 인권의식조사 사례

연도	제목	실시기관	대상	주요 내용
1958~2007	인권옹호에 대한 세론조사[3] (일본)	일본 내각부	매회 2,000명 내외	인권 일반(신체통합권리 중심)
1981~(매 5년)	World Values Survey	World Values Survey Association	80개 이상 국가	각국의 사회 · 문화 · 정치적 변화 조사(인권 관련 문항 일부)
1990~1997	Central and Eastern Eurobarometer surveys(CEEB)	European Commission	국가별 약 1,000명	민주화/시장경제로의 전환기에 놓인 중앙 · 동유럽 18개국에서 국가의 인권존중 수준에 대한 일반인의 의식조사
1995	체코 대학생 인권의식조사	Macek 교수 연구팀	대학생 447명	세계인권선언(UDHR)의 전 조항에 대한 인식을 8가지 기준항목에 따라 질문
1999	Gallup International Millenium Survey	Gallup	전 세계 55개국 50,000명 이상	각 국가의 인권보호수준에 대한 평가

3) 중앙정부 차원에서 해당 기간 동안 총 10회에 걸쳐 조사를 시행하였으며, 아이치현, 교토시 등 일부 지자체에서도 유사한 형태로 지역 단위 조사를 실시한 바 있다.

2000	Voice of the People Millennium Survey	Gallup International Association	전 세계 50여 개 국가의 성인들	여성권리 및 인권 일반
2001	Russian Public Opinion on Human Rights and the War in Chechnya	All-Russian Center for Public Opinion and Market Research	러시아 2,405명	일반인에게 인권 세부항목별 지지도, 인권의 보류 가능 등 인권 전반에 대한 관념적 질문과 체첸에서의 군사행동 등 구체적 사례에 대해 질문
2001~2002	After September 11 Survey	독일의 2개 대학교(Cohrs 교수 연구팀)	479명	9·11 이후 정치상황에 대한 평가(80% 온라인, 20% 서면조사 방식으로 두 번의 조사를 실시하여 479개의 매칭 케이스를 얻음)
2002~2003	독일인 인권의식 조사	USUMA(베를린 소재 전문조사기관), German Isstitute for Human Rights (DIMR) 협조	2002년: 2,051명 (면접조사) 2003년: 2,017명 (전화조사)	세계인권선언과 인권의 각 분야에 대한 인지도 및 평가, 인권옹호 수준, 권위주위나 사회적 위계가 인권의식에 미치는 영향을 조사하고, 동·서독의 주민들 간 비교함.
2008	World Public Opinion on Women' s Rights	World Public Opinion	전 세계 23개국	여성권리
2008	Socio-Economic Problems, Politics, Human Rights	World Public Opinion	25개국 26,599명	국외정책, 차별의식
2009	World Opinion on Human Rights(in "Public Opinion on Global Issues")	Council on Foreign Relations	21개국 20,202명	UN의 인권활동에 대한 견해 및 인권 전반에 대한 응답자의 평가 및 의식을 조사

출처 : 정진성 외(2011), p.30.

〈부록표 3〉 한국의 인권의식조사 사례

연도	제목	실시기관	대상	주요 내용
2005	국민인권의식조사	국가 인권위원회	일반인(1,263명) 전문가(90명) 시민단체(101명)	인권의식에 대한 종합적 실태조사
2006	광주, 전남·북 지역 인권의식 실태조사	국가인권위원회 광주지역사무소	지역 일반인(650명) 및 시민단체 관계자(200명)	인권 및 차별 관련 의식, 인권교육에 대한 인식 등
2008	한국사회 안전에 대한 인식조사	서울대학교 사회발전연구소 (중앙대학교)	일반인(1,000명)	인권상황에 대한 인식, 인권 증진을 위한 방안 등
2010	국가인권위원회 인지도와 인권 의식 전반에 대한 여론조사	국가 인권위원회	일반인(1,100명), 관련 전문가(200명)	위원회의 우선순위 및 인권상황에 대한 관심 및 평가 등
2011	국민인권의식 실태조사	국가 인권위원회	일반인(1,500명) 전문가(225명) 초등학생(589명) 중학생(623명)	인권의식에 대한 종합적 실태조사
2011	한국종합사회조사 (인권 모듈)	SSK 인권포럼	일반인(1,535명)	인권의식에 대한 주요 실태조사
2012	5개국의 사회의 질 조사	서울대 사회 발전연구소	일반인(1,000명)	인권의식에 대한 주요 실태조사

출처 : 정진성 외(2011), p.31을 보완.

〈부록표 4〉 한국의 학생인권조사 사례

연도	제목	실시기관	대상	주요 내용
2006	중·고등학생 인권 상황 실태조사	국가 인권위원회	학생(1,160명) 학부모(533명) 교사(262명)	학교생활의 인권 침해적 요소를 총체적으로 파악 · 분석
2006	중등학생 인권 실태조사	한국교육 개발원	중·고등학생(9,323명) 학부모(1,420명) 교사(1,420명)	중등학교 인권실태 조사, 분석 및 인권신장의 쟁점을 제기
2009	한국 아동 · 청소년 인권 실태조사: 생존권 · 보호권	한국청소년 정책연구원	초등학생(2,889명) 중학생(3,117명) 고등학생(3,484명)	아동 · 청소년에 대한 전반적인 실태와 변화양상에 대한 파악
2010	한국 아동 · 청소년 인권 실태조사: 발달권 · 참여권	한국청소년 정책연구원	초등학생(2,581명) 중학생(3,189명) 고등학생(3,821명)	우리나라 초·중·고등학생의 인권 의식과 태도에 대한 전반적인 실태를 파악
2011	중등학교 민주 시민교육 활성화 방안	한국교육 개발원	중학생 고등학생	중·고등학교 민주시민 교육 환경과 수업 및 활동의 파악
2011	초 · 중 · 고등학교 인권교육 실태 조사	국가 인권위원회	초·중·고등생 (3,404명) 교원(321명) 16개 시 · 도교육청 인권교육 담당자	초·중등교육의 인권교육 실태를 종합적으로 분석하고, 문제점과 한계를 진단

출처 : 정진성 외(2011), p.31을 보완.

제 5 장

인권운동

| 공석기(서울대 아시아연구소) |

1. 인권운동의 확장 및 수렴

인권운동은 과거 민주화운동과 같은 거대 사회운동의 한 부문으로 자리 잡으면서 주로 시민 · 정치적 권리에 대한 제약을 개선 혹은 확장시키기 위한 집단적인 행동으로 시작되었다. 이후 민주화를 겪으면서 인권운동은 사회운동의 다양한 부분집합으로 분화하였다. 그렇지만 최근에는 다시금 '정의' 라는 마스터 프레임하에 다양한 운동부문을 포함하는 소위 모집단으로 새롭게 확대 발전하고 있다. 오늘날 인권운동은 이념, 전략과 전술 그리고 단체의 형태 등의 경계를 넘나들며 그 영역의 폭을 더욱 확장하고 있다. 과거의 인권운동이 시민 · 정치적 권리 확보에 초점을 맞추었던 것에 반해, 최근의 인권운동은 사회 · 경제 · 문화적 권리까지 확장하면서 미시에서 거시까지 모든 층위를 넘나들며 다른 운동부문과 빈번하게 교차하고 있다. 특히 국가와의 관계에서도 인권운동은 국가를 더 이상 변혁의 대상으로 보기보다는 다양해진 인권이슈를 정책적으로 해결하기 위한 인권운동의 협력적 파트너 혹은 정책경쟁의 대상으로 인식하기 시작하였다.

비슷한 맥락에서 인권운동은 과거 법률적 차원에서 개인의 권리를 확보하는 것에 초점 맞추는 법률운동을 넘어서 광의의 운동, 즉 정치, 발전, 분쟁, 민주화 그리고 사회복지까지를 포함하는 모집단 사회운동으로 그 지평을 넓혀가고 있다. 과거 인권문제를 시민 · 정치적 권리로 제한했던 사람들에게 사회 · 경제 · 문화적 권리는 현실과 동떨어진 이상으로 보였다. 그 결과 사회문화적 권리의 인권사안들은 당위적인 목표로 인식되면서 하나 둘 개선될 수 있는 프로그램적 성격으로 간주되곤 하였다. 이제는 인권운동의 대상이 사회 · 경제 · 문화적 요소까지를 포함하는 인간으로서 누려야 할 당연한 권리로서 요구되며, 국가와 사회는 이를 구현하기 위해 책임을 다해야 한다는 것으로 인식되고 있다.

인권운동 영역의 외연적 확대를 주목하는 것도 중요하지만 동시에 인권의 객관적 조건의 변화과정도 주목하는 것이 필요하다. 인권의 주체로서 시민들이 닫힌 정치기회구조로 인해 침해받는 인권상황에 대해 문제의식을 갖고 개선을 주장하는 과정, 즉 '인권의 사회화 과정'을 통해 권위기관이나 탄압주체에 대한 저항운동으로서 인권운동과 인권지평이 확산되고 있다. 민주주의라는 마스터 프레임 속에서 국가 정책결정과정에서 소외받던 소수자들이 자신의 권리를 확보해 가는 서구의 민권운동이나, 대통령직접선거제도를 쟁취하여 절차적 민주주의 서막을 열게 된 1980년대 말 한국의 민주화운동, 그리고 이후 진행된 아시아지역 저개발국가들의 민주화운동의 승리는 인권주체인 시민들의 힘을 통해서 인권지평을 확장하는 중요한 경험이 되었다.

한편, 인권의 객관적 조건이 단순히 일국의 정치 · 경제 · 사회적 맥락에 국한되지 않고 전 지구적으로 확대된 것은 바로 세계화라는 거대한 사회변동의 힘이 초국적기업을 중심으로 추동되면서 세계자본주의 경제체제라는 전 지구적 조건이 구축되었기 때문이다. 이제 일국의 인권을 제약하는 요인이 풀뿌리 지방에서 출발하여 일국의 경계를 넘어 지역과 세계로 연결된 중층적 정치기회구조로 확장되었다. 이는 인권지평이 확산되는 동시에 인권을 옥죄는 요인 또한 전 지구적 차원으로 확산된다는 역설적 상황을 의미한다. 세계화로 인한 객관적 조건의 변화상황에서 인권운동은 일국 내에서 해답을 찾기도 하지만, 동시에 경계를 넘어선 협력과 연대활동을 통해서 해답을 찾을 수밖에 없는 경우도 증가하고 있다.

요컨대 산업화와 세계화라는 거대한 사회변동과정은 인권운동의 지평을 일국의 경계를 넘어 수평적으로나 수직적으로 확대시켰다. 동시에 인권개념이, 시민 · 정치적 권리와 사회 · 경제 · 문화적 권리가 상호 긴밀하게 연결됨으로써 인권운동 역시 과거의 부분집단에서 모집단으로 집중되는 새로운 변환과정을 겪고 있다. 다양한 운동부문이 '정의'라는 마스터 프레임 안에서 빈번하게 만나게 되면서 때때로 광의의 인권운동으로 수렴되는 모습을 보이고 있다. 그렇다면 이러한 인권의 지평과 운동의 확산을 주도하는 주체는 역사적으로 어떻게 나타났을까?

2. 인권운동의 선구적 경험들

1) 세계 인권운동의 흐름

인권운동의 선구적 경험을 어디서부터 찾아야 할까? 반론의 여지가 있겠지만 여기서는 유엔인권선언에서 인권운동의 기원을 찾고자 한다. 두 번에 걸친 세계대전이라는 전 지구적 전쟁의 상처를 치유하고자 유엔이 만들어졌다. 유엔은 1948년에 유엔인권선언을 발표함으로써 땅에 떨어진 인간의 존엄성을 회복하고자 보편적 가치 정립운동 차원에서 세계인권선언과 더불어 인권보호 및 증진의 양대 기둥이라 할 수 있는 시민 · 정치적 권리와 사회 · 경제 · 문화적 권리에 관한 국제인권규약을 만들었다. 그러나 이 규약은 법률에 근거한 권리만을 주장하는 법률주의 운동에 머무는 한계를 보였다. 뿐만 아니라 냉전체제가 세계정치를 강하게 지배하고 있는 상황에서 국제인권규약은 자신의 체제는 옹호하고 상대방을 비방하는 체제유지 수단으로 전락하기도 하였다. 따라서 국제인권규약의 구현은 이상에 불과했으며, 현실에 적용하고 응용하기까지에는 많은 갈등의 시간이 필요했다.

1960년대 초 미국 남부(deep south)에서 시작된 흑인민권운동(civil rights movements)은 인종으로 인한 차별, 여성으로 인한 차별 등과 같은 사회적 소수자 및 약자에 대한 차별에 대한 저항운동의 시발점이 되었다. 사회운동 현상은 더 이상 사회에 불만 있는 소외자의 감정적 분노의 표출 혹은 군중심리에 따른 비정상적인 집합행동이라는 선입견에서 벗어나, 운동전술은 정치활동의 중요한 자원이며 정치의 일부분이라는 인식이 확대되었다. 사실 사회적 소수자나 약자는 제도적인 방법을 통해서 자신의 권리를 관철시키기 어렵기 때문에 제도 밖의 정치, 즉 집합행동을 동원해 자신들의 요구가 정책결정과정에 반영되도록 노력하고 있으며, 오늘날 이러한 집합행동방식이 정치활동의 중요한 수단으로 동원되고 있다. 예컨대, 미국의 흑인민권운동이 승리하면서 사회적 소수자나 약자가 비폭력적인 집합행동방식을 적극적으로 동원하기 시작하였고, 이후 소수자 우대정책(affirmative action plan)이 전 지구적으로 확산되는 결과를 낳았다. 이처럼 흑인민권운동은 시민 · 정치적 권리, 즉 자유권의 지평을 확산시키는 기폭제가 되었다.

비슷한 맥락으로 시민권 확보라는 인권프레임은 각국의 민주화운동으로 확대되었고, 남미와 아시아 각국의 반군부독재 민주화운동의 불길로 이어졌다. 또한 군수사업을 비롯한 초국적기업의 약탈적 경제관계가 강화되면서 반제국주의와 반신자유주의 운동이 확대되기 시작하였다. 과거에 개별적으로 진행된 지역운동이 점차 초국적 네트워크를 활용한 옹호 및 연대활동으로 조금씩 구축되기 시작하였다. 이것은 1990년대 들어 시작된 냉전체제의 붕괴와 더불어 강화된 자본주의 세계경제체제에 대한 아래로부터의 반작용으로 이해할 수 있다. 사회 · 경제적 양극화 현상이 전 지구적으로 더욱 확대되면서 사회 · 경제 · 문화적 권리에 대한 요구가 더욱 강화되고 있다. 예를 들어 한국사회도 신자유주의 광풍 아래 급격한 사회변화를 겪으면서 과거 시민 · 정치적 권리 확보를 넘어 이제는 북한의 핵위협으로 인한 한반도의 평화위기, 국가 주도의 돌진적 개발정책으로 야기된 주민들의 배제현상은 인권의 지평을 또 다른 차원으로 확대시켰다. 그것은 초국적 자본과 연결된 전 지구적 개발이익에 대한 저항이며 이를 뒷받침하는 인권프레임은 환경권과 발전권으로 나타났다.

한편, 거시적인 사회구조적 문제로 야기된 인권침해와 병진적으로 강화되고 있는 미시적 차원의 차별 · 침해 현상은 동등한 인간으로 대우받아야 하는 인간존엄의 기초부터 깨뜨리고 있다. 인권운동은 이러한 차별현상에 대한 반차별운동을 적극적으로 진행하고 있다. 그 대표적인 것이 바로 인정투쟁이다. 그들의 문화를 인정하는 정치, 다문화주의와 소수자의 권리를 보장하는 사회문화적 토양을 갖추는 것은 인권 선진국을 가늠하는 척도가 아닐 수 없다. 역설적이게도 차별현상은 결코 줄어들지 않으며 오히려 인권의 이름으로 특정 집단의 이해관계를 주장하는 '이권운동'을 강화하는 반운동세력도 증가하고 있다. 한국의 국가인권위원회의 '국가인권정책기본계획'(2012~16)에 포함된 사회적 약자 및 취약계층에 대한 인권보호 내용을 보면 과거 주목받지 못했던 소수자들에 대한 차별 및 인권침해의 심각성을 가늠할 수 있다.[1]

2) 한국 인권운동의 흐름

이러한 인권운동의 역사적 흐름을 전제로 한국 인권운동의 짧은 역사를 간략히 스케치해 보자. 한국 인권운동의 전사는 한마디로 다양한 운동단체들이 '민주화'라는 마스터 프레임하에 모여 반인권적인 국가보안법으로 무장한 군사독재정권에 대해 지속적으로 저항한 투쟁의 역사라고 요약할 수 있다. 제어장치 없이 달린 독재정권은 산업화를 핑계 삼아 국민의 기본적 권리를 무참히 유린하였다. 그러나 이 억압통치는 인권운동을 영원히 잠재울 수는 없었다. 인권운동은 학생운동, 노동운동 및 종교단체가 중심이 된 민주화운동 속에 녹아 있었다. 정치적 암흑기라 할 수 있는 유신정권의 출범을 걱정스럽게 지켜보던 소수의 지식인들이 중심이 되어, 1972년

1) 국가인권위원회의 『2012~2016 국가인권정책기본계획 권고안』에 따른 사회적 약자 및 취약계층의 인권보호에는 장애인, 비정규직 근로자, 이주민, 난민, 여성, 아동/청소년, 노인, 병력자, 군인/전·의경, 시설생활인, 성적 소수자, 재외동포, 범죄피해자, 그리고 북한인권(새터민)을 포함하고 있다.

에 국제앰네스티 한국지부를 결성한 것이 한국의 인권운동단체의 효시가 된다.[2] 이후 1980년대 말 절차적 민주화 달성은 인권운동이 보다 전문적이고 대중적인 운동영역으로 나아가는 정치적 기회구조가 되었다.

그렇다면 한국 인권운동의 전사 속에서 국제사회운동단체(INGO)와 마주한 경험은 어떤 것이 있었는가? 사실 민주화운동 시기에 한국의 인권운동은 몇몇 외국단체로부터 재정적 지원을 받은 경우를 제외하고는 조직적인 국제연대활동을 전개하기 매우 어려운 상황이었다. 그나마 박정희 유신독재의 막이 내린 이후에 조금씩 INGO와의 만남의 기회가 열리기 시작하였다. 1985년에 결성된 민주화실천가족협의회나 1988년에 결성된 민주화실천변호사협의회가 1980년대 중반 이후부터 국제연대활동의 초기적 형태, 즉 초국적 옹호망(transnational advocacy networks)을 통한 정부의 인권탄압을 비판하는 전략을 동원하였다. 한국 인권운동이 초국적 공공영역(transnational public sphere)에 대해 관심을 갖기 시작한 것은 국내외적으로 닫혀 있던 정치적 기회구조가 조금씩 열리면서 정부를 직·간접적으로 압박할 수 있는 제도적 통로를 확보하게 되면서부터이다. 예를 들어 1987년 6월 항쟁을 통해 절차적 민주주의의 형식적 틀을 갖추면서 시민사회의 다양한 요구가 봇물 터지듯 쏟아졌다. 1991년 남북한 유엔 동시가입은 국제정치 공간에서 시민사회가 더 많은 정치적 압력을 넣을 수 있는 새로운 제도적 공간이 되었다. 한국 정부는 1990년에 시민 · 정치적 권리와 사회 · 경제 · 문화적 권리라는 양대 국제인권규약을 비준함으로써 유엔은 물론 국제인권정치에 영향력 높은 INGO의 비판에 민감하게 반응하지 않을 수

2) 당시 인권변호사들은 앰네스티가 고집한 자국문제 불간섭 원칙과 국제적 상호 서비스교류 원칙의 문제점을 지적하였다. 이후 앰네스티는 진보와 중도의 입장을 가진 지도부 간의 갈등으로 발전되어, 1983년에 앰네스티 한국지부가 해체되고, 잔존한 소수 지역그룹은 런던 본부로부터 직접 지도를 받는 것으로 이 갈등은 일단락되었다. 10년이 지난 후 앰네스티 한국지부 재건 움직임이 활성화되어 마침내 1993년에 한국지부가 대구에 시작되었고, 서울로 지부를 옮겨 다양한 인권사안을 다루면서 전 세계 지부와의 긴밀한 네트워크를 유지하며 초국적 캠페인을 벌이고 있다(국제앰네스티 한국지부, 2002).

없게 되었다. 동시에 냉전체제의 붕괴는 유엔을 중심으로 한 다자간 협상체제가 새롭게 구축되면서 유엔의 위상과 영향력은 한층 강화되었다(정진성 외, 2010: 129-150).

이처럼 국내외적으로 보다 유리한 정치기회구조 환경 속에서 한국 인권운동은 개별적으로 경험해 온 국제연대 경험들을 체계화할 수 있는 매우 중요한 초국적 기회를 맞게 되었는데, 그것이 바로 1993년 6월에 개최된 비엔나 '유엔세계인권회의' 였다. 비록 인권단체들이 회의 6개월 전에서야 '한국민간단체준비위원회(KONUCH)' 를 조직하여 참가를 준비했으나 헌신적인 활동가들의 노력으로 첫 국제회의 참가임에도 불구하고 내용적으로나 조직적으로 잘 준비했다는 평가를 받았다. 예를 들어 한국 인권단체는 방콕 아시아지역회의에 참가하면서 아시아 시민사회의 전폭적인 지지를 받았고, 이에 힘입어 비엔나회의에서는 국가보안법에 관한 심포지엄 개최, 양심수 석방에 관한 퍼포먼스, 한국 인권상황을 알리는 다양한 전시활동 등을 전개하였다. 그러나 안타깝게도 인권단체는 비엔나회의의 성공적 연대활동 경험을 조직적으로 충분히 계승하지 못한 채 느슨한 연대회의를 유지하면서 각개 전투식으로 소규모 운동을 전개하는 한계를 보였다(KONUCH, 1994; 정진성 외, 2010: 163-166). 물론 국가보안법 철폐와 국가인권위원회 설립 문제처럼 중요한 이슈가 생겼을 때에는 인권단체들이 강한 연대활동을 전개하였지만 소위 인권영역에 있어서는 캠페인 중심의 느슨한 연합체의 틀을 벗어나지 못하였다.

이러한 한계에도 불구하고 한국의 인권운동 발전경험에서 비엔나 세계인권회의 참가는 인권지평 및 운동발전에 아주 중요한 기폭제가 되었다. 비엔나 인권회의에 참석한 한국 인권활동가들은 외국의 다양한 인권운동단체, 특히 INGO와의 만남을 통해서 연대감을 갖는 동시에 비슷한 인권침해를 겪고 있는 국가나 인권단체에 대해서는 초국적 지원과 옹호활동의 필요성을 절감하였다. 예를 들어 비엔나회의에서 만난 아르헨티나의 '5월

광장 어머니회'는 한국의 민가협과 아주 유사한 성격을 띤 단체임을 확인하여 1994년에 그들을 한국에 초청하여 강연과 집회 등을 통해 강한 연대감을 구축하였다. 이 네트워크는 지속되지 못한 것이 아쉬움으로 남는다.

한국 인권운동단체는 비엔나회의 참여를 기회로 유엔인권이사회를 한국의 인권문세를 초국적 차원에서 압박하는 중요한 정치기회구조로 활용하기 시작하였다. 사실 비엔나회의 이전에 소수 인권단체—민주사회를위한변호사모임과 한국기독교교회협의회—는 한국 정부가 1991년에 유엔국제인권규약, '시민적 · 정치적 권리에 관한 규제규약' 제40조에 의거해 인권이사회에 제출한 최초의 한국인권상황 보고서(CCPR/C/68/Add. 1)에 대한 NGO 반박보고서를 처음으로 제출하면서 인권운동의 국제화에 첫발을 내디뎠다(민변 · KNCC, 1992). 이러한 새로운 초국적 정치기회구조를 한국의 인권단체는 이후 지속적으로 활용하면서 국내 인권문제를 국제화하는 동시에 국제인권규범을 국내에 적극적으로 적용하게 되었다.

비슷한 맥락에서 '일본군 위안부' 문제 해결을 위해 여성 및 인권단체들이 전개한 연대활동은 초국적 옹호망의 모범적 사례가 되었다. 정신대대책협의회를 비롯하여 여성인권단체는 '초국적 옹호망' 전략을 통해 국제적 지지를 이끌어냄으로써 일본 정부가 궁극적으로는 위안부 여성들에 대한 공식적인 사과와 보상 그리고 왜곡된 역사를 바로잡도록 지속적인 압박활동을 전개하였다. 또한 무엇보다 중요한 것은 비엔나회의 참가를 통해 한국 인권활동가들은 국제인권규범을 학습하고, 이해하는 '인권의 사회화' 과정을 경험하였다는 점이다. 대부분의 참석자들은 비엔나에서의 경험을 한마디로 충격 그 자체로 설명한다. 그들은 비엔나에서 새로운 인권 이슈와 원칙, 규범을 접하게 되었고 이를 통해 인권에 대해 보다 체계적인 학습의 필요성을 확인했다.

비엔나회의 참여 이후 한국 인권운동의 국제화의 노력의 결실로 국가인권위원회가 2002년에 그 역사적인 출범을 맞이하였다. 인권운동이 초국적 동원을 통해 확장한 국내정치기회구조의 예는 더 많이 있다. 1998년 이후 사형집행이 중단되었고, 인권침해의 온상이 되었던 국가보안법 적용에 신중을 기하게 되었으며, 의문사 진상 규명에 관한 특별법이 제정되었고, 교원노조 인가, 여성의 설립 그리고 UN 난민 고등판무관 서울사무소 설치 등을 들 수 있다(정진성 외, 2010: 184). 이제는 국내의 인권문제를 국제인권규범의 측면에서 지속적으로 비판하고 국내이행을 관철시키기 위해 한국정부를 압박(leverage) 혹은 국제적으로 망신(shaming)을 주는 활동을 다양하게 전개하고 있다(Keck and Sikkink, 1998). 더 나아가 비엔나회의 참석 이후 한국 인권운동은 이슈와 운동주제의 전문화, 다양화를 경험하게 되었다. 이는 새로운 인권 이슈와 프레임을 국내에 적용하는 활동이었고, 대표적으로 인권교육, 정보인권, 양심적 병역거부, 동성애자 권리 그리고 사회권 구현 등을 들 수 있다. 특히 IMF 구제금융체제 이후, 사회적 양극화가 심화되면서 '지구정의'의 문제는 사회운동 진영의 공동의 운동과제가 되었다. 물론 대안을 모색하는 데 있어서 선도적인 역할을 하는 것은 선진국에 기반을 둔 초국적 인권단체였다.

3. 국제인권 NGO의 부상과 인권지평의 확산

1) 세계화와 INGO의 부상

20세기 후반에 들어서면서 우리는 다양한 세계화를 압축적이고도 강도 높게 경험하고 있다. 9·11 테러, 아프가니스탄과 이라크에서의 전쟁, 핵확산, 세계경제 위기, 지구 온난화 및 에너지 고갈, 식량주권 위기, 이주노동자와 인권, 제3세계 빈곤과 개발, 그리고 양극화의 전 지구적 확대 등에서 그 예를 쉽게 찾을 수 있다. 이러한 세계화의 위협에 대한 NGO의 활동이 비약적으로 증가하고 있다. 여기서 NGO는 사회적 변화를 꾀하는 동시에 공공의 이익을 추구하는 사회운동조직을 포함하는 광의의 개념이다. 특히 국가의 경계를 자유롭게 넘나들며 국가 및 국제 정책결정과정에 직·간접적인 영향을 미치는 국제비정부기구(이하 INGO)의 역할은 주목할 만하다. INGO는 국제규범을 입안하고 전달하는 규범옹호자로, 초국적 캠페인을 통해 국제정책결정을 압박하는 도전자로, 그리고 지역시민사회를 전 지구적 차원으로 연결하는 매개자로 부상하였다. 또한 INGO는 세계정치에서도 단순한 감시자의 역할을 넘어서 정책경쟁자로 유의미한 정책결정을 이끌어내는 이른바 세계정치의 '와일드카드(Wild Card)'로 변신하고 있다.[3] 대표적인 인권 세계정치의 와일드카드로 국제앰네스티(Amnesty International)를 들 수 있다. 앰네스티는 국제 인권규범 형성과정에서 유의미한 역할을 담당하는 것은 물론, 초국적 옹호망을 구축하여 인권피해자를 국가나 분쟁지역으로부터 보호하는 것에서부터, 민주화과정에서 군사독재정권의 대표적인 인권피해자인 정치적 수인(囚人)에 대한 보호, 그리고 인종 · 종족 · 계급 · 젠더 등으로 야기된 사회적 약자 및 소수자의 사회적 차별로부터의 보호에 이르기까지 다양한 활동을 전개하고 있다.[4]

앰네스티와 같은 인권 INGO는 국가나 기구가 국제인권규범에 따라

---

3) '와일드카드' 개념은 스포츠 경기에서 유래한 용어로, 정규시즌에서 기준조건을 충족시키지 못한 팀 중에 가장 뛰어난 팀에게 결승 토너먼트에 진출할 수 있는 기회를 부여하는 규칙을 말한다. 비록 와일드카드 팀일지라도 결승리그에서 놀라운 실력을 발휘하여 좋은 성적을 거두는 경우가 종종 있다. 이처럼 NGO들도 자원동원, 조직규모, 정책개발 측면에서 정부나 기업에 비해 기본요건을 충족시킬 수 없는 경우가 흔하다. 그렇지만 결승리그로 비유할 수 있는 국제정책결정 공간에서 와일드카드 팀으로서 참여하여 때로는 설득력 있는 정책대안을 통해 기대 이상의 정책결정을 가져오며, 그 과정을 통해 정부 관료나 기업들을 갈등 경쟁자에서 경쟁 · 협력자로 변화시키기도 한다(임현진 · 공석기, 2011: 10).

4) 앰네스티는 전 세계에 160여 개국의 220만 회원과 80개국 지부의 초국적 캠페인에 의존한 '회원 중심형' INGO이다. 앰네스티는 전 세계 주요 인권침해 사례에 대한 심도 있는 분석 보고서를 작성하여 해당 국가나 지역에 인권개선을 권고하는 활동도 전개하고 있다. 이처럼 앰네스티는 전문성과 대중성이라는 두 가지 전략을 균형 있게 결합하여 국제인권규범을 창출하고 전 지구적으로 확산하는 데 유의미한 기여를 하고 있다(공석기, 2012: 17).

정책을 만들고 구현할 수 있도록 설득 혹은 압박하는 다양한 전술을 동원한다. 이런 이유로 앰네스티를 비롯한 INGO는 국제 '규범전도사(teacher of norms)'로 인권의 사회화과정을 강화하는 데 중요한 역할을 담당한다 (Risse and Sikkink, 1999). 그런데 주목할 만한 것은 세계화가 강화되면서 INGO의 활동이 상호 중첩되는 일종의 수렴현상이 더욱 빈번해지고 있다는 것이다. 이것은 앞서 강조한 다양한 운동부문이 '정의' 마스터 프레임으로 수렴되고 있는 주장과 맥을 같이한다. 급속적인 전 지구화 과정은 인권, 환경, 대안정책, 국제협력, 반신자유주의, 여성, 농민 등의 다양한 운동부문이 서로의 경계를 넘어서 빈번하게 만나고 있는데 이는 이슈의 수렴현상이 강화되고 있음을 의미한다. 이러한 INGO의 경험적 수렴현상은 INGO 활동에 대한 두 이론진영인 국제정치론과 사회운동론이 상호 수렴되고 있는 것과 연결된다. 국제정치학계에서는 초국적 정치공간에서 사회적으로 구성되는 국제규범 및 원칙의 중요성을 주목하고, 이 국제규범이 각국의 정책결정 및 구현과정을 안내하는 길라잡이가 됨을 강조한다 (Keohane and Nye, 1971; Wendt, 1992). 사회운동학계에서도 초국적 운동의 강화과정을 주목하면서, 과거 일국적 운동에 적용된 자원동원 및 프레임 과정을 초국적 수준으로의 영역확장(scale shift)을 시도하고 있다 (Tarrow, 2005; Smith, 2008).

2) INGO 전략과 전술

최근에 국제정치론과 사회운동론이 공통으로 주목하고 있는 것은 INGO의 급성장과 이들의 국제정책결정 과정에 대한 영향력 증대이다. INGO는 국제정책결정 과정에 필요한 정보, 지식, 규범과 원칙을 창출하고 제공하는 능동적 공급자로 자리매김하고 있다. 볼라이와 토마스는 INGO의 성장과정을 경험적으로 분석하면서 INGO가 국제규범을 명문화하고 확산시키는 매개체임을 강조한다(Boli and Thomas, 1999: 34-41). 켁과 식킹크도 INGO가 국제규범을 동원하여 초국적 옹호망을 구축하여 대상국가의 정책결정에 영향을 주고 있음을 부메랑 모델로 설명한다(Keck and Sikkink, 1998: 12-14). 비슷한 맥락에서 사회운동론도 최근 국가의 경계를 넘어 형성되는 초국적 네트워크와 지구적 프레임 과정(global framing)을 강조한다(Tarrow, 2005: 61-64).

부메랑 효과 전술로 대표되는 초국적 네트워크는 국가경계를 넘어 다양한 물적 · 인적 자원을 동원하는 형식과 통로이다. 이 초국적 네트워크를 캐그램(Khagram)은 지속성과 자원의 종류에 따라 크게 세 가지로 구분하였다. 첫째, 사안에 따라 일시적으로 형성되었다가 사라지는 담론 네트워크에 의존한 초국적 옹호망이다. 인터넷을 통한 지지나 성명서, 청원서를 전달하는 경우가 주요 활동이다. 둘째, 특정 사안을 중심으로 활동가들이 직접 전개하는 초국적 연합 혹은 캠페인 활동이다. 이 경우는 인적 · 물적 자원의 교류라는 차별성이 존재하지만, 지속성의 측면에서 보면 담론 네트워크처럼 연대활동이 안정적으로 유지되지 못한다. 셋째, 지속적인 네트워크에 기초한 초국적 사회운동이다(Khagram, 2002: 9). 전 세계에 지부를 두고 있는 INGO는 정보, 운동전략 및 프레임, 그리고 인적 교류 프로그램을 통하여 안정적인 네트워크를 구축하여 지속적인 초국적 옹호, 캠페인, 사회운동 등을 전개한다.

[그림 1] 부메랑 모델

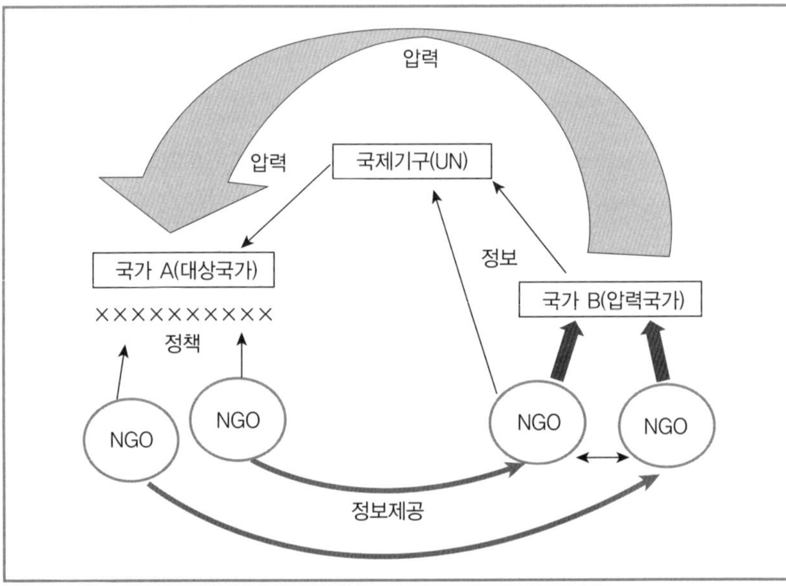

출처 : Keck and Sikkink(1998: 13) 재인용.

또한 INGO는 초국적 활동의 중요한 이론적 자원으로 의미창출 기제(meaning work)를 주목한다. 국제정치학계에서 최근 주목하고 있는 '사회화' 개념과 사회운동론의 글로벌 프레임 과정이 대표적인 예이다. 이는 일국의 사회적 이슈를 어떻게 전 지구적 차원으로 이해하고 해석하고 적용하는가의 과정을 설명하는 데 유용하다(della Porta 외, 2006; Schmitz, 2000). 지역 인권운동단체는 다양한 초국적 동원과정을 수행하면서 글로벌 프레임과정 전술을 통하여 시민들의 인권의식과 지평을 넓히는 데 기여한다(Ayres, 2004: 13-20).

앞서 강조한 것처럼 초국적 네트워크, 캠페인 및 사회운동 등의 동원전략에서 다양한 운동이슈가 '지구정의' 운동 안으로 수렴되는 현상이 강화되고 있다. 지구정의운동(global justice movement)은 신자유주의 세계화를 주도하는 국가나 국제기구의 정책을 비판하고 이에 저항하는 활동가와 운동단체 간의 초국적 네트워크를 의미한다(Moghadam, 2008: 9). 환경, 인권, 반신자유주의, 여성 그리고 농민운동은 신자유주의 세계화의 공세에 수동적으로 대응하기보다는 '아래로부터의 세계화' 혹은 '민주적 세계화'의 기치 아래 보다 능동적으로 대응하기 시작했다(della Porta 외, 2006; della Porta, 2007; Smith, 2008: 25-28). 예를 들어, 환경운동은 환경정의와 기후정의를, 인권운동은 시민 · 정치적 권리에서 사회 · 경제적 권리를 포함하는 사회정의를, 반신자유주의 운동은 지구적 불평등을 촉발한 금융세계화를 반대하며 외채탕감 및 국제금융기구의 개혁을 주창하고 있다. 여성운동은 신자유주의 세계화를 통해 이중 삼중의 착취와 차별을 경험하는 여성의 빈곤과 불평등 문제를 극복할 것을 주창하며, 농민운동은 거대곡물기업의 지역농업 잠식현상으로 인해 위협받는 식량주권 보호를 주장한다. 각 운동 이슈와 활동에서 드러나듯이 다양한 사회운동 부문들이 '정의'라는 마스터 프레임으로 수렴하고 있으며 자신의 운동대상을 일국의 경계를 넘어 국제금융기구, 초국적기업, 그리고 G8 등과 같이 전 지구적으로 확대하고 있음을 알 수 있다(공석기 · 임현진, 2010: 346).

마지막으로 주목할 특징은 '초국적 공공영역(transnational public sphere)'의 증대이다. 1990년대 초부터 유엔이 조직한 일련의 국제회의는 대표적인 초국적 공공영역이 되었다. 이 공간을 통해 INGO는 정보, 지식, 규범과 원칙들을 지역 NGO와 공유함으로써 그들이 국제규범 혹은 프레임을 학습하고, 적용 및 응용하는 데 기여한다. 그러나 이러한 장점에도 불구하고 몇 가지 경계할 한계도 존재한다. 초국적 공공영역에서의 활동 중에 선진국 INGO가 의제를 독점하는 경우가 빈번한데 이를 극복하기 위한 대안으로 저개발국가의 시민의견, 즉 아래로부터의 목소리가 대변될 수 있는 대안적 공공영역을 구축하기 시작하였다. 그 결과가 바로 2001년 브라질 포르트 알레그레(Porto Alegre)에서 시작된 '세계사회포럼(World Social Forum)'이다(Smith 외, 2007). 세계사회포럼은 이후 초국적 차원의 저항운동을 조직할 수 있는 자양분이 되어, 2001년 첫 회의 이후 방콕, 워싱턴 DC, 뉴욕, 멜버른, 프라하, 퀘벡, 괴텐베르그, 제노아, 바르셀로나, 캔쿤, 에비앙, 제네바, 그리고 홍콩 등에서 이루어진 초국적 저항운동의 모태가 되었다. 이 초국적 저항경험은 다양한 운동영역의 단체들이 지구정의 운동으로 수렴할 수 있는 매우 소중한 자원이 되었다(Juris, 2008: 47-58). 실례로 2011년 가을, 지구정의운동으로의 수렴은 마침내 세계자본주의 심장부인 뉴욕 월가에서 이른바 '월가를 점령하라(Occupy Wall Street)' 라는 시위로 폭발했고 이것은 미국을 넘어 전 세계로 확산되었다. 이처럼 그동안 각개전투식 저항운동들이 정의라는 마스터 프레임으로 수렴되어 신자유주의 세계화를 주도한 국제금융기관에 대한 근본적인 개혁을 요청하며, 보다 민주적이고 정의로운 대안 세계화를 모색하고 있다.

요컨대 INGO와 지역의 운동단체가 다양한 층위에서 초국적 동원전략—네트워크, 캠페인, 사회운동—을 활용하고 있으며, 이러한 다양한 운동부문 간의 경계를 넘어선 지속적인 만남은 인권운동의 지평이 더욱 확산될 수 있는 유의미한 토대가 되었다.

3) 인권운동의 전 지구화 메커니즘

인권운동의 전 지구화 메커니즘의 세 가지 키워드는 규범(norm), 연대(form), 공간(space)이다. 좀 더 부연하면 인권운동은 국제규범 창출 및 확산에 주목하고, 이를 위해 초국적 네트워크를 구축하는 데 힘쓰며, 네트워크를 지속할 수 있는 내용 저장고로서 초국적 공공영역을 적극 활용하고 있다. 이 키워드를 중심으로 인권운동의 전 지구화 메커니즘을 살펴보자.

첫째, 국제정치 맥락에서 인권운동은 국제규범을 창출하고 그것을 전 지구적으로 확산시키는 데 결정적인 역할을 담당한다. 국제인권규범은 공식적인 국제법으로 명문화된 일종의 사회적 기대와 원칙이다. 대표적인 인권 INGO인 국제앰네스티의 경우 국제인권규범을 발전시키기 위하여 몇 가지 조직활동 원칙을 견지하고 있다. 그 대원칙에는 인권원칙에 절대적으로 충성하는 것, 독립성과 비당파성을 견지하기 위해 가능한 개별 국가의 특정 이슈보다는 초국적 이슈에 초점을 맞추며, 건실한 재정과 회계투명성을 유지하는 것, 그리고 구체적 인권사안에 대한 조사, 분석 및 해석능력을 제고하여 신뢰할 수 있는 조직이라는 믿음을 갖게 하는 것 등을 포함한다. 앰네스티는 이 원칙에 근거하여 고문, 실종, 비합법적 즉결처형 등과 관련한 인권침해사항에 대해 국제인권법규를 만들어 유엔 인권이사회에 제안하였다(Clark, 2001: 11-18; Welch, Jr., 2001: 85-118). 다시 말해 앰네스티는 원칙에 충실하며, 정치로부터 자유로우며, 객관적인 사실 수집과 국제적으로 합의된 인권원칙에 기초한 해석을 제공하며 이를 전 지구적으로 확산시키는 데 주력하고 있다. 이처럼 국제인권규범에 기초한 인권침해자에 대한 지원과 옹호 활동을 하는 인권 INGO는 국제인권담론을 전 지구적으로 확산 및 사회화하는 데 크게 기여하고 있다. 인권운동단체들은 역사적으로 볼 때 초기에는 신체 및 정치적 자유권을 보호하고 보장하는 인권규범에 초점을 맞추었으나 점차 사회적 약자 및 소수자의 차별금지 문제, 경제 · 사회 · 문화적 권리, 소위 사회적 권리로 그 범위를 확대하였다. 사실 인권규범은 복합적이며 다층적인 관계를 포함하는 포괄적인 내용이기 때문에 인권담론은 자연스럽게 이러한 방향으로 나아갈 수밖에 없으며, 앰네스티를 비롯한 국제인권단체는 인권담론을 민주화에서 정의의 문제로 전환하고 있는 것이다.

둘째, 인권운동은 국제인권규범을 전 지구적으로 확산 및 사회화시키기 위한 채널로서 초국적 네트워크 구축을 중요시한다. 이 네트워크를 강화하는 데 INGO의 역할은 너무나도 중요하다. 앞서 강조한 것처럼 초국적 네트워크를 통해 구축된 연대(forms)의 형태를 '지속성(continuity)'의 측면에서 구분해 보면 단순한 담론 네트워크에 기초한 초국적 옹호망이 있는가 하면, 일시적 캠페인과 연합활동을 전개하기 위해 구축되는 초국적 캠페인이 있다. 그러나 이 둘은 지속 가능성의 차원에서 볼 때 매우 불안정한 상태이다. 전자는 유용한 정보가 사라지거나 필요한 옹호활동이 약화될 때 연대의 모습은 사라지게 된다. 후자 역시 캠페인을 통해 만난 사람들도 캠페인이 끝나면 본연의 자리로 돌아가기 때문에 연대감이나 결속력이 약화될 수밖에 없다(Khagram, 2002: 6-10). 이러한 담론과 일시적 만남에 기초한 네트워크를 넘어서는 조직적 차원의 연대활동을 강조하는 초국적 사회운동전략을 기획하기도 한다. 전 지구적으로 왕성한 활동을 하고 있는 초국적 인권운동단체는 세 번째 형태의 연대유형을 지향하여 다양한 초국적 운동전술을 전개하고 있다. 물론 이러한 흐름이, 초국적 연대활동의 형태가 모두 초국적 사회운동이 되어야 한다는 것을 의미하지는 않는다. 때로는 초국적 담론 네트워크나 초국적 캠페인이 더 효과적일 때가 있다. 현실은 이 세 가지 유형이 혼재되어 있으며, 국내외 정치기회구조에 따라 운동단체가 전술적으로 이 초국적 동원전략을 효과적으로 활용하는 것이 중요하다. 그러나 국제인권규범이 점차 복잡해지고 전문화되고 있는 상황에서 이에 대해 올바로 이해하고 지역에 효과적으로 적용하기 위해서는 지속적인 연대체를 구축하는 것이 필요하다. 앰네스티, 휴먼라이츠워치, 옥스팜 등과 같은 선진국의 국제인권운동단체는 이 세 가지 초국적 네트워크전략을 효과적으로 활용하고 있다(임현진 · 공석기, 2011).

셋째, 인권운동은 국제인권규범을 시민사회가 함께 논의하는 공간(space)을 확보하는 것이 매우 중요함을 유엔인권이사회 활동을 통해 절감하고 있다. 앞서 소개한 것처럼 INGO는 국제규범의 전 지구적 확산을 위해 비엔나 세계인권회의와 같은 초국적 공공영역을 적극적으로 활용하고 있다. 1990년대 이후 유엔은 전 지구적 현안에 대한 대안을 모색하기 위해 일련의 국제회의를 조직하였다. 환경, 인권, 인구, 사회발전, 그리고 여성 등의 이슈를 다루는 초국적 공공영역은 시민사회에게는 일종의 학습공간이었다. 인권운동은 물론 다양한 운동부문이 이 초국적 공간을 적극적으로 활용하는 동시에 독자적 시민사회의 목소리를 강화하기 위해 'NGO 포럼'을 병렬행사로 개최하여 설득력 있는 대안을 모색하였다. 그러나 아쉽게도 NGO만의 공간에서도 종종 서구 NGO가 의제를 독점하게 되어 제3세계 시민사회의 목소리는 주변화되는 NGO 남북문제를 노정하였다(공석기, 2007: 152-154). 이런 한계를 극복하고자 제3세계와 서구 NGO가 협력하여 2001년 1월에 출범한 것이 '아래로부터의 세계화'를 지향하는 세계사회포럼이다. 세계사회포럼은 시민사회가 국제규범을 학습하고, 상호 연대성을 강화할 수 있는 학습공간이며, 자원동원공간이 되었다. 뿐만 아니라 세계사회포럼은 이후 새로운 초국적 공공영역을 창출하는 준비장소로도 기능하였다. 예컨대 신자유주의 세계화를 추동한 세계금융기구 3인방—WTO, IMF, World Bank—의 정기총회 장소나 서구 선진국 G8 정상회의 장소는 INGO의 연대성을 강화할 수 있는 초국적 공공영역이 되었다(Smith 외, 2007).

4. 인권단체의 초국적 운동 사례

1) 국제인권운동 사례 : 앰네스티

앞서 제시한 세 가지 인권운동의 전 지구화 메커니즘을 주목하여 구체적인 사례를 살펴보고자 한다. 대표적인 인권 INGO로서 앰네스티가 자신의 발전과정에서 이 기제들이 어떻게 작동 및 동원되었는지를 살펴보자.[5] 앰네스티는 인권변호사인 피터 베넨슨(Peter Benenson)이 1961년 5월 28

5) 앰네스티 사례는 임현진 · 공석기, 『글로벌 NGOs』, pp.70-78 내용을 주로 활용함.

일자 『옵저버(*Observer*)』에 기고한 '잊혀진 수인(forgotten prisoners)' 이라는 칼럼이 활동의 효시가 되었다. 그는 이 칼럼을 통해 양심수 문제를 전 지구적으로 알리는 촉매 역할을 했을 뿐만 아니라 이를 계기로 앰네스티를 설립하게 되었다. 앰네스티의 활동목표는 "모든 사람이 1948년의 세계인권선언과 유엔 인권조약에 의해 보장된 인권을 누려야한다는 것"이다. 앰네스티가 초점을 맞추고 있는 두 가지 활동 축은 인권침해 조사활동과 긴급 인권사안에 대한 초국적 캠페인활동이다. 앰네스티는 조사 및 옹호 활동을 통해 일반시민들의 인권감수성을 제고하며, 지지와 참여를 동원하고, 더 나아가 대중시위 참여, 인권침해 감시단 활동, 직접 로비활동 그리고 온·오프라인을 결합한 캠페인 등에 참여하도록 유도한다. 앰네스티가 초점을 맞추어 온 인권 관련 이슈는 지속적으로 확대되고 있으며, 그 대표적인 이슈로 여성폭력 추방, 빈곤퇴치, 사형제 폐지, 고문 및 테러활동 반대, 양심수 석방, 난민 및 이주자 권리 보호, 무기거래 통제, 중국 · 중동 · 아프리카 등 저개발국가 인권보호 등을 들 수 있다(국제앰네스티 한국지부, 2011: 8-16).

앰네스티 활동 최우선 전략은 '양심의 동원(mobilizing conscience)' 이라는 원칙과 규범에 기초한 초국적 압력활동이다. 이 초국적 압력은 전통적인 방식의 '탄원편지쓰기 네트워크' 를 통하여 이루어진다. 회원들은 개별적인 인권침해 사례에 대해 정부나 인권침해 당사자에게 직접 편지를 작성하여 보낸다. 최근에는 온라인방식으로 회원이 개인자격 혹은 그룹과 동아리 내에서 다른 회원들과 함께 탄원편지쓰기 활동에 참여한다. 특히 회원들은 탄원편지쓰기를 통해 초국적 옹호망의 작동원리인 망신주기 전술을 구체적으로 경험하게 된다. 이는 캠페인 참여자들이 자연스럽게 국제인권규범을 학습하는 인권의 사회화과정인 것이다. 이후 초국적 캠페인 참여자들은 인권침해 개별 사례 조사, 정치인 로비활동, 그리고 초국적 캠페인 활동 등과 같은 다양한 형태로 운동의 참여범위를 확대한다. 특히 주목할 만한 앰네스티 활동은 유엔인권기구와의 적극적인 협력활동이다. 유엔 공간을 통해 만들어진 국제인권조약, 결의, 성명서 등과 같은 국제적 인권기준을 국내정책으로 구현할 수 있도록 특별보고서를 준비하여 개별 국가의 정책구현을 권고 혹은 압박한다. 예컨대 앰네스티는 한국의 다양한 인권침해 사례에 대한 조사, 보고 그리고 옹호 활동을 지속적으로 전개하고, 여성, 아동과 같은 사회적 약자와 외국인 노동자 등의 소수자의 인권보호를 촉구하는 특별보고서를 작성하여 정책결정에 반영할 것을 제안하였다.

앰네스티의 또 다른 활동전략은 바로 '인권보고서'를 통한 설득과정이다. 앰네스티가 발간하고 있는 연례인권보고서는 인권 후진국가들의 인권침해 현실자료를 국제적으로 공개함으로써 정부가 국제적으로 망신(shaming)을 당하는 정보정치 전술인 것이다. 이후 국가별 인권보고서는 해당 정부로 하여금 국제인권규범에 어긋나는 인권사안에 관심을 갖고 국제규범을 국내에 적용할 필요성에 대해 공감하며, 차후 단계적인 절차를 통해 국내 정책에 구현할 수 있는 중요한 근거가 된다. 물론 이 보고서는 선진국이 국제정치관계에서 협상 대상국을 외교적으로 압박하기 위한 도구로 활용되기도 한다. 이는 국제인권규범과 국가주권(sovereignty) 사이의 우선성 논쟁으로 이어지곤 한다(Friedman 외, 2005). 앰네스티는 단순히 해결될 수 없는 논쟁에 휘말리기보다는 인권 규범과 원리에 충실하면서 국가의 동의를 끌어내기 위해 객관적이고도 투명한 조사보고(information politics), 선진국의 압력을 동원하는 지렛대 전략(leverage politics), 미디어와 사이버의 상징을 동원한 상징적 압력(symbolic politics), 그리고 제도권 정치의 틀 안에서의 정부가 인권 친화적인 정책을 지속적으로 구현할 수 있도록 그 책임을 묻는 압박전략(accountability politics)을 동원하고 있다(Keck and Sikkink, 1998: 16-25). 그러나 개별 국가는 내정불간섭과 국가주권을 내세우거나 혹은 인권은 서구적 개념이라는 핑계를 대면서 국제인권규범에 눈높이를 맞추는 것을 거부한다. 실제로 수사적 차원에서만 국제인권규범을 형식적으로만 인정하는 형식적 비준에 그쳐, 국제규범이 국가나 지역 차원에서 정책결정과 집행으로 이어지지 않는 경우가 빈번하다(Risse and Sikkink, 1999).

그렇다면 인권의 사회화를 국가나 지역에서 촉진하기 위한 방법은 무엇인가? 앰네스티가 성공적으로 전개한 초국적 캠페인의 사례에서 실마리를 찾아보고자 한다. 우선 피노체트 전 칠레 독재자를 국제형사재판소(International Criminal Court) 법정에 세운 것을 들 수 있다. 앰네스티는 피노체트 독재정권이 자행한 인권침해를 고발하기 위해 1998~99년 2년 동안 영국에서 진행된 사법판결에 초국적 옹호망을 구축하는 동시에 다양한 부문으로부터의 국제적 압력을 동원하였다. 둘째, 앰네스티는 초기부터 고문반대 캠페인을 지속적으로 전개하였으며, 그 결과 1984년 유엔에서 고문방지협약을 채택하는 데 결정적인 역할을 하였다. 셋째, 앰네스티는 무기남용으로 인한 인명피해를 주목하고, 1995년부터 옥스팜, 국제소형무기행동네트워크(IANSA) 그리고 노벨 평화수상자인 오스카르 아리아스 산체스(Oscar Arias Sanchez) 등과 함께 강력한 무기통제 캠페인을 전개하였다. 2003년부터 이 캠페인은 전 세계 100만 명 이상이 지지하는 초국적 캠페인으로 발전하였고, 2006년 10월 마침내 유엔총회에서 '국제무기거래조약(Arms Trade Treaty)'을 통과시키는 데 일조하였다. 넷째, 앰네스티는 사형제 폐지 캠페인을 지속적으로 전개하였으며, 그 결과 2007년 11월에 유엔총회가 사형제도의 전면적 폐지를 목적으로 한 사형집행 유예 결의안을 통과시켰다. 마지막으로 앰네스티는 1996년부터 인종학살, 반인간적 범죄, 전범처리 등의 문제를 해결하기 위해 국제형사재판소 설치 캠페인을 전개하였고, 마침내 2002년 7월 1일에 네덜란드 헤이그에 재판소를 설치하는 데 성공하였다(임현진 · 공석기, 2011: 77-78).

그러나 이러한 성공적인 초국적 활동에도 불구하고 앰네스티는 새로운 이슈에 대한 국제규범과 정책대안을 준비해야 할 과제를 안고 있다. 그 예로 평화권, 노동권, 생명권, 개발권, 환경권, 주거권, 안전권 등을 들 수 있으며 이는 인간의 사회적 권리를 보장하는 것을 의미한다. 20세기 후반에 몰아친 신자유주의 세계화의 광풍이 전 지구적으로 확산되면서 개별 국가나 지역 주민의 경제 · 사회 · 문화적 권리는 자신의 의사와 상관없이 심각한 위기에 처하게 되었다. 앰네스티는 이런 전 지구적 위기의 주범인 초국적기업과 이를 후원하는 국제금융기구와 갈등적 관계를 유지하면서 전 지구적으로 확대되고 있는 사회적 양극화와 빈곤의 문제를 인권적 차원에서 대안을 제시하고자 노력하고 있으며 그 대표적 흐름인 지구정의 운동에 적극적으로 참여하고 있다.

2) 한국 인권운동 사례[6]

(1) 참여연대

한국의 대표적 시민사회운동단체인 참여연대는 국제연대위원회를 중심으로 다양한 인권운동의 초국적 동원전략을 전개하고 있다. 특별히 동남아시아 국가의 민주화운동에 대한 지지활동이 주목할 만하다. 참여연대는 아시아 포럼 회원단체로서 아시아 시민사회와의 네트워크 구축에 노력하고 있으며, 유엔인권이사회 정기총회에 한국 NGO 자격으로 참여해 초국적 공공영역을 적극 활용하여 한국 정부의 인권개선 노력을 압박하고 있다. 참여연대가 추진한 주요 초국적 연대활동을 시계열적으로 살펴보면 아래와 같다.

2007년부터 참여연대는 필리핀 군부에 의해 자행되고 있는 정치적 살인을 규탄하는 일련의 국제연대활동을 전개하였다. 기자회견을 통해 필리

6) 참여연대, 인권운동사랑방, 앰네스티 한국지부의 초국적 연대활동의 주요 사례는 『한국시민사회연감 2010』, 『한국시민사회연감 2012』의 국제협력 및 연대활동 지료(공석기, 2009, 2011)를 주로 활용함.

핀 군부를 직접적으로 비판하며, 한국 정부의 필리핀 군부에 대한 차량지원 사실에 대한 공개질의서를 외교통상부와 국방부에 전달하여 한국 정부가 필리핀 군부정권의 반인권적 처사를 묵인한 것을 비판하였다. 동시에 일반시민을 대상으로 필리핀의 정치적 살해 사실을 뉴스레터, 'Stop the Killings' 를 발행하여 일반시민의 관심과 지지를 동원하였다.

참여연대가 더욱 적극적인 연대활동을 추구한 것은 버마(미얀마) 민주화운동이다.[7] 참여연대는 한국 주요 시민사회운동단체와 함께 버마 디페인 학살 4주년 규탄과 진상규명을 촉구하는 공동성명서를 통해 버마 민주화운동에 적극적인 연대활동을 시작하였다. 이후 버마 군사정권이 민주화 시위를 무력으로 탄압한 것을 규탄하는 공동성명서 발표, 버마 민주화운동을 지지하는 온라인 서명운동, 모금운동, 그리고 각종 미디어 홍보활동 등을 전개하였다. 또한 한국 시민사회운동단체는 버마 민중학살 규탄과 민주화 지지 국제공동행동 개최, 퍼포먼스, 추모식, 연대발언, 문화행사, 상징의식, 행진 등을 공동으로 전개하였다. 이러한 연대활동방식은 한국의 오랜 민주화운동 경험에서 비롯된다. 강한 저항운동의 경험이 버마의 민주화와 인권개선을 위한 연대지지활동에도 적극적으로 활용된 것이다.

2008년 들어 참여연대는 국제민주연대, 민변, 민주노총, 한국진보연대, 참여연대, 환경운동연합, 인권운동사랑방 등과 함께 포스코의 인도제철소 건설과정에서 발생한 인권침해 문제를 국제사회에 이슈화하였다. 특별히 인도 정부가 오릿사(Orissa) 주에서 발생한 인권침해 상황에 대한 정확한 진상조사 및 결과보고를 국제사회와 함께 추진할 것을 강력히 요청하

---

7) 미얀마 정부는 1989년 신헌법을 제정하면서 정부 공식명칭을 버마에서 미얀마로 변경하였는데, 그 이유를 전자가 영국 식민지 잔재를 의미하기 때문이라고 주장하고 있다. 미얀마 군사정권에 대한 경제적 제재를 거두면서 대부분의 나라들이 미얀마를 공식명칭으로 사용하기 시작하였지만, 아직도 영국과 미국은 미얀마와 버마를 공용하고 있는 중이다. 한국 시민사회운동단체도 버마의 민주화운동을 탄압하는 군사정부를 반대하기 위해 버마라는 용어를 사용하고 있다.

였다. 이러한 이웃 아시아국가의 인권문제에 대한 옹호활동은 티베트 시민사회에 대한 지원활동으로 이어졌다. 참여연대는 중국 정부가 티베트인들의 평화적 시위를 무력으로 진압한 사실을 규탄하는 공동기자회견을 개최하였고, 피켓시위 · 촛불시위 그리고 중국 영사관까지의 평화행진과 같은 비폭력 직접행동도 전개하였다. 티베트 옹호활동에 참여한 단체는 참여연대를 비롯해 국제민주연대, 길바닥평화운동과 같은 평화인권단으로부터 '티베트친구들', '씽크티베트'와 같은 티베트 여행자 인터넷 동아리에 이르기까지 다양해지고 있다.

이외에도 참여연대는 네팔 총선과정을 감시하기 위한 국제 선거감시단으로도 참여하였다. 사실 참여연대가 아시아시민사회단체 네트워크인 '포럼아시아(Forum Asia)'에 속해 있기 때문에 이웃 아시아국가와의 연대활동이 상대적으로 쉬웠으며, 이 연대체를 통해서 아시아의 다양한 지역과 국가의 문제에 대해 초국적 캠페인활동을 전개하였다. 버마 군부에게 아웅산 수치 여사의 가택연금을 해제할 것을 요구하는 외부적 지지활동과 이명박 정부 출범 이후 인권침해 상황을 국제사회에 알리고 유엔 특별보고관의 한국방문을 요청하는 초국적 지지를 동원하기도 하였다. 예컨대 포럼아시아는 참여연대의 요청으로 한국 정부가 야간집회를 금지하는 집시법을 철회하도록 항의하는 성명서를 발표하였고, 쌍용자동차 파업 노동자 탄압중단을 요구하는 성명서를 청와대와 태국 주재 한국대사관과 안전행정부와 외교부에 전달하였다.

특별히 참여연대는 2009년 들어 유엔이라는 초국적 정치기회구조를 적극적으로 활용하게 되었는데, 이는 2009년 1월 말에 발생한 용산참사 사건에서 드러난 한국 인권의 현주소를 국제사회에 제대로 알리기 위해서이다. 또한 유엔인권이사회의 제10차 정기세션에도 직접 참석하여 용산참사로 인한 인권침해문제를 영상물과 함께 구두발표를 했다. 이는 한국 정부를 초국적 공공영역에서 우회적으로 압박하는 전술이었다. 또한 참여연대는 민변과 함께 유엔인권위원회 11차 회의에 참관하여 한국의 집회 · 표현의 자유 침해상황을 발표하고, 유엔의 집회 및 표현의 자유 특별보고관의 한국방문을 요청하고, 한국의 인권후퇴 상황에 대한 국제 시민사회의 지원과 이명박 정부에 대한 우회적 압박을 요청하였다. 더 나아가 이명박 정부의 국가인권위원회 축소 움직임에 대해 초국적 옹호망을 구축하여 한국 인권문제를 국제사회의 이슈로 발전시켰다. 한국진보연대, 한국여성의전화, 한국여성민우회, 민변, 민가협, 인권운동사랑방 등 60여 개 아시아 시민단체들이 공동으로 '국가인권위원회 국제조정위원회(ICC)' 로 하여금 한국 국가인권위원회 축소를 강력히 항의하는 서한을 전달하도록 요청하였다. 최근에는 아시아 국가인권기구 감시단(Asian NGOs Network on NHRI)과 연대하여 국가인권위원회 위원장 후보와 관련하여 인권의 전문성을 갖춘 인사가 임명될 것을 요청하는 서한을 한국 정부에 전달하기도 하였다.

이처럼 참여연대의 국제연대전략은 과거 초국적 옹호망에 기초한 담론 네트워크를 넘어 안정적인 초국적 캠페인과 사회운동으로 발전하기 위해 아시아 지역 네트워크 구축에 적극적이며, 동시에 유엔인권이사회 공간에서 적극적인 정책로비활동을 통해 정부의 인권개선에 도전하고 있다.

(2) 인권운동사랑방

인권운동사랑방(이하 사랑방)이 추진한 초국적 동원전략 메커니즘을 살펴보자. 사랑방은 주간 인권소식지인 『오름』을 통해 아시아 지역의 인권침해 상황을 지속적으로 시민사회에 알리고 있으며, 동시에 초국적 옹호활동을 전개하고 있다. 국민의 인권의식을 제고하기 위해 인권교육 프로그램을 개발 및 운영하고 있으며, 구체적인 인권침해 상황에 대해서는 국제인권규약을 근거로 정부를 압박하는 글로벌 프레임전략도 활용하고 있다. 사랑방이 전개한 주요 국제연대활동을 시계열적으로 정리하면 아래와 같다.

사랑방이 2007년에 전개한 국제연대활동의 핵심은 아시아 민주화운동 지원활동이다. 버마 군부정권의 민주화 시위에 대한 무력탄압을 규탄하는 공동성명서 준비는 물론 한국 정부의 인권과 평화 지향의 외교활동을 촉구하는 성명서를 발표하였다. 또한 필리핀 정부의 정치적 살인을 규탄하는 기자회견을 필리핀 대사관 앞에서 개최함으로써 아시아 지역 국가의 민주화운동에 대한 초국적 연대와 지지활동에 동참했다. 인권소식지를 통해 사랑방은 버마 내에서 발생한 인권침해가 한국 기업과 관련되어 있음을 전했다. 대우인터내셔널은 버마에 불법으로 무기를 수출함으로써 이득을 보고 있음을 강력히 비판했지만 한국 사법부는 기업의 손을 들어주었다. 비슷한 상황이 인도 오릿사 주에서도 발생했다. 사랑방은 국제민주연대, 민변, 민주노총, 한국진보연대, 참여연대, 환경운동연합과 함께 이를 비판하는 기자회견과 질의서를 제출하였다. 또한 사랑방은 포럼아시아와 아시아법률자원센터(Asian Legal Resource Center)와 함께 유엔공간에서 이명박 정부의 촛불집회에 대한 탄압을 알리고 이에 대한 아시아 시민사회의 지지와 연대를 호소하였다.

2009년의 최대 인권사안은 바로 용산 참사사건이다. 사랑방은 용산 철거민에 대한 한국 정부의 무차별적 진압행위에 대해 항의하기 위해 초국적 담론네트워크를 동원하였다. 그 내용은 용산 철거민의 인권보호를 위해 유엔주거특별보고관이 용산 진압참사를 조사할 것과 용산지역의 강제퇴거 명령이 중지될 것을 요구하였다. 뿐만 아니라 사랑방은 그동안 애증의 관계를 유지해 오던 국가인권위원회가 이명박 정부 들어 축소될 위험에 놓이자 이를 저지하기 위해 국제사회의 지원을 호소하였다. 이처럼 인권운동사랑방은 한국의 인권소식은 물론 이웃 아시아의 인권상황을 일반시민에게 지속적으로 알리는 규범 전도사의 역할을 감당하였으며, 더 나아가서는 아시아 및 한국의 긴급한 인권사안에 대해서는 초국적 차원의 옹호망을 구축하여 정부를 직·간접적으로 압박하는 전략을 동원하고 있다.

여기서 소개한 한국의 인권운동단체는 초국적 운동전략을 다른 운동부문에 비해 상대적으로 잘 활용하고 있는 것으로 드러났다. 특별히 버마, 필리핀, 네팔 국가의 민주화 운동에 대한 초국적 옹호활동은 주목할 만하다. 몇몇 선구적인 인권운동단체들은 점차 일시적인 초국적 담론네트워크를 넘어선 초국적 캠페인 그리고 지속적인 초국적 사회운동 형태로 발전시키고 있다. 그러나 대부분의 시민운동단체는 초국적 담론네트워크 활동에 머물고 있는 것이 현실이다. 그동안 한국 시민사회운동이 국내 사안에 대한 연대활동에 익숙해져 있기 때문이며, 국제연대활동을 국내 사안과 효과적으로 연계시키기보다는 별도의 사업으로 치부하는 경향이 강했다. 그 결과 어떤 사안이 발생했을 때만 급속히 대응하는 사후적인 연대활동에 초점을 맞추었다. 다행히도 시민사회, 학계 그리고 민간 재단이 아시아 민주화와 인권문제에 지속적인 관심을 보이고 있으며, 아시아지역 활동가를 대상으로 한 인권교육 프로그램은 아시아 시민사회 내의 중요한 인적 · 물적 네트워크가 되어 상시적인 연대활동의 토대가 될 것으로 기대된다.

5. 결 론

인권사회학의 핵심주제인 인권운동에 대해 관심을 갖고 있는 학생, 연구자 및 활동가들이 향후 어떤 어젠다에 주목해야 하는지를 제안하는 것으로 결론을 대신하고자 한다. 특별히 인권운동의 확장 및 수렴 그리고 운동의 세계화라는 특징 속에서 확인된 인권운동의 인지적 과정, 초국적 네트워크 형성, 그리고 정보통신기술의 동원전략 등의 어젠다가 인권사회학의 학제적 특성과 긴밀하게 연결되어 있음을 주목해야 한다.

먼저, 인권운동 연구는 '인지적 과정(interpretation)' 에 대해 보다 많은 관심을 가져야 한다. 국제적으로 합의에 이른 인권이슈가 지역적으로 적용되는가에 대한 연구로, 이는 지역 사람들이 인권이슈를 어떻게 이해하고 해석하고 변환 및 발전시키는지의 과정에 대한 연구이다. 이를 분석하기 위해서는 사회심리학의 방법, 예를 들어 의미창출 기제(meaning work)를 적극적으로 동원해야 한다. 한 개인이 어떻게 인권운동가로 성장하게 되었는가에 대한 생애사연구는 하나의 예이다. 과거 방관자였던 사람이 캠페인에 일시적 참여 혹은 자원봉사자 활동을 통해 정기회원으로 가입하고 이후 헌신된 실무자로 발전하는 과정연구의 핵심은 개인이 인권이라는 프레임으로 의미를 창출 및 발전시키는 인지적 과정에 대한 연구가 될 것이다.

둘째, 국내외 인권정책 결정과정에 영향을 미치고자 노력하는 초국적 인권운동단체의 연대활동에 대한 연구이다. 앞에서 자세히 언급한 것처럼 연대활동의 주요 전략으로는 초국적 담론네트워크, 초국적 캠페인 그리고 초국적 사회운동 등이 있다. 어떻게 국내외 다양한 인권단체들이 이 세 가지 전략을 효과적으로 동원하고 있는가를 주목할 필요가 있다. 특별히 네트워크 구성전략이 운동단체의 조직규모, 활동범위, 운동대상, 국내외 정치기회 구조 등에 따라 어떤 차이를 보이는지를 비교론적으로 접근하는 것은 흥미로운 연구주제이다. 이러한 연구를 수행하기 위해서는 조직사회학, 정치사회학, 그리고 비교사회학의 방법론을 적극적으로 결합할 필요가 있다.

셋째, 정보통신기술의 발전으로 형성된 사이버 공간은 인권운동의 세계화의 지렛대 역할을 하고 있다. 특히 소셜미디어의 발달은 인권운동을 새로운 모습으로 바꾸고 있다. 국가의 물리적 경계를 넘어 형성된 초국적 공공영역은 정보통신기술에 힘입어 제3세계 인권단체가 공론의 장으로 나오게 되었고 이들은 다양한 지역의 목소리와 요구를 쏟아내며 초국적 공공영역의 당당한 주체로 설 수 있게 되었다. 이런 견지에서 인권운동 주제는 정보사회학과 미래사회학의 연구영역과 만나게 되었다. 인권이슈 자체의 복합성 혹은 포괄성으로 인해 인권운동은 농민, 여성, 환경 등의 다양한 영역과 만나고 있다. 이처럼 인권운동은 지구정의라는 마스터 프레임 위에서 다양한 영역과 미래 대안사회를 함께 모색하고 있다. 미래사회학의 연구주제가 최근 한국사회에서 급격히 부상하고 있다. 인권운동이 사회적 양극화 문제를 극복하기 위한 대안으로 주목받고 있는 사회적 기업 및 협동조합운동 등에 어떻게 결합할 수 있는가는 중요한 연구주제이다.

요컨대 인권운동연구는 전통적인 정치사회학, 사회운동, 시민사회 영역을 넘어 사회심리학, 조직사회학, 비교사회학, 정보사회학, 미래사회학 등과 더욱 긴밀하게 결합되고 있으며, 이러한 학제적 연구를 통해서만 설득력 있는 설명기제를 제공할 수 있을 것이다.

제 6 장

인권법과 인권사회학

| 김두년(중원대학교 법학과 교수) |

1. 법학과 사회학의 인권연구

인권에 관한 연구는 정치학, 종교학, 철학, 역사학, 법학, 사회학적인 연구의 종합적 산물이다. 자연권 사상에서 출발한 인권의 개념은 시대적 · 역사적 변천을 겪으면서 정치적 타협의 산물로 하나씩 실정권으로서 법학에 수용되었다. 제1차 세계대전과 제2차 세계대전에 대한 반성으로 유엔을 중심으로 한 국제사회가 공동으로 인권을 감시하면서 새로운 국제인권규범체계가 탄생하게 되었다. 이러한 국제인권규범들은 인권의 보편주의적 성격에 따라서 국내의 인권법에 수용되고 영향을 미치고 있다. 또한 과거 노예제 반대운동은 시민조직에 의해 펼쳐진 강력한 인권운동 중의 하나이고, 첩제도의 폐지와 일부일처제의 전통도 우리나라의 초기의 여성운동의 대표적인 인권운동이었다. 오늘날에는 과거에 경험해 보지 못하였던 동성혼인문제나 이민자의 권리에 관한 문제들이 이슈로 떠오르고 있다. 인권에 영향을 미치는 이러한 사회의 이슈들에 대한 역사학이나 사회학적인 연구결과들은 인권법의 흐름에 많은 영향을 미치고 있다. 이와 같이 인권에 관한 연구는 각 학문분야가 서로 맞물려서 영양을 미치는 종합학문의 구조이기 때문에 인권법과 인권사회학의 관계를 함께 연구하는 것이 필요하다.

계몽주의시대에 싹트기 시작한 자연권사상은 프랑스 대혁명과 미국의 독립선언을 거쳐 구체화되고, 또 다시 두 차례의 세계대전의 반성으로 유엔헌장과 유엔의 조약에 기초한 인권기구와 인권의 국제기준이 만들어지고 유엔의 인권감시기구를 통한 가입국들의 이행을 공동으로 담보하게 되면서 국제인권법이 중요한 인권법의 법원으로 여겨지게 되었다. 우리나라도 유엔의 국가인권기구의 기준에 맞추어 국가인권위원회가 설치되고 국제인권기준에 맞추어서 우리나라의 인권상황을 감시하면서 인권법에 관한 연구는 국제인권법이 주도하게 되었다.

최근에 들어서는 사회학분야에서도 인권에 관한 논의가 활발하게 전개되고 있다. 2009년에 한국사회학회에 글로벌리제이션과 인권섹션이 만들어지면서 인권사회학이 본격화하기 시작하였다. 인권사회학은 국제사회에서 정립되어 온 인권 개념을 규범적으로 접근하거나 질적 · 계량적으로 다른 사회적 조건들과 연관하여 분석하거나 사회적인 구성과 해체과정의 연구를 통해 인권과 사회의 문제를 해결하기 위한 학문분야로서 사회학적 관점에서 사회학적 연구방법으로 인권에 접근하고 연구하는 학문분야이다. 따라서 인권사회학의 관심은 인권법학에서처럼 국내의 실정법학적 규범논리에 머무르지 않고 보편적인 인권으로서 사회과학적 · 역사적인 연구방법론을 구사하여 인권의 신장과 진화를 추구하고 있기 때문에 인권법의 연구에서 크게 영향을 미치게 될 것이다.

이하에서는 인권의 종합학문적 성격을 고려하여, 인권법학과 인권사회학 간의 상호 관계에 관하여 각 분야의 인권연구를 개략적으로 살펴보고 이들의 상호 간에 미치는 영향과 과제를 중심으로 살펴보고자 한다.

2. 인권법학

1) 인권의 개념

(1) 인권의 일반적 특성

'인권'이 무엇인지 명확히 정의 내리기는 어렵다. 국제인권조약이나 선언문 등도 이 부분에 대한 답을 제시하지 않고 있다. 인권은 한자어 '人權'의 번역어이기도 하고 'Human Right'라는 서구의 개념을 우리말로 번역한 것이기도 하다. 그런데 인권을 단순히 법적인 권리가 아니라 하나의 사상으로 확대할 때 그것은 단순히 사람의 권리(right of man)가 아니라 사람답게 살 권리(human rights)가 된다.[1] 인권 학자들은 그 뜻을 분명히 하기 위해 "사람이기 때문에 누려야 할 권리"라고 말한다(박찬운, 2008: 33). 즉, 사람의 사람다움을 실현할 권리이다(유네스코 한국위원회, 2000b: 11). 인권은 "인간이면 누구나 누릴 수 있는 당연한 권리", "사람이기 때문에 당연히 가지는 권리"를 말한다. 사람이라면 누구나 자신의 신체와 생명을 지킬 권리, 고문받지 않을 권리, 노예상태에 놓이지 않을 권리를 지닌다.

인권의 개념을 좀 더 구체화하기 위하여 국제적 논의를 거쳐 승인된 선언문들을 종합해 보면 인권은 국가가 부여한 권리가 아니라 인간이 태어나면서 부여받는 권리라는 천부인권성, 모든 인간이 동일한 인권을 갖는다는 보편성, 인권은 포기하거나 양도할 수 있는 권리가 아니라는 양도불가성, 권리들 간에 상호 충돌이 생긴다거나 우선순위가 존재하지 않는다는 불가분성, 권리를 향유하기 위해서는 다른 권리도 함께 향유되어야 한다는 상호의존성의 다섯 가지를 인권의 특성으로 정의하였다(국가인권위원회, 2013: 9-12).

이러한 권리는 사람이 세계의 어느 장소에 살건, 어떤 문명권에 속하건 상관없이 이미 세계적으로 보편성을 지니는 개념이 되었고, 인권이란 원칙은 거부할 수 없는 대세로서 인류보편의 질서가 된 것이다(국가인권위원회, 2002: 7).

(2) 인권은 법으로 보장된 권리이다

법적 권리는 모든 인간이 합법적인 절차에 의해서 대우받을 권리를 말한다. 권리가 법적인 의미로 사용될 때 권리는 적극적인 성격을 가지게 된

1) 처음에는 Rights of Man으로 표현했다가, 'Man' 이라는 어휘가 마치 여성을 배제한 것 같은 오해를 불러일으킬 소지가 있어서 'Human' 으로 교체한 것으로 보인다(차병직, 2003: 2).

다. 따라서 법적 권리를 절차적 권리 혹은 규범적 권리라고도 한다. 권력자가 마음대로 통치하는 인치(人治)가 아니라 법의 지배에 의한 법치(rule of law)를 뜻한다. 그런데 법치의 핵심을 국가권력의 수권(授權)으로 잘못 이해할 경우에는 법에 의한 국가권력의 지배(rule by law)가 된다. 그 요체는 국가의 권한은 법으로 미리 정해진 경우에만 행사할 수 있을 뿐 국가가 필요하다고 판단할 때 행사할 수 있는 것이 아니라는 것이다(곽노현, 2007: 217). 법적 권리에는 법 앞의 평등, 죄형법정주의, 소급입법금지, 무죄추정의 원칙, 인신보호, 사생활보호, 구금자처우 등 특히 법집행 공직자들과 관계가 깊은 권리이기도 하다. 법적 권리는 시민적 · 정치적 권리와 관련이 깊으므로 한데 묶어서 시민적 · 정치적 · 법적 권리라고도 한다.

(3) 인권은 일정한 법익을 향유할 권리이다

근대사회의 법률체계는 권리본위로 되어 있다. 이 점이 중요하다. 우리가 법률관계라고 할 때에는 권리 · 의무관계를 말한다. 인권이 '인간이라면 누구나 누려야 할 권리' 라고 한다면 여기에서 먼저 '권리' 라는 개념을 이해할 필요가 있다. 헌법에서 국민의 기본적인 인권을 보장하고 있다고 할 때에도 그것이 누구의 인권을 말하고 누구와의 관계에서 문제가 되는가 하는 것이 중요하다(한상범, 1993: 66). 권리의 개념에 대하여 민법상의 '권리 법력설' 에 의하면 "권리란 일정한 이익(법익)을 누릴 수 있게 하기 위하여 법이 인정하는 힘"이라고 정의한다(곽윤직, 2012: 58). 즉, 법에 의하여 보호받는 자를 권리자라고 하고 반대로 법에 의하여 구속받는 자를 의무자라고 한다. 이와 같이 권리는 단순한 이익의 개념이 아니라 적극적인 개념이며 의무와 대비되는 개념이다.

(4) 인권은 평등하게 대우받고 차별받지 않을 권리이다

차별받지 않을 권리(non-discriminatory)는 독립된 영역이라기보다는 사람들이 모든 권리를 평등하게 누릴 수 있는 권리를 말한다. 국적, 인종, 피부색, 성, 종교, 사상, 신분, 성적 지향, 출신지역, 장애, 나이 등을 가리지 않고 모든 사람이 똑같이 모든 권리를 누릴 수 있다. 차별받지 않을 권리는 시민적 권리, 경제적 권리, 법적 권리 등 모든 영역에서 차별 없이 적용되는 기본권 원칙으로 보면 된다.

2) 인권법학의 개념과 특징

(1) 인권법학의 개념

그동안 인권분야의 연구는 대체로 인권법에 대한 연구가 주류를 이루었다. 그 이유는 인권 개념 자체가 실천적인 학문으로서 법, 학문으로서의 법학과 밀접한 관련을 가지고 발전해 왔기 때문이다. 인권법학은 법학의 분야에서 인권의 보장이 경시되고 있는 분야에 대한 의문을 제기하고 현존하는 실정법의 제정과 개정, 해석과 적용을 통해서 인권의 실현을 추구하는 학문이다. 인권법학은 인권이 무엇인지, 인권법이 법학의 영역에서 독자적으로 존재하는지, 인권법학이 존재한다면 그 특질은 무엇이고 무엇을 추구하는지 등에 대하여 관심을 갖는다.

인권법학은 "인간으로서의 존엄과 가치 그리고 자유와 권리(간단히 '인권'이라 한다)"에 입각하여 법제도와 법현실을 분석 · 비판하고 인권의 증진을 위한 대안을 제시하는 법학의 한 영역이라 할 수 있다(박찬운, 2012: 20).

(2) 인권법학은 종합법학이다

인권법은 종합법학으로서 어떤 특정 분야의 법규범이 아닌 모든 법영역을 대상으로 하여, 그 영역에서 법제도와 법현실을 인권이란 시각으로 바라보고 대안을 제시하고 인권을 개선하려는 것을 목표로 한다. 인권법은 어떤 특정 영역의 규범체계를 연구하는 분야별 법학(헌법, 민법, 형법 등)과는 달리 국내법과 국제법 나아가서 자연법에 이르기까지 법영역 전체를 대상으로 인권문제를 연구하는 종합법학이다. 인권법은 인권의 보편적 성격 때문에 국제사회에서 일반적으로 널리 인정되는 국제인권법에 대해서는 국제조약의 가입과 비준에 관계없이 국내법의 인권원칙으로 인정될 필요가 있으므로 인권법의 체계는 국제인권법과의 밀접한 관련성을 갖고 있다.

(3) 인권법학은 독자적인 법영역이다

인권법은 헌법의 인권 관련 규정이나, 형법의 인권 관련 규정과 같이 개별적인 실정법의 테두리 내에서 인권을 연구하는 것이 아니라, 오히려 인권의 측면에서의 보편적인 잣대를 사용하여 각 영역의 실정법을 종합적이고 체계적으로 연구한다. 이런 이유로 인권법은 종합법학의 지위에서 각 개별 법학의 영역과 한계를 초월하여 모든 법영역에서 공통적으로 적용할 수 있는 인권의 원칙을 체계적으로 연구하는 독자적인 법영역으로 존재하는 것이다(박찬운, 2008: 20, 2012: 20-21).

3) 인권법과 기본권의 관계

'인권' 이라는 개념이 등장한 것이 불과 200여 년 전의 일이다(김용훈, 2011: 132). 인권과 기본권의 개념은 상당부분 일치하지만 정확히 일치하는 개념이 아니다(김용훈, 2011: 136-137). 오늘날 기본권이라는 용어를 흔히 사용하고 있지만 정작 우리 헌법에는 '기본권'이라는 용어가 없다. 우리 헌법 제10조에서 언급된 '기본적 인권'이 곧 기본권을 의미한다는 데에는 이견이 없지만 기본권과 인권을 동일한 맥락에서 동일한 용어로 파악하기는 어렵다(황준식, 2011: 268).

인권이 국적을 가리지 않는다면 기본권은 국민의 권리라고 할 수 있다(안경환, 2009: 105). 따라서 법적으로 보장된 국민의 기본권이 침해당했을 때에는 법원에 소송을 제기하여 구제받을 수 있다. 인권이 다소 포괄적이고 추상적인 권리인 데 비하여 기본권은 구체적으로 실존적인 헌법상의 권리라고 이해할 수 있다. 인권은 "인간 본성에서 나오는 생래적이고 천부적인 자연권"으로, 기본권(constitutional rights)은 "헌법이 보장하는 국민의 기본적인 권리"로 파악한다. 인권은 하나의 관념이고 기본권은 정착한 인권이며 실정법상의 권리이다. 기본권은 철학적으로 사색된 인권사상을 정치적 전환으로 이끌어낸 하나의 성과인 셈이다(민경배, 2001: 298).

우리나라 실정법에서 인권은 어떤 지위를 갖는가? '인권'을 실정법에서 직접적으로 규정한 것은 국가인권위원회법이 있는데, '인권'이란 "대한민국 헌법 및 법률에서 보장하거나 대한민국이 가입·비준한 국제인권조약 및 국제관습법에서 인정하는 인간으로서의 존엄과 가치 및 자유와 권리"를 말한다(국가인권위원회법 제2조). 이는 실정법상의 인권 개념을 규정한 유일한 조항으로서 인권법의 적용범위를 결정하는 데 중요한 기준이 된다.

4) 인권법학의 연구분야

(1) 인권의 본질에 관한 연구

인권법의 기초분야는 인권의 본질을 연구하는 분야이다. 이를 위해서 인권본질론, 인권사상사, 인권운동사, 인권사회학, 국제인권법, 국제인권기구론 등이 함께 연구되어야 한다. 이러한 연구분야는 원래 법학의 분야가 아니라 역사학이나 철학, 사회학의 분야이지만 인권법과 불가분의 기초분야로서 연구되어야 할 분야이다. 다만, 인권법에서 이 분야를 연구할 때에는 인권법의 시각에서 취지에 맞는 대상과 연구방법을 모색할 필요가 있다. 특히, 최근에 큰 흐름으로 다가온 사회학적 접근방법에 의한 인권사회학적인 연구도 인권법의 기초적 인식에서 중요한 연구방법론이라고 할 수 있다.

(2) 국민의 기본권에 관한 연구

대한민국 헌법은 국민의 기본적 인권에 대하여 규정하고 있다. 헌법의 기본권 체계는 헌법 제10조 전단에서 "인간의 존엄과 가치 행복추구권"을 주 기본권으로 규정하고 있고, 같은 조 후단에서는 "개인이 가지는 불가침의 기본적 인권을 확인하고 보장"하여야 하는 국가의 기본권 보장의무를 규정하고 있다.

우리 헌법은 기본권을 몇 가지 기준에 따라서 분류하는데 그중에서 기본권의 내용에 따른 분류는 인간의 존엄과 가치를 주 기본권으로 하여 행복추구권, 평등권, 자유권적 기본권, 생존권적 기본권, 청구권적 기본권, 참정권으로 분류한다. 그 밖에 기본권의 효력에 따라서 국민에게 직접 적용되는 현실적인 기본권과 국가에게 기본권의 보장을 위임한 프로그램적 기본권으로 분류한다. 또한 국민의 자유와 권리는 헌법에 열거되지 아니한 이유로 경시되지 아니 한다(헌법 제37조 제1항). 헌법에 명시되지는 않은 권리로서는 평화적 생존권이라든가, 건강권, 주택권, 사회적 환경권, 휴식권, 일조권, 알 권리, 들을 권리, 읽을 권리, 연대권, 정보공개청구권과 같은 것은 새로운 기본권으로 볼 수 있다. 또한 자연권적인 인권규범이나 국제인권규범과 같은 보편적인 인권에 대해서도 기본권의 범주에 포함시키고 있다.

요컨대 기본권은 단순한 반사적 이익이 아닌 천부인권이며, 헌법이 보장하는 권리이고, 집단의 권리가 아닌 개인의 권리이며, 사권이 아니라 국가에 대해 요구할 수 있는 공권이다(김철수, 2011: 99).

(3) 영역별 · 주제별 인권법제 연구

앞에서 연구한 것이 인권법의 총론적인 연구라면, 영역별 인권법제 연구는 각론적인 연구분야에 속한다. 인권에 관한 주제별 연구로서 먼저 '사법(司法)과 인권' 분야를 들 수 있다. 헌법에 보장된 기본권이 우리 사회에서 보다 충실하게 실현될 수 있도록 감시하고 대안을 제시하고 입법정책에 반영하는 것이다. 사법과 인권 분야의 이슈를 보면 흉악범에 대한 사형제 선고 여부, 성폭력 등 강력범죄에 대한 법정형 상향조정, 친고죄 폐지 등 엄벌주의와, 막말 판사 등 재판운영의 문제, 형사사건 무죄율의 증가, 검찰 비리사건과 검찰개혁 논의 등을 들 수 있다. 그 밖에 사법제도와 인권에 대한 연구로는 검찰과 인권, 경찰과 인권, 형사피의자와 인권, 재소자와 인권 등을 들 수 있다(대한변호사협회, 2012: 49-73).

다음으로 시민적 · 정치적 권리와, 경제적 · 사회적 · 문화적 권리 등에 관한 주제별 연구를 들 수 있다. 표현의 자유, 교육과 인권, 사회복지와 인권, 근로와 인권, 환경과 인권을 들 수 있다. 사회적 약자 및 소수자에 대한 인권연구로서 여성의 인권, 아동의 인권, 청소년의 인권, 노인의 인권, 장애와 인권, 외국인의 인권, 이주외국인의 인권, 결혼이민자의 인권 등을 들 수 있다. 마지막으로 지역별 인권에 관한 연구로서 북한의 인권, 아프리카의 인권, 동아시아의 인권 등을 들 수 있다.

(4) 인권 제한의 원칙에 관한 연구

법률로 인권을 제한하는 경우에도 그 한계가 있는데 '법률에 의한 인권의 제한' 과, '비례의 원칙' 이 있다. 국민의 기본권의 제한이 필요한 경우에는 '국가안전보장 · 질서유지 또는 공공복리' 를 위하여 필요한 경우에 한하여 법률로써 제한할 수 있고, 자유와 권리의 본질적인 내용을 침해할 수 없다(헌법 제37조 제2항). 이러한 경우를 법률에 의한 인권의 제한이라고 한다.

인권을 법률로 제한하는 경우에도 입법목적의 정당성, 목적달성을 위한 방법의 적정성, 피해의 최소성, 그리고 그 입법을 통해 보호하려는 공공의 필요와 침해되는 기본권 사이의 균형성을 모두 갖추어야 하며 이를 준수하지 않은 법률 내지 법률조항은 인권을 침해하는 것이 된다."[2] 이러한 법원칙에 의한 제한을 '비례의 원칙에 의한 제한' 이라고 한다.

(5) 인권침해와 차별행위에 관한 연구

우리 헌법에서는 헌법에 열거되지 아니한 보편적 인권에 대하여도 국가의 인권확인 및 보장의무를 부여함으로써 인권 개념을 확장시키고 있다(헌법 제37조 제1항 및 제10조 후단). 사회의 모든 영역에서 존재하는 인권침해와 평등권 차별문제를 어떻게 발견하고 시정하는지가 인권법의 주된 관심사가 된다.

인권침해란 국가기관, 지방자치단체, 각급학교, 공직유관단체 또는 구금 · 보호시설의 업무수행(국회의 입법 및 법원 · 헌법재판소의 재판은 제외)과 관련하여 대한민국헌법 제10조 및 제12조부터 제22조까지에 보장된 인권을 침해당하는 것을 말한다(국가인권위원회법 제30조 제1항 제1호).

평등권침해의 차별행위란 합리적인 이유 없이 성별, 종교, 장애, 나이, 사회적 신분, 출신지역(출생지, 등록기준지, 성년이 되기 전의 주된 거주지역 등을 말함), 출신국가, 출신민족, 용모 등 신체조건, 기혼 · 미혼 · 별거 · 이혼 · 사별 · 재혼 · 사실혼 등 혼인 여부, 임신 또는 출산, 가족형태 또는 가

2) 헌재 1990.9.3. 89헌가95.

족상황, 인종, 피부색, 사상 또는 정치적 의견, 형의 효력이 실효된 전과, 성적(性的) 지향, 학력, 병력(病歷) 등을 이유로 한 다음 어느 하나에 해당하는 행위를 말한다(국가인권위원회법 제2조 제3호 본문).

그 밖에도 각종 법률에서 차별문제를 다루고 있다. 1991.12.31. 제정되고 2008년 개정된 "고용상 연령차별금지 및 고령자고용촉진에 관한 법률", 2000.1.12. 전면개정된 "장애인고용촉진 및 직업재활법", 2007.4.10. 제정된 "장애인 차별금지 및 권리구제 등에 관한 법률" 등이 있다. 그 밖에 성차별금지에 관한 법률로서 "여성발전 기본법", "남녀고용평등과 일 · 가정 양립 지원에 관한 법률", "근로기준법" 등이 있다.

(6) 인권침해의 구제에 관한 연구

인권법에서 중요한 연구대상은 인권침해에 대한 효과적인 구제방법이다. 인권침해에 관한 구제방법은 헌법소원에 의한 권리구제, 국가인권위원회를 통한 권리구제, 행정절차에 의한 침해구제, 사법절차에 의한 침해구제, 대 사인적인 침해구제로 나누어 볼 수 있다.

헌법소원을 통한 침해구제란 공권력[3]의 행사 또는 불행사(不行使)로 인해 헌법상 보장된 기본권을 침해받은 사람은 헌법재판소에 헌법소원심판을 청구할 수 있다(헌법재판소법 제68조 제1항 본문).[4] 헌법재판소가 위헌으로 결정한 법령을 적용함으로써 국민의 기본권을 침해한 재판에 대해서도 헌법소원을 청구할 수 있다.[5] 다만, 헌법소원은 다른 구제절차를 모두 거친 후에 마지막으로 청구해야 한다(헌법재판소법 제68조 제1항 단서).

---

3) "공권력"이란 입법권 · 행정권 · 사법권을 행사하는 모든 국가기관이나 공공단체 등의 고권적 작용을 말한다(헌재 2001.3.21. 99헌마139 등).

4) 법제처, 찾기 쉬운 생활법령정보, 인권침해(http://oneclick.law.go.kr/CSP/CsmMain.laf?csmSeq=574, 검색일자 : 2013.5.15.)

5) 헌재 1997.12.24. 96헌마172.

국가위원회를 통한 권리구제는 국가기관, 지방자치단체, 각급학교, 공직유관단체 또는 구금 · 보호시설의 업무수행(국회의 입법 및 법원 · 헌법재판소의 재판은 제외)과 관련하여 「대한민국헌법」 제10조부터 제22조까지에 보장된 인권을 침해당하거나 차별행위를 당한 경우, 법인 · 단체 또는 사인(私人)으로부터 차별행위를 당한 사람이나 단체는 국가인권위원회에 그 내용을 진정할 수 있다(국가인권위원회법 제30조).

행정절차에 의한 침해구제방법은 처분청이나 감독청에 의한 취소, 청원, 민원처리제도, 행정심판제도, 국가배상제도 등이 있다. 이를 중점적으로 처리하는 중앙기관으로서는 국민권익위원회가 있다.[6] 이러한 행정기관에 의한 인권침해를 구제할 수 있는 제도로서 행정법상의 권리구제절차를 인권적인 시각에서 분석하고 연구할 필요가 있다.

사법절차에 의한 구제방법은 형사소송, 행정소송, 민사소송 등의 사법절차를 통하여 침해를 구제받는 방법이다. 범죄행위로부터 기본권을 침해당한 경우에는 수사기관(경찰 또는 검찰)에 고소 · 고발 등으로 형사절차를 통하여 인권침해를 구제받을 수 있다. 국가나 지방자치단체로부터 인권침해를 받은 경우에는 「국가배상법」에 따라 국가를 상대로 국가배상을 청구할 수 있다. 사인의 인권침해행위로 피해를 입은 피해자는 가해자를 상대로 손해배상을 청구할 수 있다. 사법절차(司法節次)에 의한 침해구제는 민·형사 소송절차를 통한 사법적 구제절차를 이해하여야 하고 헌법소원과 위헌법률심판제도를 이해하여야 한다.

마지막으로 사인(私人) 간의 민사법적(民私法的)적인 침해구제를 들 수 있는데, 대표적인 것이 인권단체를 통한 침해구제를 들 수 있다. 대 사인적인 침해구제절차는 국가의 공권력이나 강제력을 동원할 수 없다는 한계는 있으나, 당사자 간의 합의나 화해, 제3자에 의한 조정이나 중재와 같은 절

6) 2008년 2월에 설립된 국민권익위원회는 종래의 국민고충처리위원회와 국가청렴위원회, 중앙행정심판위원회 등의 기능을 통합하여 발족되었다.

차를 통해서 인권침해의 구제수단으로 이용되고 있다. 특히 최근의 다국적기업에 의한 인권침해사례와 같이 국제 간의 금전적인 구제절차에서는 민간기구를 통한 당사자 간의 해결이 더욱 효과적인 경우도 있기 때문에 사인 간의 민사법적인 구제방안도 인권법학의 한 분야로서 연구할 필요가 있다.

5) 인권법의 법원성

법원(法源)이란 법의 근원 또는 법의 연원(淵源)이라고도 하는데, 일반적으로 법원이라고 할 때에는 법을 형성하는 원동력, 법의 구속성의 근거와 같이 인식론적인 의미의 법원이 있고, 법의 타당성을 가지는 근거로서의 철학적 의미의 법원이 있고, 법이 어떠한 형태로 존재하는가에 대한 형식적 의미의 법원이 있는데, 일반적으로는 형식적인 의미의 법원으로서 법관이 재판의 근거로 삼을 수 있는 법규를 말한다.

성문법의 법원으로는 먼저 법단계설의 최상위에 있는 헌법을 들 수 있다. 헌법은 인권에 관한 국내법적 최고의 법원이다. 헌법에서는 여러 가지 기본권을 규정하고 있지만 대부분이 선언적 의미를 가지거나 프로그램적 기본권 규정으로서 국가에 대하여 적극적인 입법조치 등을 촉구하는 의미를 갖는다. 따라서 구체적 · 개별적인 인권침해사례에 대하여 헌법이 직접적인 법원이 되기보다는 개별 법의 법원성에 대한 근거규정으로 작용하기도 한다.

국제인권법 중에서 우리나라가 가입하고 비준을 받은 국제조약은 법률과 같은 효력을 가지므로 국내법의 일부가 되어 법원성을 가진다. 그러나 국제인권조약 중에서 우리나라가 가입 · 비준하지 않았지만, 국제사회에서 일반적으로 승인된 국제인권조약에 대한 법원성이 문제가 된다. 또한 성문법은 아니지만 모든 국가에게 구속력을 갖는 국제법상의 일반원칙 및 기준이 되는 국제관습법과 같은 불문법 형태의 국제인권규범에 대한 법원성이 문제가 된다.

6) 인권법학의 과제

오늘날의 인권법은 각 국가마다 상황이 다르지만, 유엔헌장과 조약에 기초한 보편적인 인권규범들이 국내 인권법에 미치는 영향이 지대하고 유엔회원국으로서 국제인권규범을 준수할 의무가 있기 때문에 먼저 국제인권규범에 대한 연구에서 출발할 수밖에 없다. 따라서 국제인권규범들이 국내 인권법에 어떻게 반영되어 있는지를 파악하고 국제인권기준에 부합하는지를 꼼꼼히 따져보고 개선하는 노력이 필요하다. 특히 일반적으로 승인된 국제인권규범들이 국내법적 효력을 가질 수 있도록 법제도적인 개선에도 관심을 기울여야 한다.

또한, 인권법학의 종합법적인 성격에 따라서 헌법을 비롯하여 형사법, 민사법적인 연구가 함께 이루어져야 하고, 인권의 연구가 법학적인 영역에만 머물러서는 안 된다. 계몽주의시대에 자연권에서 출발한 인권사상이 어떤 과정을 거쳐서 실정법적인 권리로 규정되고 있으며 앞으로 인권규범들이 어떻게 발전할 것인지를 함께 파악해야 한다. 이를 위해서는 철학적인 연구, 신학적인 연구, 정치적인 연구, 사회학적인 연구방법론을 동원해야 하고 이들 학문의 연구성과를 인권법학에 도입하여야 한다.

3. 국제인권법

1) 국제사회와 인권

인권에 대한 이해와 관념은 특정 시대의 인간관과 세계관을 반영하여 역사적으로 발전하여 왔다. 인권의 역사는 1215년 영국의 마그나 카르타까지 거슬러 올라가지만, 인권 개념이 체계적으로 정립된 것은 사회계약론과 계몽주의적 자연법론이 대두된 17, 18세기에 들어서면서부터이다. 특히 제1차 세계대전과 제2차 세계대전을 겪으면서 인권은 개별 국가에 의해서만 보장되는 것이 아니라 국제사회가 공동으로 인권보장을 이행할 필요성이 제기되었고, 1948년 채택된 세계인권선언은 현재 보편적인 인권선언으로 받아들여지고 있다.

인권의 보편성에 따라서 인권은 특정 국가의 전유물이 아니라 전 인류에 공통적으로 인정되는 권리이다. 이에 따라서 개별 국가들은 다른 나라의 인권에 대해서도 관여하거나 요구할 수 있게 되었다. 특히 유엔을 중심으로 한 유엔인권기구와 인권조약을 준수하고 인권의 이행을 보고하고 감독을 받으며 인권의 개선을 권고할 수도 있다. 당연히 우리나라도 유엔을 중심으로 한 인권조약을 준수할 의무가 있으며 인권의 이행을 감시받고 있다. 또한 국제적으로 승인된 국제관습은 인권에 대한 직접적인 법원이 되기도 한다.

국제인권규범은 현존하는 국제인권규약이나 국제관습법의 범위를 넘어서 국제적으로 보호되는 인권, 인권보호에 대한 원칙과 제도, 인권정책의 형성과정 전체를 포괄하는 체제로 이해된다. 이러한 국제인권규범은 우리나라의 인권법에 직·간접적으로 커다란 영향을 미치고 있기 때문에 인권법을 연구하기 위해서는 국제인권법을 먼저 이해할 필요가 있다.

2) 국제인권법의 발전

프랑스의 법학자 카렐 바작(Karel Vasak)[7]은 1977년 세계인권선언 30주년을 회고하면서 세대 개념을 사용하여 '3단계 인권론'을 주장하였다. 제1세대 인권은 '자유'를 중심으로 하는 '시민적 · 정치적 권리'를 의미하는 것이고, 제2세대 인권은 '평등'을 중심으로 기회의 평등뿐 아니라 분배정의까지도 보장하고자 하는 '경제적 · 사회적 권리'를 의미한다. 제3세대 인권은 '박애'를 중심으로 여성, 제3세계 등, 집단의 특수성에 기초하여 독자적인 권리의 보장을 요구하는, 이른바 '연대의 권리'를 중심으로 하는 인권을 가리킨다(박찬운, 2008: 37).

(1) 제1세대 인권(정치적 · 시민적 권리)

제1세대 인권이라 불리는 시민 · 정치적 권리의 제창은 시민계급에 의해 주도되었다. 이 권리 개념은 1789년 프랑스의 「인간과 시민의 권리선언」, 1689년 영국의 「권리장전」, 「유럽 인권규약」 등에서 구체적으로 표현되고 있다. 그 속성은 국가에 대한 적극적인 권리(국가에 요구하는 권리)가 아니라 국가의 간섭에서 벗어나려는 소극적인 권리(국가로부터의 자유)로 이해되어 왔다(토머스 페인, 2004: 138-139). 인권의 내용을 보면 언론의 자유, 결사의 자유, 사유재산의 권리, 종교의 자유, 투표의 자유, 고문을 받지 않을 권리, 공정한 재판을 받을 권리 등 전통적으로 주장되어 온 자유와 권리들이 그 중심내용을 이루고 있다. 우리는 이것들을 흔히 제1세대 인권이라 부른다.

---

7) 카렐 바작은 체코슬로바키아에서 출생하여 프랑스 시민권을 취득하였다. 1980년까지 국제인권연구소의 인권과 평화부문 이사로 재직하였다. 저서로는 *International Dimensions of Human Rights*, 1982가 있다.

(2) 제2세대 인권(경제적 · 사회적 · 문화적 권리)

제2세대 인권은 20세기에 들어서 현대 시민헌법상의 실질적 평등을 기초로 하는 사회권 중심의 사회적 · 경제적 · 문화적 권리를 말한다. 이 권리 개념은 1918년의 「노동으로부터 착취당하는 인민의 권리선언」, 1919년 바이마르(Weimar)헌법 제151조, 1948년 「세계인권선언」 22조~27조에서 구체화되었다. 이것은 사회적 평등에 그 기초를 두고 분배적 정의의 기준에 따라서 자원을 배분함에 있어서 국가의 개입을 필요로 하는 권리이다. 따라서 이 개념은 현대 복지국가의 요청에 따라서 구체적으로 형성된 일련의 사회권(Sozial rechtsgrund)체계가 추가된 것이다. 우리는 이것들을 제2세대 인권이라고 부른다.

(3) 제3세대 인권(연대와 단결의 권리)

제3세대 인권은 제2차 세계대전 이후의 인권의 국제화에 따라서 발전된 개념이다. 이 권리는 국가와 개인 간의 관계 속에서 파생되는 권리가 아니라 국제적 연대성을 기초로 자결권, 인종차별금지, 발전권과 같은 문화적이고 집단적인 권리를 강조한다. 제3세대 인권의 범주에 들어가는 권리로서는 환경권, 발전권, 평화권, 인류공동유산의 혜택을 받을 권리, 국제사회에서 인도적 원조를 받을 권리와 같은 것이다. 어린이 · 여성 · 전쟁포로 · 난민 · 노동자의 권리에 관한 규정과 협약들이 제정되었으며, 인종차별금지, 사형제도의 폐지, 학살과 고문 같은 반인륜적 범죄, 노예제도, 인신매매, 강제노동 등을 금지하는 국제협약들이 제정됨으로써 인권의 범위는 확대되었다. 제3세대 인권은 특정 국가나 개인을 대상으로 하기보다는 국가적 · 사회적 연대성을 기반으로 한다. 제3세대 인권은 아직 인권으로서 확립된 개념이 아니라 인권으로 형성되어 가는 과정에 있다고 할 수 있다.

인권 개념에는 특정 시대의 세계관이 반영되어 있기 때문에 인권의 관심과 내용도 역사적으로 변천해 왔다. 이렇게 인권을 세대별로 구분하여 이해할 때 주의해야 할 것은 후세대의 인권이 앞 세대의 인권을 대체하면서 등장한 것이 아니라는 점이다(국가인권위원회, 2011: 56-57).

3) 국제인권규범의 형성

국제인권규범이란 현존하는 국제인권규약이나 국제관습법에 대한 해석의 범위를 넘어서 국제적으로 보호되는 인권, 인권보호에 관한 원칙과 제도, 인권정책 형성과정 전체를 포괄하는 체제를 의미한다(국가인권위원회, 2011: 158). 국제법의 일부를 구성하고 있는 국제인권법은 형성과정과 내용 면에서 여러 가지 특수성을 가진다. 국제인권규범은 시민과 국제조직의 노력이 낳은 산물이다. 국가보다는 유엔과 같은 국제인권운동에 종사하는 비정부기구들이 인권규약의 대부분을 입안하고 초국가적 캠페인을 주도하며 각국의 국가정책으로 인권보호를 채택하도록 설득하여 왔다. 과거 국가 중심의 국제법이론은 국제법이 국가에만 적용된다고 보았지만 오늘날에는 적어도 인권보호의 분야에서는 개인을 국제법의 주체로 인식하고 있다. 제2차 세계대전과 집단학살의 경험을 통하여 국가가 더 이상 개인과 국민의 보호자가 아니라 인권유린의 잠재적인 가해자임을 주목한 결과이다.

현대 인권규범의 발전 및 정착 과정을 보면, 첫째 제2차 세계대전 이후의 유엔의 성립과 인권규범을 실정법화한 인권의 근대화과정, 둘째 인권협약들의 정착과 인권체제가 등장한 인권의 국제화과정, 셋째 인권규범들이 각국의 국내법으로 수용된 인권의 보편화과정, 넷째 인권규범이 사회구성원의 규범의식 속에 확립된 인권의 내재화과정을 통하여 발전되고 정착되어 가고 있다(국가인권위원회, 2011: 165-166).

4) 유엔을 통한 국제인권 보장시스템

유엔에 의한 국제인권 보장시스템은 크게 나누어서 유엔헌장에 기초한 인권보장시스템과, 국제인권조약에 기초한 인권보장시스템으로 대별할 수 있다. 유엔헌장에 기초한 인권보장시스템은 개별 조약의 가입 여부와 관련 없이 유엔회원국으로서 당연히 준수할 의무가 부여되는 것으로 유엔인권규약과 유엔인권기구를 통해 인권을 보장하는 시스템이다. 국제인권조약에 기초한 인권보장시스템은 개별 인권조약에 가입한 국가에게 준수의무가 부여되는 것으로 인권조약의 이행을 점검하는 이행감시기구를 두고 정기적으로 각 체약국의 이행보고서에 따라서 해당 국가의 인권상황을 검토하고 개선을 권고하고 있다.

(1) 유엔헌장과 세계인권선언

인권법 측면에서 유엔인권규약에는 유엔헌장(Charter of the United Nations)과 세계인권선언(Universal Declaration of Human Rights)이 있다. 1945년의 유엔헌장은 인권보호에 관한 제55조와 제56조가 헌장에 포함되었다. 제55조 c항은 "인종, 언어, 종교, 성별을 불문하고 모든 사람의 인권과 근본적인 자유에 대한 보편적인 존중과 준수를 장려"함을 규정하고 제56조는 "제55조의 목적을 달성하기 위해 국제기구와 협력해 단독적으로 그리고 합동으로 행동을 개시할 것을 서약"함을 규정함으로써 유엔을 중심으로 한 국제사회에서의 인권논의의 확고한 토대를 마련하였다.

세계인권선언은 제2차 세계대전 이후 보호해야 할 인권을 구체적으로 규정할 것을 목적으로, 국제연합헌장의 정신에 따라 1948년 최초로 채택된 보편적인 국제인권문서이다. 세계인권선언은 물론 구속력을 가지는 조약은 아니지만 가장 기본적인 국제인권문서로서 이미 그 대부분의 내용이 국제관습법을 형성하고 있다는 평가를 받는다. 이 선언은 최초로 인권의 보편성과 인권의 불가분성을 확인하였다는 데 의의가 있다(국가인권위원회, 2013: 209).

(2) 유엔기구에 의한 인권보호시스템

유엔기구에 의한 인권보호체계를 보면, 유엔의 핵심조직인 총회(General Assembly), 안전보장이사회(Security Council), 경제사회이사회(Economic and Social Council)와 인권최고대표(High Commissioner for Human Rights)를 통하여 인권문제와 관련하여 일정한 기능을 수행한다. 총회는 인권상황에 대한 권고를 할 수 있고 특히 만장일치로 채택된 인권보호 관련 결의는 구속력 있는 국제관습법으로 발전할 가능성이 크다. 안전보장이사회는 국제적 평화를 위협하는 행위에 대해서 유일하게 강제적 조치를 취할 수 있는 기관이다. 경제사회이사회는 산하에 인권위원회와 여성지위위원회를 두고 인권과 기본적 자유를 증진하기 위한 권고를 제안할 수 있다. 인권최고대표는 유엔총회의 결의(48/141)에 의해 창설되어 유엔의 인권 관련 업무를 총괄하는 최고의 직책이다. 유엔사무총장의 지휘를 받으며 유엔의 주요 인권시스템에 따라 활동을 전개한다(국가인권위원회, 2011: 185).

유엔인권위원회(Commission on Human Rights)는 1946년에 경제사회이사회의 산하기구로 설립되었다. 인권위원회는 정부 간 회의이지만 민간단체도 서면진술서 제출, 구두발언, 로비활동 등 의견을 개진할 수 있다.[8] 2006년에 인권위원회는 인권이사회(Human Rights Council)로 개편되면서 경제사회이사회 산하기구에서 총회 산하의 기구로 격상되었다. 인권이사회는 5개 지역그룹별로 47개의 회원국으로 구성되고 그 외의 국가나 인권

8) 대표적인 민간단체로는 민주사회를 위한 변호사 모임, 한국여성단체연합회, 환경운동연합 등이 있다(국가인권위원회, 2003: 87).

기구들은 투표권 없는 참관인으로 참석한다. 인권이사회의 핵심기능은 국가별 인권상황의 정기검토(Universal Periodic Review)와 특별절차가 있다. 인권이사회는 특별조사위원회를 설치하여 특정 인권상황을 조사하고 국제문서 초안을 작성하거나 기타 특정 임무들을 수행한다.

여성지위위원회(Commission on the Status of Women)는 경제사회이사회에 의해 1946년 설립되었는데 그 기능은 여성의 권리를 증진하기 위한 권고와 보고서를 만들고 양성평등에 기초한 여성의 권리분야에서 시급한 과제들을 경제사회이사회에 제안하는 것이다. 국제사법재판소는 유엔헌장과 조약을 해석하고 헌장이 창설한 기구들의 인권에 관한 역할을 규정하는 기능을 한다.

(3) 국제인권조약에 기초한 인권보장시스템[9]

국제인권제도의 두 번째 구성요소는 인권조약에 기초한 제도이다.[10] 국제인권조약에 기초한 제도는 상호 긴밀히 연관된 9개 핵심조약과 1개의 선택의정서가 그 토대를 이루는데 조약을 비준한 국가에게만 적용된다. 그럼에도 불구하고 절대다수의 국가가 적어도 대부분의 조약을 비준하였기 때문에 인권조약에 기초한 제도 역시 모든 국가들과 연관되었다는 보편성을 갖고 있다.

인권조약 당사국은 조약 이행실적에 대한 국가보고서를 정기적으로 조약 감시기구에게 제출해야 할 의무가 있다.[11] 인권법의 근간이 되는 각 조

---

9) 원문은 유네스코 한국위원회, 2000a 및 외교부 홈페이지(http://www.mofa.go.kr) 이슈별 자료실 > 인권 · 사회 > 국제인권규범을 참조.

10) 조약제도 : www2.ohchr.org/english/bodies/docs/OHCHR-FactSheet30.pdf. 참조

11) ICCPR(40조); ICESCR(16~17조); ICERD(9조); CEDAW(18조); CAT(19조); CRC(44조); ICRMW(73조); CRPD(35~36조); CPED(29조) 참조. 아동의 권리에 관한 협약 관련, 아동의 무력분쟁 동원 금지를 위한 선택의정서(8조), 아동의 권리에 관한 협약 관련, 아동매매, 성매매, 성포르노 금지를 위한 선택의정서(12조)

약의 규정에 따라 9개 위원회와 1개 소위원회의 이행기구를 두고 정기적으로 각 체약국의 이행보고서를 심사함으로써 해당 국가의 인권상황을 검토하고 그 개선을 위한 권고를 마련하고 있다. 이러한 이행감시기구들은 각 조약 체약국에 대해서만 이행의무나 정부보고의무가 부여된다는 점에서 유엔헌장에 기초한 인권보장시스템과 구별된다.

〈표 1〉 국제 인권조약과 이행기구(국가인권위원회, 2013: 108-110)

인권조약 이행기구	조약	선택적 의정서	설립 연도	회원수	보고 주기
1) 자유권 규약위원회 (Human Rights Committee)	시민적 · 정치적 권리에 관한 국제규약 (ICCPR)	-시민적 · 정치적 권리에 관한 국제규약의 선택의정서 (개별 진정접수 허용) -시민적 · 정치적 권리에 관한 국제규약 관련, 사형제도 철폐를 위한 제2차 선택의정서	1977	18	3~5년 (위원회 재량)
2) 경제적 · 사회적 · 문화적 권리 위원회	경제적 · 사회적 · 문화적 권리에 관한 국제규약(ICESCR)	경제적 · 사회적 · 문화적 권리에 관한 국제규약의 선택의정서(개별 진정접수 허용)	1985	18	주로 5년 (정해진 주기 없음)
3) 인종차별 철폐위원회	인종차별 철폐에 관한 국제협약 (ICERD)		1970	18	2년
4) 여성차별 철폐위원회	여성차별 철폐에 관한 협약(CEDAW)	여성차별 철폐에 관한 협약의 선택의정서(개별 진정접수 허용)	1982	23	4년
5) 고문방지 위원회	고문 및 그 밖의 잔혹한, 비인도적, 모멸적 대우와 처벌의 방지에 관한 협약 (CAT)		1987	10	4년

6) 아동권리 위원회	아동의 권리에 관한 협약(CRC)	–아동의 권리에 관한 협약 관련, 아동의 무력분쟁 동원 금지를 위한 선택의정서 –아동의 권리에 관한 협약 관련, 아동매매, 성매매, 성 포르노 금지를 위한 선택의정서 –아동의 권리에 관한 협약 관련, 커뮤니케이션 절차에 대한 선택의정서	1991	18	5년(협약/의정서 관련)
7) 이주노동자 및 가족 권리 보호 위원회	이주노동자 및 가족의 권리 보호에 관한 국제협약 (ICRMW)		2004	14	5년
8) 장애인권리 위원회	장애인 권리에 대한 협약	장애인의 권리에 관한 협약의 선택의정서(개별 진정접수 허용)	2008	18	4년
9) 강제적 실종 위원회	강제적 실종으로부터 모든 사람을 보호하기 위한 국제협약		2011	10	위원회 결정에 따름

상기의 9개 핵심조약 중 우리나라는 7개의 조약에 가입하였다. 아직까지 가입을 유보하거나 미가입 상태인 국제협약 중 중요한 것을 들면, 이주노동자권리협약과 강제실종협약이 있다. 우리나라의 주요 조약 가입현황은 다음과 같다(대한민국정부, 2012: 288-289).[12)]

12) 외교부 홈페이지(http://www.mofa.go.kr/) 이슈별 자료실> 인권 · 사회> 국제인권규범> 참조.

〈표 2〉 우리나라의 주요 국제인권조약 가입현황(2012년 현재)

조약명	채택일	우리나라		
		가입일	국회동의	유보조항
인종차별철폐협약	1965.12.21.	1978.12. 5.	○	유보조항 없음
사유권규약(B규약)	1966.12.16.	1990. 4.10.	○	유보조항 없음
사회권규약(A규약)	1966.12.16.	1990. 4.10.	○	제22조(결사의 자유)
여성차별철폐협약	1979.12.18.	1984.12.27.	○	제16조 제1항(g)호(가족성의 부부 동등한 권리)
고문방지협약	1984.12.10.	1995. 1. 9.	○	유보조항 없음
아동권리협약	1989.11.20.	1990. 9.25.	○	-제21조 (a)gh (입양허가제) -제40조 제2항(b)호(v)목 (상소권 보장)
이주노동자권리협약	1990.12.18.	미가입	미비준	
장애인권리협약	2006.12.13.	2008.12.11.	○	제25조(e)gh(장애인에 대한 차별 없는 생명보험 제공)
강제실종보호협약	2006.12.	미가입	미비준	

5) 지역별 인권보호체제

유엔 이외에도 지역별로 인권보호를 하는 지역별 인권보호체제가 있다. 구속력을 가지는 규범과 기구체제를 갖추고 있는 지역별 인권보호체제에는 유럽인권체제와 미주인권체제를 들 수 있다. 유럽인권체제는 국제인권규범이 발전하는 데 있어서 중요한 역할을 하고 있다. 유럽인권체제의 내용은 1950년의 인권과 기본적 자유의 보호를 위한 협약(Convention for Protection of Human Rights and Fundamental Freedoms)을 비롯하여 유럽인권재판소(The European Court of Human Rights), 유럽안보평화협력기구(The Organization for Security and Co-Operation)를 비롯하여 개별 인권협약들이 있다. 미주인권보호체제는 1948년의 미주인권선언(American Declaration of the Rights and Duties of Man)과 1951년의 미주기구헌장

(Charter of the Organization of American States)이 있고 미주인권협약과 인권위원회 인권재판소를 두고 있다.

그 밖의 지역별 인권보호체제로는 1963년의 아프리카 기구헌장(Charter of the Organization of African Union)이 있고 2007년에 재판소가 설립되었다. 동남아시아지역에는 아세안헌장(ASEAN Charter)에 따라서 2009년에 아세안 정부 간 인권위원회가 설립되었다. 아시아태평양지역에는 국가인권기구의 연합체인 APF(Asia-Pacific of National Human Rights Institutions)가 있는데 1996년 호주에서 개최된 제1차 아태지역 국가인권기구회의에서 창설되었다. 아랍지역에도 아랍 인권헌장(The Arab Charter on Human Rights, 2004)과 아랍인권위원회(The Arab Organization for Human Rights)가 있다.

6) 국가인권기구

국가인권기구는 각 국가의 법과 절차에 의해 설립되는 기구지만 이들의 존립 자체는 국제인권제도와 밀접한 관련이 있다. 국가인권기구가 처음 등장한 것은 1970년대 말부터지만 1991년이 되어서도 전 세계 국가인권기구의 수는 20개가 채 되지 않았다(국가인권위원회, 2013: 4). 오늘날 국가인권기구가 성장할 수 있었던 직접적인 동인은 1991년 국가인권기구의 지위에 대한 원칙('파리원칙')을 채택한 파리회의와 1993년 오스트리아 빈에서 개최된 제2차 세계인권회의이다. 비엔나 세계인권회의 개최 이후 국가인권기구 국제조정위원회(International Coordinating Committee : ICC)가 출범하였고 유엔인권위원회(UN Commission on Human Rights)는 국가인권기구에 대한 국제사회의 지지를 재확인하고 모든 국가가 국가인권기구를 설립하도록 권장하는 취지의 결의문을 채택하였다.[13]

13) 결의문 2005/74(위와 관련하여 유엔 인권위원회에서 가장 마지막으로 채택된 결의문).

파리원칙은 이후 유엔 인권위원회와 총회에서 후속 승인됨으로써[14] 국가인권기구들의 수가 급속히 증가하기에 앞서 각 나라의 국가인권기구가 국제기준에 비추어 적법성과 신뢰성을 갖추었는지 판단하는 최소한의 기준을 마련하였다는 점에서 중요한 의의가 있다. 국제인권제도는 최소한의 국제적 기준을 준수하여 국가인권기구들이 설립되어야 함을 강조하는 한편, 국가인권기구들도 국제인권제도에 기여해야 함을 요구하였다.

우리나라의 국가인권기구 설치에 관한 논의는 1993년 비엔나 세계인권대회에 참가한 민간단체 공동대책위원회에 의해 제기되었다. 이후 민간단체들은 파리원칙에 의한 독립적인 국가인권기구를 설치하기 위한 법률제정운동을 전개하였다. 1998년의 '인권법 제정 및 국가인권기구 설치 민간단체 공동추진위원회' 와 1999년의 '올바른 국가인권기구 실현을 위한 민간단체공동대책위원회' 가 결성되었다. 마침내 2001년 5월 「국가인권위원회법」이 제정공포되어 우리나라에도 국가인권위원회가 설립되었다.

국가인권기구는 나라마다 형태와 기능이 조금씩 다르지만 국가인권기구의 존재 자체는 그 나라의 인권상황이 한 단계 진전되었음을 말해 준다. 우리나라도 국가인권위원회의 출범으로 인권침해 및 차별행위에 대한 조사 및 구제, 교육활동을 벌이는 인권전담 국가기구를 갖게 되었다. 국가인권위원회는 헌법에 보장된 국민의 권리를 옹호하고 각종 정책의 입안과정에서부터 '인권' 이라는 새로운 기준을 제시함으로써 우리의 일상에 '인권' 이라는 새로운 패러다임을 형성하는 데 기여하고 있다(국가인권위원회, 2003: 19-20). 또한 국가인권위원회는 국제기준인 '파리원칙' 에 기초한 가장 모범적인 국가인권위원회로 평가받고 있고 「국가인권위원회법」의 활동방향과 내용은 국제인권법과 국제인권규범에서 찾는 이중적이고 특수한

---

14) 파리원칙은 1991년 10월 7~9일 파리에서 개최된 인권의 증진과 보호를 위한 국가기관 관련 제1차 국제워크샵에서 그 초안이 승인되었고, 이어서 1992년 유엔 인권최고대표사무소 결의문 1992/54, 1993년 유엔 총회 결의문 48/134에 의해 후속 승인되었다.

성격을 지니고 있다.

7) 국제인권법의 국내법적 효력

인권법을 연구하는 사람들의 인권을 바라보는 기준은 크게 나누어서 두 가지 기준이 있다. 그 하나는 헌법을 정점으로 하는 국내법적인 영역이고, 또 하나는 유엔과 국제기구의 인권조약을 포함하는 국제적인 영역에서 국제인권법이다.

국제인권법의 효력은 한 국가의 영역 내에서 당연히 원용되는 국내법과는 달리 국가마다 다를 수밖에 없으며 국제법을 한 국가의 법질서로 편입시키는 것은 개별 국가의 주권사항이며 국가마다 양상이 다를 수 있다. 각국의 헌법 및 판례는 조약의 국내법적 효력순위를 정하고 있어 일률적으로 그 순위를 정할 수는 없다. 전통적으로 국제법과 국내법의 관계를 설명할 때 일원론과 이원론으로 설명한다(정인섭, 2011: 77-79).[15] 일원론은 국제법과 국내법의 관계를 별개의 법체계가 아닌 하나의 법률적인 체계로 인식한다. 이원론은 국가주권 우위에 기초하여 국내법으로의 변형(transformation)을 통하여 국제법의 국내법적 효력을 인정한다(오승진, 2011: 126).

법체계상 국내법에서는 헌법을 능가하는 법체계를 인정할 수는 없지만 인권법의 영역에서는 국제인권법이 헌법을 능가하는 가치를 가질 수도 있다. 왜냐하면 헌법도 필요한 경우에는 국제인권법의 잣대에서 비판될 수 있고, 인권은 인권법의 중요한 특질 중의 하나인 인권의 보편적 가치를 지니기 때문에 국제인권법이 상위의 개념으로 다가올 수도 있다. 하지만 국제인권법이 실정법으로서 국내법적 효력을 가져야만 인권법의 실체적 효력을 기대할 수 있기 때문에, 그런 측면에서 국내법과 국제법의 관계는 이

15) 일원론을 통일설, 이원론을 대립설로 설명하기도 한다(지영환 · 김민진, 2011: 247-248).

원론적으로 보지 아니하고 인권이라는 하나의 틀 속에서 서로 보완적인 관계를 가지는 일원론적 법체계로 이해할 수 있다.

우리 헌법은 국제법 존중주의를 표방하고 있다. 즉 우리나라 헌법 제6조 제1항은 "헌법에 의하여 체결 공포된 조약과 일반적으로 승인된 국제법규는 국내법과 같은 효력을 가진다"라고 규정하고 있어 우리나라가 가입한 조약과 일반적으로 승인된 국제법규가 국내법과 같은 효력을 가진다는 말이다. 이에 따라서 법원은 우리나라가 당사국인 조약이나 국제관습법 등을 직접 적용하여 판결을 내릴 수 있다. 또한 국가인권위원회법 제2조 제1호에서는 "인권이란 대한민국이 가입 · 비준한 국제인권조약 및 국제관습법에서 인정하는 인간으로서의 존엄과 가치 및 권리를 말한다"라고 하여 대한민국이 가입 · 비준한 국제인권규약 및 국제관습법 조약[16]이 국내법상의 효력을 가지게 됨은 의문의 여지가 없다.

다만, 여기에서 헌법 제6조의 '일반적으로 승인된 국제법규'와 국가인권위원회법 제2조 제1호의 '국제관습법'이 과연 무엇을 의미하는 것인지에 대해서는 좀 더 자세히 살펴볼 필요가 있다. 일반적으로 승인된 국제법규는 국제사회에서의 보편적인 규범으로서 세계 대다수의 국가가 승인하고 있는 법규를 말하는 것이고 우리나라에 의해서 승인되어야 하는 것은 아니다.[17]

그런데 구체적인 경우에 어떤 불문의 국제관습법과 일반적으로 승인된 국제법규인지를 누가 결정할 것인지에 대해서는 헌법이 침묵하고 있지만, 우리 헌법의 법리상 국제법규의 해석이 재판의 전제가 된 때에는 법원이 심사권한을 가지며 그 최종해석은 대법원이 하게 된다. 다만, 법률적 효력

16) 여기에서 '조약'이란 일정한 국제법상의 효과를 목적으로 하는 국제법 주체 간의 합의로서 조약 · 협약 · 협정 · 규약 등 명칭을 불문한다(지영환 · 김민진, 2011: 249).

17) 우리나라에서 가입 · 비준한 국제인권조약은 법률과 동일한 효력을 가지고 국내법적인 법원성을 갖기 때문에 여기서는 국제관습법과 일반적으로 승인된 국제법규의 의미에 대해서만 살펴본다.

을 갖는 국제법규에 대해서는 헌법재판소가 위헌법률심사권을 가지기 때문에 헌법재판소가 판단한다(김철수, 2004: 245-246).

그런데 헌법재판소는 '세계인권선언'은 선언적 의미에 그치고 그 국내법적 효력을 갖는 것은 아니라고 하였다.[18] 또한 '경제적 · 사회적 및 문화적 권리에 관한 국제규약(A규약)'과 '시민적 및 정치적 권리에 관한 국제규약(B규약)'에 대해서도 국내법적 효력을 부인하였다.[19] 한편, 공공부문에서의 단결권 보호 등에 관한 국제노동기구의 협약의 효력에 관해서도 일반적으로 승인된 국제법규로서 헌법적 효력이 없다고 하였다.[20] 국내법원의 판결도 헌법재판소와 마찬가지로 국제인권조약의 국내법적 효력을 인정하지 않고,[21] 세계인권선언이 일반적으로 승인된 국제법규라는 주장에 대해서도 국내의 특별입법이 없는 이상 권고적 효력밖에 없다고 판시하였다.[22]

---

18) 국제연합(UN)의 인권에 관한 세계선언은 … 선언적 의미를 가지고 있을 뿐 법적 구속력을 가진 것은 아니고…, 이 기구의 제87호 조약 및 제98호 조약이 국내법적 효력을 갖는 것은 아니지만 … 조약 또는 권고에 나타나 있는 국제적 협력의 정신을 존중하여 되도록 그 취지를 살릴 수 있도록 노력하여야 한다(헌재 1991.7.22. 선고 89헌가106).

19) 1960.10.5. 국제연합교육과학문화기구와 국제노동기구가 채택한 "교원의지위에관한권고"는, "우리의 현실에 적합한 교육제도의 실시를 제약하면서까지 교원에게 근로3권이 제한 없이 보장되어야 한다든가 교원단체를 전문직으로서의 특수성을 살리는 교직단체로서 구성하는 것을 제재하고 반드시 일반노동조합으로서만 구성하여야 한다는 주장의 근거로 삼을 수는 없고, 따라서 사립학교법 제55조, 제58조 제1항 제4호는 헌법전문이나 헌법 제6조 제1항에 나타나 있는 국제법 존중의 정신에 어긋나는 것이라고 할 수 없다"(헌재 1991.7.22. 89헌가106).

20) 국제노동기구 제87호 협약(결사의 자유 및 단결권 보장에 관한 협약), 제98호 협약(단결권 및 단체교섭권에 대한 원칙의 적용에 관한 협약), 제151호 협약(공공부문에서의 단결권 보호 및 고용조건의 결정을 위한 절차에 관한 협약)에 대하여는 우리나라가 비준한 바가 없고, 헌법 제6조 제1항에서 말하는 일반적으로 승인된 국제법규로서 헌법적 효력을 갖는 것이라고 볼 만한 근거도 없다(헌재 2008.12.26. 2005헌마971).

21) 국제인권조약의 직접적용 가능성이 본격적으로 다루어진 가장 중요한 사건으로는 손종규 국가배상청구사건을 들 수 있는데, 이 판결에서는 "시민적 및 정치적 권리에 관한 국제규약 제2조 제3항은 이 국제규약에서 인정되는 권리를 침해당한 개인이 효과적인 구제조치를 받을 수 있도록 당사국에 의무를 부여한 것이지 개인이 이 규약에 의해서 손해배상 등 구제조치를 청구할 수 있는 특별한 권리가 창설된 것은 아니다"라고 하였다(대법원 1999.3.26. 선고 96다55877).

대한민국이 가입한 국제인권조약이 재판실무에서도 온전한 효력을 인정받고 있는지에 대해서는 부정적이라고 할 수밖에 없다.

국제인권법이 국내법과 동일한 효력을 지닌다면 법관은 해당 사건에 반드시 적용해야 한다. 그러나 국제인권법이 국내 법정에서 제대로 적용되고 있지 못하다. 그 원인은 사법부의 기본권 해석에 있어서 국제법규에 대하여 친밀성이 부족하고 국내 법관들이 국제인권조약의 중요성과 특수성을 인식하지 못하기 때문이다(김민진 · 조행난 · 지영환, 2011: 180). 변호사와 법관의 국제인권법에 대한 소양부족이 원인이다. 앞으로는 학자들의 보다 활발한 논의, 사회적 합의와 함께 소송 당사자와 변호사의 적극적인 주장과 원용이 필요하다(박형숙, 2004).

오늘날 인권문제는 한 개별 국가의 문제가 아니라 국제문제로 자리 잡아 가고 있다. 세계 각국은 인권보장을 위해서 여러 가지 국제규범을 만들고 이에 가입한 국가들은 이를 준수할 의무가 있다. 국제인권법의 연구에서는 국제적으로 인정되고 있는 제반 국제인권법의 규정들을 국내법적으로 수용하는 노력이 필요하다.

나아가서 우리나라도 당연히 국제인권조약을 국내 법원의 재판규범으로 원용하는 적극적인 입장을 보여야 할 것이다. 국제인권조약이 국내법적으로 실효적인 규범이 되도록 하는 노력이 광범위하게 이루어져야 한다. 당연히 헌법재판소의 결정과 사법부의 판결에서 국제인권규약에 대한 적극적인 검토와 함께 헌법이 규정하는 '일반적으로 승인된 국제법규'의 범위에 국제관습법을 비롯한 국제인권법규를 포함시키는 노력이 필요할 것이고, 국내 법원은 국제인권조약을 국내 법원의 재판규범으로 원용하는 적

---

22) 국제연합의 "인권에 관한 세계선언"은 일반적으로 승인된 국제법규가 아니므로 국내에서의 특별입법이 없는 이상 이것 또한 권고적 효력밖에 없으므로, 국가공무원법이 공무원의 노동운동을 금지한다 하여 헌법 제6조 제1항에 나타나 있는 국제법 존중의 정신에 어긋나는 것이라고 할 수 없다(서울고등법원 1992.2.14. 선고 89구19296 판결).

극적인 입장을 보여야 할 것이다.[23]

4. 인권법과 인권사회학

인류역사에서 나타난 일련의 인권발전은 온전히 법학의 영역이나 기능만으로는 설명할 수 없다. 예를 들어 종교개혁은 신과의 관계에서 인간의 평등을 이룩했고, 중세의 자연권 사상은 군주주권에서 분리된 천부인권을 이끌어내었다. 18세기 말 영국의 시민계층이 주도한 노예제 폐지운동은 영국의회가 노예무역을 금지하게 하였고, 자본주의의 발달은 강제노동금지협약을 만들었다. 오늘날 인권 NGO들은 독립적인 주체로서 활동하고 있으며 인권협정을 입안하고 감시하며, 대중교육과 캠페인활동, 정보와 전문지식의 제공, 피해자들의 구제, 정부나 의회의 로비를 통한 입법을 유도하는 역할을 하기도 한다. 인권 NGO들의 대부분은 1970년대 헬싱키협정 이후에 설립되었는데 동유럽과 소련에서의 인권감시에 기여를 했다. 또한 인권 NGO들은 1993년 비엔나 세계인권회의, 1995년 북경 제4차 여성회의, 2001년의 인종주의, 인종차별, 외국인혐오 금지 등의 세계회의 성공에도 실천적인 기여를 했다.

인권사회학은 인권과 사회의 관계를 탐구하는 학문이고, 사회 내의 인권현상을 과학적으로 탐구하는 학문이며, 사회적 맥락 속에서 인권의 현상을 사회과학적으로 이해하려는 학문이다. 인권사회학은 일반이론적인 연구방법과 경험적 · 개별적 조사연구로 구분할 인권사회학은 이미 결정된 기존의 가치체계를 당연한 전제로 하지 않고 인권을 사회적 사실로서 객관적으로 관찰하고 탐구하는 것이다. 인권에 관한 사회현상의 과학적 연구에

23) "국내법률이 국제인권법에 위반되면 이를 우리의 헌법이 천명한 '국제법 존중의 원칙(6조 1항)' 을 위반하였다고 보고 바로 위헌을 선언하는 것"이다(박형숙, 2004).

관심이 있고 그 관심은 설명적이며 서술적이다. 인권사회학의 목적은 실용이 아니라 순수한 인식이며 인권사회학의 연구대상은 인권의 개념이 아니라 인권의 사실이다. 인권법학에 비하여 상대적으로 실무적 임무와는 거리가 먼 관찰자의 입장에서 인권과 사회와의 관계와 제도에 대한 체계적인 인식을 추구하는 사회과학이다.

법학은 사회과학의 한 분야로서 사회변동과 그 궤를 같이한다. 법은 사회의 모습을 투영하는 거울이 되기도 하고 사회가 나아갈 방향을 제시하는 전조등의 역할을 하기도 한다. 그러나 법학의 입장에서는 법학으로 설명할 수 없는 사회현상들이 존재한다. 인권과 사회의 연계선상에서 철학적 · 정치적 · 문화적 변인들에 대한 사회현상들을 사회학적으로 연구하고 방향을 제시하는 인권사회학의 연구성과를 인권법학에 도입하여 인권법학에서 달성하지 못한 인권개선의 새로운 시각과 방향을 제시하는 학문으로 활용할 필요가 있다. 인권사회학의 연구결과들은 인권법에 수용하여 인권법의 입법정책에 반영하고 실정법적인 해결이 되도록 노력하여야 한다.

인권법과 인권사회학의 관계에서는 인권법의 존립의 기반이 되는 인권사회학으로부터 철학적 · 논리적 근거를 찾아야 한다. 인권법학에서는 인권사회학의 연구결과들을 수용하여 입법정책에 반영하고 실정법적인 해결이 되도록 노력하여야 한다. 인권사회학에서는 인권법의 실정법적인 성격을 존중하여 인권규범들이 현실적인 인권신장으로 연결되도록 하는 노력이 필요하다.

제 3 부

인권의 현실

제 7 장

한국인권의 역사

| 이정은(성공회대학교 동아시아연구소) |

1. 한국사회에서의 '인권'

인간의 권리는 존재론적이며 철학적인 개념에 근거하고 있다. 그래서 인권이 현실사회에서 실현되고 구현되는 데에는 그 사회가 처한 조건에 따라 매우 복잡하다. 다양한 주체들이 자신의 권리를 주장하지만 그것은 '인간' 이라는 공통점에 근거해서 일 뿐, 현실사회에서 인권문제를 둘러싼 해석과 논의는 복잡 · 다양하다. 신이 지배하던 사회에서 인간 중심의 사회로 변화된 후, 신학적 · 철학적 관점에서 인간의 존엄함과 명예로움, 가치를 논하는 것과 인권을 수단화하여 정치적 목적을 달성하고자 하는 현상은 구분해야 한다. "어떤 인간이 인간적인가"에 대한 문학적 · 심리학적 · 인류학적 이해와 법조문을 중심으로 하는 법학의 인간권리 해석은 그 틀을 달리할 수밖에 없다.

인권은 특히 근대 국민국가 형성기에 통치의 합리성을 위해 제도적으로 공식화되었기 때문에, 인권사회학에서는 인권정초주의(定礎主義), 인권근본주의적 시각(foundationalism)과는 거리를 두고자 하며 법실증주의적인 관점 또한 비판적으로 검토하고자 한다. '인권' 개념으로 사회를 분석한다는 것은 현실사회에서 '인권' 으로 통용되는 현상을 '사회적 사실(social fact)' 로 보고, 그런 현상이 발생하게 되는 원인과 구조를 밝히는 작업이다. 그럴 때에 한 사회가 설정해 놓은 인간에 대한 차별과 배제, 인정과 상호승인의 사회적 관계를 좀 더 면밀히 파악할 수 있다.

최근 새로운 방법론으로 등장한 인권에 대한 사회학적 접근은 인권이라는 의제(agenda)를 둘러싼 세력관계와 담론형성과정, '구성된 인권' 을 탐구대상으로 하고 있다. 그래서 인권은 출생과 함께 부여받은 권리가 아니라, 부르주아 민주주의의 시작과 동시에 획득된 권리이며, 민주주의 발전에 따라 국가와 시민사회, 국제체계의 상호관계 속에서 내포(內包,

intention)와 외연(外延, extension)이 확대되어 가고 있는 권리이다.

그렇다면 한국사회에서 인권은 어떠한가, 어떤 과정을 거쳐 변화되어 왔는가, 인권의 역사는 어떻게 기술될 수 있는가? 인류역사 전체를 보면, 인권은 점진적 발전과 확대의 과정을 밟아온 것으로 이해되지만, 어느 한 시기도 그런 단선적인 발전을 보이지는 않는다. 특히 한국과 같이 인권이 먼저 제도로서 마련된 후, 그 제도를 현실화시켜야 했던 국가에서는 인권의 발전, 인권운동의 성장은 당대의 정치적이고 역사적인 국면에 따라 다르게 이뤄져 왔다. 따라서 이 장에서는 한국사회에서 인권이 논의되어 온 역사적 과정, '인권'으로 발화되거나 해석되어 온 현상들로 인권 개념의 형성논리를 추적하여 인권의 현재적 의미를 파악하고자 한다.

이 과정에서 '한국인권의 역사'의 출발을 어느 시기로 볼 것인가가 문제가 될 수 있다. 동아시아 인권론을 펴는 학자들은 전통적인 민본사상이나 유교사상에도 인권과 유사한 개념이 있다거나, '중용'이나 '덕치'에도 인간존중의 의미가 포함되어 있다고 주장한다. 그러나 인권이 근대 국민국가를 형성하는 과정에서 보편화 · 정식화된 점에 주목하여 이 글은 해방 후 대한민국 형성기를 인권의 역사적 출발기로 본다. 인권이라는 개념이 어떤 과정을 거쳐 국민들에게 인식되는지, 어떤 계기들을 통해 인권운동으로 나아갈 수 있었는지를 총체적으로 살펴보도록 한다.

2. 1950~60년대 인권제도의 도입

1) 해방 후 인권에 대한 관심과 제헌헌법

1945년 해방 후 3년간의 미군정기 동안 인간권리에 대한 인식은 제도적으로 일부분 확대되었다. 공창제가 폐지되고 여성부의 전신인 부녀국이 조직되었으며(황정미, 2002) '인민의 권리'가 선포되었다. 그러나 그런 제도들은 미군이 지배하는 과정에서 형식적인 조건으로, 미군정은 패전국인 일본을 점령하면서도 조선과 유사한 형식의 법제들을 제정 · 공포하였다. 그 법제들은 인간의 권리향상을 위한 것이었지만 현실사회에서 어떻게 실현될 것인가는 별개의 문제였다. 당시 미군은 대한민국의 제정헌법에 포함되어야 할 내용으로 '조선인민의 권리에 관한 포고'를 발표(1948.4.5)하였다. 그러나 이때의 인민은 미국의 반공정책에 의한 '선별화된 인민'을 가리키는 것이었다.

식민지로부터 해방된 후 조선에서는 1945년부터 1948년 정부수립 이전까지 어느 시기보다 다양하고 급진적인 인간의 권리에 대한 요구들이 있었다. 절대평등이나 8시간 노동제 등 오늘날의 시각으로도 매우 급진적인 내용들이 많았다. 당시에 그런 권리들이 비록 사회적으로 통용되지는 않았지만, 새로운 사회를 구상하는 과정에서 좌우이념에 관계없이 인간의 권리가 중요하게 인식되었다는 사실에 주목해야 할 것이다.

〈표 1〉 해방 직후 각 정파의 강령에 나타난 권리규정

당 및 조직명	강령 / 정강 / 행동강령 / 당면정책
조선건국 준비위원회 (1945.8.25.)	• 완전한 독립국가 건설 • 전 민족의 정치 · 사회적 기본요구를 실현할 수 있는 민주주의 정권수립 • 일시적 과도기에 국내질서 자주적 유지, 대중생활 확보
조선인민 공화국 (1945.9.14.)	• 언론, 출판, 집회, 결사 및 신앙의 자유 • 18세 이상 남녀인민(민족반역자는 제외)의 선거권의 향유 • 모든 특권 말살, 전 인민의 절대평등 • 부인의 완전한 해방과 남녀동권 • 8시간 노동제(만 14세 이하 소년 근로금지, 만 18세 이하 청년노동은 6시간제) • 표준생활에 의한 최저생활의 확보 • 최저임금제 확립 • 생활필수품의 공정평등한 배급제도 확립 • 부양, 보건, 위생, 오락, 문화시설의 대확충과 사회보장제도 실시 • 국가부담에 의한 의무교육제 실시

한국민주당 (1945.9.8.)	• 국민기본생활 확보 • 교육 및 보건의 기회균등 • 언론, 출판, 집회, 결사 및 신앙의 자유
남조선노동당 (1946.9.4.)	• 조선의 일반 근로인민의 정치 · 경제 · 사회적 이익 옹호, 그들 생활의 급진적 개선을 위해 투쟁 • 조선민족의 완전한 해방과 봉건적 잔재 일소 • 조선인민의 이익을 존중하는 혁명적 민주주의적 인민정부 확립
인민공화당 (1946.6.)	• 4대 자유(민족자유, 정치자유, 경제자유, 사상자유)의 신민주공화국 건립 • 인민의 언론, 출판, 집회, 결사, 신앙 및 신체의 자유를 보장 • 노동시간을 축단하며 노동에 관한 각종 사회보험사업을 실시 • 부녀의 정치, 경제, 사회상 권리와 지위는 남자와 일률 평등 • 아동의 보육사업을 실시하고 童工制를 금지 • 인민의 의무교육, 직업교육과 사회보험사업을 국가경비로 할 것
건국부녀동맹 (1945.8.17.)	• 남녀동등의 선거 및 피선거권 • 언론출판 · 집회결사의 자유 • 남녀임금차별 철폐 • 공·사창 및 인신매매 철폐 • 임산부에 대한 사회적 보호시설 실시 • 여성의 대중문맹과 미신타파

출처 : 송남헌, 『해방삼년사 I, 1945-1948』, 1985에서 재구성.

그러나 인권을 보장하기 위해서는 단지 조직의 강령을 선포하는 것으로는 불충분했다. 해방 이후 새로운 국가를 만들기 위해서는 관행과 실천, 법제를 정비하여 인권을 제도화하여야 했다. 형사사법 절차에서의 인권보호, 가정과 사회에서 사회적 약자의 보호 등을 법률로 규정해야 했고, 무엇보다 모든 국민의 기본권을 헌법에 명문화해야 했다. 대한민국 정부를 수립한 후, 헌법에서 기본권의 형태로 국민의 권리와 의무를 상세하게 규정하면서부터 인권은 공식화되었다고 할 수 있다.

1948년 정부수립과 함께 제정된 헌법 조항들은 제정과정에서부터 많은 논쟁이 있었지만, 국민국가라면 완벽하게 갖추어야 할 '기본적 장치' 로서의 성격이 컸다.[1] 그러나 제도상으로는 권리항목들이 거의 완벽하게 갖춰져 있었다고 할 수 있지만, 1980년대 후반에 이르기까지 기본적인 신체

1) 대한민국 헌법제정과정의 논쟁과 역사에 대해서는 이영록, 『우리 헌법의 탄생』, 서해문집, 2006 참조.

의 자유, 사상과 양심의 자유를 비롯하여 이미 법제로 규정된 권리들은 다시 현실적인 것으로 '쟁취' 되지 않으면 안 되었다.

〈표 2〉 제헌헌법에서의 기본권 규정

기본권 구분	제헌헌법 내용
모든 국민의 법률 앞의 평등	• 성별 신앙 또는 사회적 신분에 의하여 정치 · 경제 · 사회적 생활의 차별금지 • 사회적 특수계급제도 불인정
신체의 자유	• 법률에 의하지 않은 체포, 구금, 수색, 심문, 처벌과 강제노역 금지 • 체포, 구금, 수색에서의 영장제, 변호인 조력권 • 범인의 도피 · 증거인멸의 염려가 있을 때는 사후영장 청구가능
참정권 및 재산권	• 소급입법에 의한 참정권 제한 및 재산권 박탈 금지
거주이전의 자유	• 거주이전의 자유와 주거침입 수색의 불가침
신앙 · 양심의 자유	• 통신의 비밀보장, 신앙 · 양심의 자유, 종교는 정치로부터 분리
언론 · 출판 · 집회 · 결사의 자유	• 언론 · 출판 및 집회 · 결사의 자유를 제한 금지
학문 · 예술의 자유	• 저작자, 발명가, 예술가의 권리 보호
재산권 보장	• 공공복리에 적합하도록 재산권 행사
교육권	• 모든 국민의 균등한 교육권, 초등교육 의무 · 무상교육 • 모든 교육기관은 국가의 감독을 받음
근로의 권리	• 근로조건의 기준은 법률로 정함. 여자와 소년의 근로는 특별보호를 받음
근로자의 단결권	• 근로자의 단결, 단체교섭권, 단체행동의 자유 보장 • 사기업에 대해 근로자는 이익분배 균점권을 가짐
생활무능력자의 보호	• 노령 · 질병 · 근로능력 상실로 인한 생활유지 무능력자는 국가의 보호를 받음
혼인의 남녀동권	• 혼인의 순결과 가족의 건강은 국가의 특별보호를 받음
청원권	• 국민의 청원에 대한 국가의 심사의무, 재판받을 권리, 이중처벌 금지, 형사피고인의 공개재판권, 구금된 자의 무죄판결에 대한 국가보상청구권
선거권	• 공무원 선거권, 공무담임권, 불법공무원에 대한 파면청원권

출처 : 『대한민국헌법(제정 1948.7.17. 헌법 제1호)』(http://klaw.go.kr).

2) 정부의 정당성 획득을 위한 '인권사업'

(1) 이승만 정부의 '반공'과 '승인'으로서의 인권

국민의 인권보장을 헌법상의 기본권으로 명문화한 1948년은 세계인권선언이 선포된 해이기도 하다. 유엔은 1948년 12월 10일에 세계인권선언을 선포하고 기념일로 지정하였다. 그러나 식민지로부터 해방되어 미·소 군정의 지배 아래 있던 남북한은 유엔회원국이 아니었으므로 세계인권선언의 작성과 선포과정에 참여할 수 없었다. 다만 신문을 통해 그 과정이 소개되었으며 한국 정부는 1950년부터 세계인권선언 선포를 기념하는 행사를 시작하였다.

하지만 1950년 12월이라면 한국은 특별하면서도 긴박한 상황에 놓여 있던 때였다. 한국전쟁이 한창이어서 대부분의 국민들이 불안과 굶주림에 처해 있으면서 인간권리 자체가 위협받는 상황이었다. 그런 시기에 인권선언기념행사란 사실 어울리지 않는 것이었다. 그러나 한국 정부는 1950년부터 2003년까지 한 해도 거르지 않고 정부의 공식적인 기념일로 행사를 치렀다.[2] 이 시기에 중요한 국가기념일로 '유엔의 날'이 있었던 것을 상기해 본다면, 이런 상황은 쉽게 이해할 수 있다.

정부는 1945년 10월 24일 국제연합 창설을 기념하기 위하여 제정된 국제연합일(United Nations Day, 유엔데이)을 1950년부터 기념하기 시작하였다. 유엔은 "남한이 유일한 합법정부임을 승인"하였고 한국전쟁에 참전하여 "북한괴뢰군을 무찌르고 자유민주주의를 전파"한 존재였다. 남북한

---

2) 대한민국 정부는 정부수립 이후 가장 먼저 "민족의식과 민족정기를 고취하기 위하여" 법률 제53호 「국경일에 관한 법률」을 제정 · 공포하였지만(1949년 10월 1일), 그 밖의 기념일에 대해서는 그 후 20여 년이 지나서야 법제화하였다. 이 시기는 기념일에 관한 규정조차 없던 때여서, 인권기념일이 국가의 공식적 기념일로 정해진 것은 1973년 3월 30일 제정 · 공포된 대통령령 제6615호 「각종 기념일 등에 관한 규정」에 의해서였다.

이 이념갈등으로 분단되어 각각의 정부를 수립한 상황에서 남한은 정통성 문제를 유엔에서의 승인 여부로 주장하고 있었다. 그러므로 남한의 현실과는 상관없이 유엔의 날과 세계인권선언일은 정부가 자유와 민주주의의, 반공과 정부의 정통성을 주장할 수 있는 날이었던 것이다. 또한 사회주의에 대한 자유주의 체제의 정당성과 우월성을 선전하기 위한 목적도 있었고, 북한의 전쟁책임, 중공의 개입을 고발 · 비판하려는 의도도 있었다. 그러니까 전쟁상황에서 인권을 기념하는 것은 서로 어울리지 않는 조합이었던 것이 아니라, 한국전쟁기였기 때문에 인권의 날을 기념할 수 있었던 것이다.

중공군의 개입으로 전세가 역전된 1950년 인권의 날에 이승만 정권은, "이 날을 기념하는 것은 세계제패의 야망을 가진 소련, 중공 공산주의 세력의 한국침입을 분쇄하고 공산주의의 인권유린으로부터 인류를 구하기 위해서"라고 역설하였다.[3] 한국전쟁 이후에도 정치적으로나 경제적으로 미국의 원조에 절대적으로 의존할 수밖에 없었던 구조에서, 이승만 정부에게 인권의 날은 공산주의에 대한 강도 높은 비판으로 인간권리와 자유주의가 대대적으로 홍보될 수 있는 날이었다.

이 행사는 1951년부터 '인권주간'으로 확대되었지만, 강연회나 좌담회, 라디오방송, 웅변대회 등 인권선언일 행사가 정부만의 기념일로 진행되는 것에 대해 언론으로부터 지속적인 비판을 받았다. 현실에서는 국가보안법을 개정 · 확대해 가며 국민들의 기본권을 억압하고 폭력을 휘두르면서도 '인권옹호'라는 구호를 이용한 형식적인 행사는 국민들로부터 외면받을 수밖에 없었다.

(2) '조국근대화'와 국가정통성 확립의 수단

인권주간의 형식적인 행사는 박정희 정부에서도 지속되었다. 박정희

3) "어제는 인권기념일, 중공 격멸에 한층 분기하자" 조선일보, 1950.12.11.

군부세력은 집권 1년 후인 1962년 5월 21일에 법무부 인권과의 전신이 되는 '인권옹호과' 를 신설하고 인권옹호 관련 법제를 정비하였다. 대한민국 설립 이후에 인권 관련 업무는 검찰국 정보과에서 담당하던 것을 "인권옹호에 관한 제도적 기초를 확립하여 자유우방국가 못지않은 인권옹호활동을 위한 것"이라며 인권전담부서를 신설하였다.[4]

신설된 인권옹호과의 소관업무는 ① 인권침해사건에 대한 정보수집 및 조사, ② 인권옹호단체의 감독과 조성, ③ 빈곤자의 소송부조, ④ 기타 인권옹호에 관한 사항 등이다. 또한 「인권침해사건처리규정」을 제정하여 지방마다 인권상담소를 설치하고 인권침해사건 조사와 법률상담을 담당하도록 하였다.[5] 범죄혐의로 인정될 정도의 심각한 문제를 인권침해라고 규정하던 것에서, 범죄혐의가 없더라도 인권침해 사실을 인정할 수 있을 때에는 피해자를 구제하기 위한 조치를 취하도록 하였다. 그러나 인권침해 사실을 인정한다고 하더라도 침해자에 대한 권고, 관계 관서에 대한 통보 등의 조치만을 취할 수 있었기 때문에, 인권에 대한 인식이 낮았던 당시에 영향력은 거의 없었던 것으로 보인다. 국민의 인권의식이 높아졌고 언론과 시민단체 등이 항상적으로 감시활동을 하는 오늘날과 달리 당시에는 쿠데타로 정권을 잡은 군사정권의 권고가 그 자체로 정당성 논란에 휘말릴 수 있는 것이었기 때문이다.

또한 법무부가 「인권침해사건처리규정」 등을 만들기 이전부터 검찰청에서는 공식적인 법령으로 규정되지 않았을 뿐 인권상담을 하고 있었다. 그러나 이 시기 인권상담이나 조사와 관련된 다양한 규정들은 법률이 아닌 '행정명령' 이었다는 점이 중요하다. 국민을 대표하는 입법부가 제정한 법률이 아닌 대통령령이나 법무부령은, 대통령이나 장관의 영향력에 따라 쉽게 개폐될 수 있는 것이었다. 따라서 인권 관련 규정을 행정명령으로 처리

4) 법무부, 『인권연보』, 1962, pp.11-15.
5) 1962.9.21. 법무부령 제48호로 제정 · 공포, 그해 10월 1일부터 시행했다. 『관보』 제3253호.

했다는 것은, 국민의 인권을 보호하기 위한 장치들이 그만큼 가변적이고 허약했음을 뜻한다.

박정희 정부는 인권잡지인 『인권연보』(1962~71)를 발행하고 인권주간 행사를 확대하며 인권홍보활동을 강화하였다. 이때 박정희 정부는 '조국의 근대화 달성'이라는 목표를 위해 인권을 적극적으로 활용하며 국민통합논리로 사용하였다. 박정희 정부 초기에는 인권과 혁명과업을 연결지어 설명하면서 '민주주의'와 '인권'을 강조하기도 하였다. 5·16쿠데타 직후 "전 국민에게 혁명과업협력을 호소"하는 자리에서, 쿠데타 이후의 '용공분자'와 '반혁명분자'에 대한 검속이 "자유와 평화를 애호하는 국민의 기본인권을 옹호하기 위해서 단행하는 조치"이며, 언론에 대한 통제도 "진정한 언론의 자유와 여론의 순화를 위한 것"이라고 주장했다.[6] 5·16쿠데타가 4·19혁명을 계승한 것으로, 민주주의와 인권을 보장하기 위한 것이라는 식의 호소는 제3공화국으로까지 그대로 이어졌다.[7]

박정희 정부가 인권과 반공, 조국근대화를 연결시키기 시작한 것은, 당초의 약속대로 민정이양을 하지 않고 직접 제3공화국의 대통령 선거에 출마하여 당선된 이후부터이다. 박정희 정부는 군사정권의 정당성을 획득하고 반공을 통해 미국의 승인을 얻으며 경제발전, 잘사는 나라를 만들어야 한다며 국민을 통합하는 원리로 인권의 중요성을 활용했다. 국가경제가 선진국과 같은 수준으로 발전하면 국민의 기본권과 존엄성이 보장된다는 경제성장담론은 박정희 정부 시기에 일관된 것이었다.[8]

특히, 경제성장과 근대화를 '자유권적 인권'에서 '생존권적 인권'으로 변화·발전시키기 위한 것이라며 경제발전5개년 계획도 인권과 연결시켜

---

6) (국가재건최고회의의장) "전국민에 혁명과업협력을 호소"(1961.5.24), 한국군사혁명사편찬위원회 편, 1963, 『한국군사혁명사 제1집(하)』, p.34.
7) "박정희의장기념사" 『인권연보』, 1962, pp.106-107.
8) "1968년 인권주간 대통령 치사" 중, 『인권연보』, 1969, pp.166-167.

강조하였다.[9] 경제적인 안정과 더불어 박정희 정부가 강조한 것은 인권보장을 국가안보와 연결시킨 것이다. 실제로 안정적으로 국민의 인권을 보장하기 위해서는 국가안보가 중요하지만, 많은 개인적 자유가 억압된 상황에서 인권사회는 곧 공산침략을 무찌르는 것이라는 논리는 인권을 정치적으로 이용한 대표적인 예라고 할 수 있다.[10]

이와 같이 인권담론을 활용한 동원된 국민통합은 갖가지 국민적 상징과 의례에 대한 열광으로 겉으로는 견고해 보였지만, 오히려 내적으로는 동원된 상징에 대한 거부감과 저항 때문에 쉽게 균열되는 취약한 구조를 가지고 있다. 박정희 정부에서 경제담론, 안보담론을 이용한 인권논의는 다양한 형태의 관제 행사나 기념식, 경기대회 등으로 점철된 '박제화된 인권' 의 형태를 이루게 되었다.

3. 인권운동의 전사(前史)

1) 4·19혁명과 민간의 저항

(1) 4·19혁명 이후의 변화

4·19에 대해서는 지금도 '혁명이냐 정변이냐' 의 논쟁이 지속되고 있지만, 사회변혁운동의 관점에서는 부정(不正)한 정부에 저항하여 권리를 쟁취하고자 했던 인권운동으로 평가할 수 있다. 4·19혁명은 이승만의 퇴진으로 완결된 것이 아니라, 이승만 정부 붕괴 이후 등장한 다양한 움직임들이 혁명을 심화, 발전시키려 한 것이라고 할 수 있다. 특히 인권과 관련시켜

9) "인권선언 13주년, 박정희 의장 기념사: 기본인권을 보장, 결핍으로부터의 해방이 절실" 조선일보, 1961.12.10.

10) "인권주간 박정희 대통령 치사" 『인권연보』, 1969, p.167.

보면, 4·19혁명은 프랑스혁명의 인권선언이나 미국독립전쟁의 독립선언 같은 가시적 성과를 남기지는 못했지만, 박정희 정권이 등장하기까지의 짧은 시간 동안 국가가 독점했던 민주주의와 인권담론에 균열을 가할 수 있었던 것이다.[11]

4·19혁명의 직접적인 계기는 '3·15부정선거' 에 있었지만, 구조적으로는 1950년대의 사회적 모순이 누적되어 분출된 것이었고 학생들의 저항이 사회적인 저항을 이끌어냈다. 특히, 4·19혁명을 인권운동의 연장선상에서 설명할 수 있는 것은 한국전쟁 당시 민간인학살 재조사 요구를 보면 명확해진다. 4·19혁명이 일어나자 한국전쟁 이후 숨죽여 살아왔던 민간인학살 피해자 가족들이 유족회를 결성하고 진상조사를 요구하기 시작하였다.[12]

한국전쟁 기간인 1951년 봄, 경남 거창과 산청 · 함양 등지에서 있었던 민간인학살과 제주 4·3항쟁에 대한 도민들의 진상조사요구 등이 대표적이다. 현지 주민 수천 명이 공비토벌 작전 중인 군부대에 의해 집단학살당한 이 사건은 이승만 정권에 의해 숨겨지거나 왜곡되어 오다가 4·19혁명 직후인 1960년 5월 11일, 거창민간인학살 당시 무고한 주민을 빨갱이로 몰아 죽게 한 면장을 분노한 유족들이 살해하는 사건이 발생했다. 수사당국은 이 사건의 주모자를 찾아내기 위해 유족 20여 명을 연행했지만, 주민들은 서로 자기가 주범이라고 주장하여 사건은 그대로 종결되었다.[13]

1960년 6월과 8월에는 '경북지구피학살자 유족연합회' 와 '경남지구피학살자 유족연합회' 가 결성되었고 국회에서도 1960년 5월 '양민학살 진

11) 반공과 승인으로서의 인권담론에 대해서는 이정은(2013) "한국인권운동의 토대형성" 『역사비평』 제103집 참조.

12) 현재 한국사회에서는 '양민학살' 과 '민간인학살' 이 함께 사용되고 있으나, '양민학살' 이라는 말은 양민에 대한 학살은 부당한 것이고, 양민이 아닌 불량민, 비국민에 대한 학살은 정당하다는 결론으로 유도될 수 있으므로, 국제적으로 통용되는 '민간인(civilians)' 이라는 말을 사용해야 한다는 주장이 있다. 이에 대해서는 김동춘, 『민간인학살문제 해결을 위한 경남지역모임 발족세미나』 자료집, 2000 참조.

13) 김기진, 『끝나지 않은 전쟁, 국민보도연맹』, 역사비평사, 2002 참조.

상조사 특별위원회'가 구성되었다. 그러나 국회특별위원회는 토벌의 주역이 조사반장을 맡는 태생적 한계가 있었으며 조사에 착수하려는 시기에 5·16쿠데타가 발발하면서 조사는 중단되었다. 그 후 1999년에 AP통신의 보도로 노근리 사건이 알려지기까지 40여 년 동안 이들은 다시 '빨갱이 가족'으로 숨죽여 살아야 했다. 4·19혁명은 미완의 혁명으로 남게 되었지만, 민간인학살진상규명운동과 더불어 인권을 지키기 위한 민간의 움직임은 계속되었다.

(2) 민간의 인권제도 활용

민간에서 정부의 인권제도를 활용한 예로는 인권옹호단체의 조사활동을 들 수 있다. 대부분의 인권옹호단체들은 시대적 여건상 정부에 등록되어 감독과 통제를 받았다.[14] 그러나 정부가 관리 · 감독한다고 하여 이들 단체 모두가 국민들로부터 불신을 받았던 것은 아니다. 단체의 성격에 따라 국민들은 인권옹호단체에 상담을 요청하거나 인권침해를 호소하여 인권문제를 해결하고자 하였다. 그중에서도 1956년에 '여성법률상담소'로 창립된 가정법률상담소는 혼인신고를 하지 않아서 제도적으로 피해를 받는 여성들을 위해 혼인신고의 중요성을 알리고 권리에 무지했던 여성들이 구제받도록 하는 데에 일조하였다.[15]

1961년도에 사단법인 허가를 받은 한국인권옹호협회도 정부의 조작사건인 인혁당 사건의 피해자들이 고문을 당한 사실을 폭로하였고 '파주나

---

14) 1967년 8월 1일 제정된 '인권옹호단체감독규정(법무부령 제101호)'으로 관리 · 감독을 받은 '인권옹호단체'는 모두 법률에 의해 권리와 의무의 주체로 인정받은 사단법인들이었다. 여기에는 국제인권옹호한국연맹, 한국인권옹호협회, 한국법률구조협회, 한국여권옹호총회, 가정법률상담소, 부산가정법률상담소 등이 있었다.

15) 1961년 12월 인권주간을 이용해서는 전매청 의주로 공장과 태창방직 여성들을 위해 출장상담을 나가기도 하였다. 한국가정법률상담소 편집부, 『한국가정법률상담소 30년사』, 1987, 홈페이지(http://lawhome.or.kr) 참조.

무끈 사살사건' 이라고 불리는 미군의 민간인 사살문제를 직접 조사하기도 하였다.[16] 그런 조사들이 가능했던 것은 사건이 발생하자마자 인권단체를 찾아 진정한 피해자들과 법률전문가로 구성된 인권단체가 권리에 무지했던 이들을 계몽하고 그들의 인권을 보호하기 위해 적극적으로 나섰기 때문이다.

형식적인 인권주간을 민간에서 적극적으로 활용한 예로는 시내버스 여차장들이 집단적으로 기업주의 횡포를 고발한 것을 들 수 있다. 그들은 스스로가 장시간 노동, 낮은 임금, 엄격한 숙사생활로 인권을 침해받고 있다며 서울시에 진정하면서 본격적으로 다루어졌다. 1966년 2월, 여차장 100여 명은 자신들이 소속되어 있는 회사에서 인권을 유린당하고 있다며 시정해 줄 것을 호소하였다. 그들이 받는 인권침해의 내용은 군대보다도 더 엄한 합숙생활(식대공제)과 18시간 노동, 1주일에 단 한 번의 외출과 벌금제도 등에 대한 것이었다. 또한 여차장들 중 일부가 일명 '삥땅' 을 하였다고 하여 모두 도둑취급을 받고 있으며 개인별 편지의 검관 · 개봉까지 당하고 있다는 것이었다.[17] 여차장들의 진정으로 1966년 12월 인권주간에 대한 변호사협회 인권옹호위원회는 서울특별시 부녀과와 공동으로 일반버스 여차장의 근로실태를 조사하였고 수사당국은 검찰의 경고에도 불구하고 여차장의 몸을 수색한 버스회사를 인권주간에 입건하였다.[18]

이런 집단적인 요구 이외에도 억울한 일에 대해서는 개별적으로 호소하였는데 그 통로의 하나가 인권상담소였다. 그리고 개별화된 피해자들이 자신의 목소리를 낼 수 없을 때에 언론은 그들의 문제를 공론화시키는 역할을 하였다.

---

16) 『관보』 제2962호(1961.9.25.), 법무부 공고 제71호.

17) "나이 어린 여차장에게도 인권은 있다" 조선일보, 1966.2.10.

18) "(서울판)인권무적자, 여차장백서: 신분보장 전혀 없고 몸수색 · 굶주림 밥먹듯, 돈만 나오면 무조건 파면" "여차장 몸수색 첫 입건" 조선일보, 1966.12.13.

파주나무꾼 사살사건에 대한 인권옹호협회의 진상조사

파주나무꾼 사살사건은 1962년 1월 6일, 임진강 주변에서 땔감을 구하기 위해 출입금지구역에 들어간 농민이 미군에 의해 살해된 사건을 일컫는다. 사고 직후, 미군당국은 "비무장지대에 들어온 나무꾼 2명이 경찰병의 한국어 정지명령을 어기고 도주하여 간첩으로 간주하여 사살하였으며 미군의 공무집행권 내 속한 행동이라 문제없다"고 발표하였다. 사람들도 비무장지대에 들어간 사람들의 잘못이기 때문에 의례히 사살당했거니 했다. 그러나 유가족들이 한국인권옹호협회에 진정을 하고 조사단이 현지조사를 한 후, 사건은 미군의 발표와 다르다는 것이 드러났다. 조사결과, 첫째 비무장지대가 아니라 미군부대 주변의 출입금지구역에 들어가 사살당한 것이고, 둘째 한 명은 나체로 사살되었으며, 셋째 산발탄인 엽총에 의해 사살된 것으로, '가혹한 사살'이었다고 발표하였다. 당시 같이 나무를 하러 갔던 마을사람들은 "우리가 잘했다는 것은 아니다. 그러나 빨리 나가든가 그 자리에 멈추라고 위협사격을 한 정도가 아니라, 수십 명이 포위해서 마구 사격을 한 것이 오리사냥 같았다"고 했다. 조사반은 "피해자들이 출입금지구역에 들어간 것은 사실이지만, 미군순찰병들의 행위는 합리화될 수 없는 범법행위로 단정할 수밖에 없다"며, "특히 엽총으로 빨가벗긴 후 도망가는 것을 쏘았다는 사실은 중대한 문제"라고 유감의 뜻을 표했다.

사건을 조사한 인권옹호협회는 한미관계 자체를 문제삼은 것은 아니었기 때문에, 진상조사 결과를 발표하는 과정에서 대미우호관계를 생각해서 '잔인' 대신 '가혹'으로, '살인행위'를 '과잉대처'로 바꾸어 보도했다. 그랬는데도 북한의 선전자료가 되어 합동조사본부장은 한국인권옹호협회 측에 신중을 부탁했다. 사건을 맡은 박한상 변호사는 본부장에게 나무꾼이 벌거벗고 죽어 있는 사진을 꺼내보이며 "공개하면 대미감정을 상하게 될까 봐서 공개 안하고 있는 것이다"고 하자 본부장도 문제의 심각성을 깨닫게 되었다고 한다. 한국인권옹호협회는 '명백한 살인행위'라는 정식항의문을 미대사와 '메로이' 유엔군사령관에게 제출했고 공교롭게도 항의문을 제출함과 동시에 '메로이' 장군은 "유가족들에게 위자료를 지급하는 수속을 서두르겠다"며 성명서를 냈다. 그러나 위자료 청구를 하기도 전에 미군은 개인적으로 위로금을 지불하고자 하였고 위자료 보상청구에 대해서는 지불불가 입장을 밝혔다.

이런 인권옹호협회의 일련의 활동은 미군의 횡포에 대한 비판으로만 정리되었지, 주민들의 연료문제를 해결해 주지 않는 정부에 대한 비판으로 나아가지는 못했다. 정부로부터 관리감독을 받는 사회단체로서 그런 활동이 허용되지도 않았을 뿐더러, "한미행정협정의 체결을 촉진하여 한미양국 간의 우호관계를 더욱 돈독히 하는 데 공헌하였다"고 자평하였다. 불평등한 한미관계를 문제 삼기보다, 행정협정이 체결되는 데에 영향력을 행사한 것에 만족하였다. 그도 그럴 것이, 1950년대부터 줄곧 정부나 사회단체가 가장 곤혹스럽게 생각한 것이 미군으로부터 받은 피해를 법적으로 구제할 방법이 없다는 문제였기 때문이었다.

※ 자료참조 : 오소백(吳蘇白) 편저, 『우리는 이렇게 살아왔다』, 광화문출판사, 1962, pp.411-416.

2) 노동운동과 종교계의 인권운동

서울 평화시장 재단사였던 전태일이 1970년 11월 13일, 노동자들의 처지개선을 요구하며 분신한 사건은 노동자들의 '인간선언'으로 한국인권사에서 기록될 일이다. 1960년대 이후 노동자들을 희생으로 삼은 저임금 경제정책 속에서 소외된 노동자들은 빈곤의 악순환에 놓여 있었다. 그런 상황에서 전태일은 청계천 평화시장에서 일하는 나이 어린 노동자들의 처지를 개선하기 위해서 근로기준법을 공부하여 관계당국에 진정을 내기도 하였다. 그러나 계속되는 무관심과 홀대에 결국, "근로기준법을 준수하라!", "우리는 기계가 아니다! 일요일은 쉬게 하라!"며 분신하였다.

전태일이 분신했던 1970년대 당시 한국은 '조국근대화'라는 기치 아래 급속한 경제성장이 이뤄지고는 있었지만, 그것은 온갖 특혜와 정치자금이 거래되는 정경유착 속에서 기형적으로 발전한 것이었다. 산업화로 대거 도시로 이동한 하층농민과 도시빈민을 착취하는 구조에서 기업은 정부의 특혜로 고속성장할 수 있었다. 이런 조건에서 생계를 위해 상경한 전태일은 새벽에는 구두닦이, 낮에는 시다, 밤에는 껌팔이를 하며 일을 했지만 생활은 나아지지 않았다. 평화시장의 시다로 취직한 뒤에도 장시간 노동과 불량한 작업환경에서 아무리 열심히 일을 해도 생활이 나아지지 않자, 그는 노동조건을 개선할 수 있는 길로 극단적인 선택을 했던 것이다.

전태일의 분신은 노동문제의 심각성에 대한 사회적 관심을 불러일으켜서 노동자들 스스로가 자신들의 절박한 요구를 해결하기 위해 나서도록 하였고 지식인들의 노동운동 참여를 촉구하는 계기가 되었다. 전태일의 분신은 1950~60년대를 거치며 형성된 도시빈민층이 계속되는 궁핍과 착취구조에서 벗어나기 위한 인간선언이었고 노동자 스스로의 자각에 의한 자생적 노동운동의 시작이라는 데에 의의가 있다. 또한 그것은 학생운동과 노동운동의 최초의 연결점이 되었다는 데에서 의의를 찾을 수 있을 것이

다.[19]

전태일의 분신이 장기적으로는 사회적인 영향력을 미쳤지만, 즉각적인 사회운동으로 조직되지 못한 것은 1970년대 들어 장기집권을 계획한 박정희가 노동운동이 확대되는 것을 막기 위해 온갖 회유와 탄압을 가했고, 유신체제 이후 노골적으로 자유를 억압하며 폭력을 행했기 때문이었다. 유신정권은 긴급조치를 발효하여 헌법에 보장된 기본권을 자의적으로 제한할 수 있도록 하였고 정치적인 위기에 처할 때마다 조작사건을 발표하여 무고한 사람을 공안범으로 몰아 온갖 인권문제를 야기시켰다. 체제비판적인 지식인이나 학생들은 물론, 술자리에서 쏟아놓은 대통령에 대한 비판을 이유로 일반사람들을 고문하고 구속하였다.

당시의 억압적이고 폭력적인 국가의 인권유린 앞에서 조직적으로 정부를 비판하는 활동을 할 수 있었던 곳은 국외의 인권단체와 정치로부터 상대적으로 자유로운 위치에 있었던 종교단체였다. 영국에 본부를 두고 양심수 석방을 위해 활동해 온 국제앰네스티는 1972년 3월에 국제앰네스티 한국지부를 설립하였다. 특정 정부나 정치집단, 이데올로기, 경제적 이해 또는 특정 종교에 독립적이고 모두에게 공평하게 활동한다는 원칙하에서, 앰네스티 한국지부는 국외정치범의 석방을 요구하였고, 정권에 저항하는 각계의 반정부 인사들이 한국앰네스티에 대거 참여하게 되면서 유신정권의 감시대상이 되었다.[20]

이런 상황에서 정권의 정치공세로 갈 곳 없는 가족들이 도움을 청할 수 있었던 곳이 바로 1974년에 조직된 한국기독교교회협의회(KNCC: National Council of Churches in Korea) 인권위원회이다. KNCC 인권위원

19) 이종오, "60~70년대 공업화 과정에서의 사회구조의 변화와 사회운동," 『한국사회학』 19호, 1985.

20) 한승헌, "한국앰네스티의 회고: 그 고난과 보람의 궤적," 『한국앰네스티 30년! 인권운동 30년!: 한국앰네스티 한국지부 30년약사』, 2002 참조.

회는 긴급조치 이후 민청학련 사건이 발생하여 학생들이 무더기로 구속되자 그 대책을 모색하고자 조직되었다. 종로5가의 KNCC 인권위원회는 1970년대 한국인권운동의 메카가 되면서, 목요기도회에서는 인권회복을 위한 정치적 발언이 이루어졌고 조직화의 장이 되었다. 또한 1974년 9월에는 민청학련 연루혐의로 지학순 주교가 구속되자 천주교정의구현 전국사제단이 결성되기도 하였다. 1950년대 후반부터 노동자를 위한 선교활동을 폈던 '도시산업선교회' 도 유신체제 이후 노동운동에 대한 탄압이 계속되자 소모임 활동으로 노동운동을 지원하였다.

이렇게 본다면, 1970년대 중반부터 '인권' 이라는 이름으로 전개된 종교계의 민주화운동은 한국 인권운동에서 선구적 의미를 지닌다. 개신교와 천주교 인권위원회를 중심으로 이루어진 이들 운동은 국가권력을 자의적으로 행사한 데서 기인한 인권침해에 적극적으로 대응하면서도, 정권타도와 같은 정치투쟁으로 수렴되지 않는 모습을 보였다는 특징이 있다. 이런 성격은 종교계를 국가의 견제로부터 상대적으로 자유롭게 보이도록 하였고, 그 덕분에 다양한 민주화운동 세력들이 종교계를 울타리로 활용할 수 있었다.

군사독재기를 거치며 양심수가 넘쳐나면서 1974년 KNCC 인권위원회의 '구속자가족협회' 는 1976년 '양심범가족협의회' 를 거쳐 1985년에 '민주화운동가족협의회(이하 민가협)' 를 결성하게 된다. 민가협은 1970~80년대 초에 정부의 조작사건으로 억울하게 구금된 양심수를 구하기 위해 조직된 단체로 활발하게 활동하였다. 당시 인권운동에는 종교계와 연대한 소규모 피해자가족 운동조직들이 있었으며, 이들이 한국사회에서 전문화된 인권운동조직으로 성장, 분화할 수 있는 주춧돌이 되었다는 점에서 의의가 크다.

한국기독교협의회 인권위원회 1974년 인권선언문

우리는 1974년 10월 26일에 발표된 선언문을 재확인하며 작금 정부에 의하여 행하여진 새로운 형태의 인권유린에 대하여 깊은 우려를 표시한다. 이와 같은 인권유린은 포드 미국대통령의 방한 이전의 완화정책과 방한 후의 경화정책의 실증임을 유의하여 정부의 사대주의적 경향을 지적한다. 포드 대통령 방한 후의 인권유린 특징은 다음과 같다.

1. 각종 사회단체가 유신체제의 정치목적으로 동원되고 있다. '대한민국 재향군인회' '대한교육연합회 회장단' '전국 시도 교육회 회장단' '한국부인회' '한국노동조합 총연맹' 등 사회단체가 유신체제를 지지하는 성명들이 쏟아져 나오는 사태를 국민은 주시한다. 특히 재향군인회의 경우 소위 '안보단합대회' 후 회원들이 명동을 거쳐 시경 앞까지 데모를 할 수 있게 한 정부의 처사는 납득할 수 없다. 교회의 신도들이나 학원의 학생들이 인권과 자유를 호소하는 행진은 한발도 교회당 문밖에 나가려고 할 때는 무장경찰의 곤봉과 최루탄으로 막는 대조를 국민은 비판한다.
2. 야당이 불참한 여당 단독국회에서 예산안을 일방적으로 통과하고 있는 것은 다수의 횡포이며 의사당에서 유린된 인권이다.
3. 현직 공무원들의 횡포가 격증하고 있다. 검찰총장의 지학순 주교 담당 임광규 변호사에 대한 징계요청, 「민주선언」 서명 교수에 대한 문교부의 경고조치 지시, 권고사직, 파면징계, 박 충남대 총장의 정치인 · 언론인에 대한 폭언, 김용태 공화당 총무의 언론에 대한 폭언, 문공부 박 공무국장의 발언 등(이) 그 두드러진 예이다. 특히 오글 선교사에 대한 정부의 추방 명령을 위시하여 기타 선교사, 신부들의 추방설은 선교의 자유 침해이며 종교박해이다.

이상과 같은 권력남용 성향은 유신체제의 특징과 모순을 노정한 것이다.

과다한 인권유린 때문에 안보, 경제성장, 그리고 정치안정에 심각한 위협을 미치고 있음을 직시하며 유린된 인권회복을 위하여 다음의 시정을 촉구한다.

1. 인권유린과 부정부패의 온상인 유신헌법을 철폐하고 민주정치를 회복하라.
2. 구속인사의 석방에 앞서 전기 3항의 불법행위를 철회하라.
3. 임광규 변호사, 백낙청 · 김병걸 두 교수, 오글 목사 등에 대한 조치를 취소하라.
4. 각양 사회단체를 어용화하지 말라.
5. 구속인사 203명 전원을 무조건 석방하라.

1974년 12월 15일 한국기독교교회협의회 인권위원회

※ 출처 : 한국기독교교회협의회 인권위원회 편, 『한국교회인권선교 20년사』, 1994.

3) 피해자가족 중심운동

1980년대 한국의 인권상황은 1970년대 유신체제기와 거의 달라진 것이 없었다. 군부쿠데타로 집권한 전두환 정권은 수많은 간첩조작사건을 만들어 내고 정권에 저항하는 이들에 대해서는 국가보안법, 반공법, 사회안전법 등으로 탄압하였다. 정권의 정당성을 '반공'에서 찾으며 북한과의 대치상황을 내세워 공안정국을 조성하였다. 그 과정에서 불법연행이나 감금, 가혹행위, 폭행, 고문은 물론이고 수사과정에서도 불법행위가 빈번하게 발생하였다. 경찰은 범죄수사과정에서 경찰서별로 구속자 수를 할당하는 '구속할당제'를 만들어 경찰의 실적으로 평가할 정도로 공권력을 남용하였다.

전두환 정권의 공권력 남용은 결국 무고한 대학생이 사망하는 사건으로 치닫게 되었다. 1987년에 발생한 박종철 고문치사 사건은 사건축소와 조작의혹 문제까지 덧붙여져 공권력에 대한 비난이 높아졌다. 고문에 의해 대학생이 사망한 사실은 국민들에게 커다란 충격을 주었고 인간의 존엄성과 권력과의 관계에 대한 논의가 공개적으로 활발해지면서 고문추방운동이 일어나기도 하였다.

고문에 대한 사회적 비판이 거세어지자, 전두환 정권은 인권특별위원회를 설치하겠다고 약속하고 국회에서도 "인권특위는 인권과 관련된 모든 문제를 다루는 국회 내 상설기구"라는 데에 합의하였다. 그러나 상설기구라는 합의 이외에 다른 문제에 대해서는 여야 간의 의견차이가 커지면서 인권특별위원회 설립은 무산되었다. 비록 김만철 북한 탈출사건을 계기로 새로운 공안정국이 형성되면서 인권특별위원회의 설립문제는 서서히 잊혀졌지만, 1987년 6월의 민주화운동은 과거의 인권상황을 조금이나마 개선할 수 있는 실마리를 제공하였다.

민주화운동 이전의 인권운동은 양심수 가족들의 피해자가족 중심운동과 고문사건에 대한 폭로가 주를 이루었다. 당시는 조작사건, 의문사, 고문 등 총체적인 인권의 위기상황이었지만, 정권의 억압과 폭력을 정면으로 비판하기는 어려운 분위기였다. 남편이나 자식들이 불법 감금되어 면회조차 허락되지 않는 상황에서 증거도 없이 고문으로 사건이 조작된다고 하더라도 진정서를 내며 억울함을 호소할 뿐 달리 방도를 찾지 못하였다. 오히려 그들은 간첩 가족으로 몰려 주위의 따가운 시선을 받으며 숨죽여 살아야 했다.

이들 피해자가족운동이 확대된 것이 1985년에 조직된 민주화실천가족운동협의회(민가협)이다. 민가협은 각 부문운동별 구속자가족모임의 상위 조직으로 양심수 석방을 요구하고 정권을 비판하는 활동을 전개하였다. 또한 이 시기에 고문사건에 대한 폭로는 인권운동조직의 결성으로 이어졌다. 1985년 김근태 고문사건에 대해 재야단체들이 대책위원회를 조직하여 항의하였고 1986년의 일명 '부천서 성고문사건' 이후에는 성고문대책위원회가 고문철폐와 민주화를 요구하였다.

국민들의 직접투표로 선출된 노태우 정권은 이전의 독재정권에 비해 인권상황이 더 나아지지 않았지만, 인권침해에 대한 국민의 관심과 분노는 오히려 약화되었다. 노태우 정권이 인권문제를 '체제수호' 문제로 대치하면서 새로운 헌법체제에 대한 국민대중의 기대를 부당하게 이용했기 때문이다. 국민의 직접선거에 의한 선출로 형식적으로나마 전두환 정권에 비해 정통성에 대한 의문이 적어지고 점진적인 민주화의 가능성을 믿게 된 것도 국민들이 정부의 인권침해에 둔감해진 주요 요인이다(대한변호사협회 편, 1991: 30).

이때까지 인권운동은 개개인의 행복을 극대화하고 권리를 확대하는 문제보다 국가의 정치적인 폭력으로부터 시민적 · 정치적 권리를 확보하고 나아가 그런 정권을 타도하여 민주주의를 이루는 것을 가장 중요한 목표로 했다고 할 수 있다.

4. 민주화 이후 인권운동의 성장

1) 인권운동의 확대와 전문화

1987년 민주화운동 이후 인권운동은 시민사회의 성장과 함께 본격적으로 발전하기 시작하였다. 인권운동 영역에서 일어난 가장 큰 변화는 인권운동이 전문적인 사회운동으로 성장했다는 점이다. 구속수사과정에서 실질영장심사제의 도입문제, 고문, 임의동행 등 국가의 억압과 제한에 대해 논의가 활발해졌다. 외국인 노동자의 인권침해나 일본군 위안부 문제, 참정권 문제 등 인권운동의 내용이 다양해졌다. 민주화가 진행됨에 따라 국민의 권리에 대한 인식이 향상되면서 사상 · 양심의 문제, 신체의 자유 등을 다루는 인권운동들이 '인권위원회' 라는 이름으로 활동하게 되었다.

개신교계가 중심이 되었던 인권운동에서 1988년에는 천주교정의구현전국사제단과 별도로 평신도들의 모임인 '천주교정의구현전국연합' 이 만들어졌고 산하에 인권소위원회를 두어 활동을 시작하였다. 천주교정의구현전국연합 인권위원회는 1993년 2월부터 '천주교인권위원회' 라는 독자 명칭을 사용하다가 1994년 독립하였다. 그 산하에는 인권위원회뿐만 아니라 장기수들을 지원하기 위한 '장기수가족후원회' 도 1989년에 만들어졌다. 이처럼 개신교와 천주교를 중심으로 인권운동조직이 형성, 분화되면서 인권운동의 외형이 확대되어 갔다.

천주교에 이어 불교계에서도 1990년 10월에 불교인권위원회를 조직하였고 재야단체에서도 독립적으로 인권위원회를 두기 시작하였다. 불교인권위원회는 위안부 할머니들의 안식처인 '나눔의 집' 건립에 참여하고 비전향장기수 송환, 사형제 폐지 등의 여론을 조성하였다. 종교계에 이어 재야단체에서 독립적으로 인권위원회를 두기 시작한 것은 인권문제에 대한 전문적인 운동의 필요성을 인식했기 때문이다. 27개 사회단체의 연합체인 전국연합은 1991년 12월에 특별위원회로 인권위원회를 두어 불법연행이나 고문피해를 막기 위한 법률구조활동을 하였다.

민주화운동 이후 인권운동 영역에서 나타난 또 다른 특징의 하나는 인권운동의 영역이 확대되고 다양해졌다는 것이다. 1980년대 수많은 고문사건마다 변호인단을 구성하여 인권변호에 앞장섰던 이들이 1988년에 '민주사회를 위한 변호사모임(민변)'을 결성하였다. 민변은 결성 이후부터 시국사건 변론을 넘어서 연구 · 조사사업, 악법개폐사업, 연대사업, 출판사업, 국제인권사업 등으로 그 외연을 점차 확대해 나갔다(민주사회를 위한 변호사모임 편, 1998: 9-33).

또한 사단법인 노동인권회관은 1989년 부천서 성고문사건의 피해자 권인숙이 정부로부터 받은 배상금과 기금으로 설립한 단체이다. 이들은 정치적인 고문이나 폭력 문제만이 아닌, 열악한 노동인권의 실태에 주목하여 노동자들의 인간다운 삶을 주장하였다. 노동자들을 대상으로 교육사업을 하며 「노동인권보고서」도 발간하여 노동인권은 정부만이 아닌 고용불안 등 사용자에 의해 탄압받고 있다고 주장하였다(노동인권회관, 1990).

1990년 11월에는 일제강점기 일본군 위안부에 대한 진실을 규명하고 그들의 생존을 지원하기 위해서 37개의 여성 · 시민 · 종교 · 학생단체들이 모여 정신대문제대책협의회(정대협)를 만들었다. 정대협은 일본군 위안부의 진상규명과 전쟁범죄 인정, 일본의 공식사죄, 전범자 처벌, 추모비와 사료관 건립, 피해자 배상 및 역사교과서에의 기록 등을 요구하며 활동하였다. 1991년 8월에는 김학순 할머니의 일본군 위안부 활동에 대한 기자회견을 시작으로 피해신고전화를 개설하였고 그해 12월에는 일본정부를 상대로 국제법정에 제소하기도 하였다. 이 시기에는 전문화된 인권운동이 등장하기 시작하여 한국사회에서 전혀 주목받지 못했던 장애인 인권운동단체가 1987년에 처음으로 조직되었다. 장애인에 대해서는 국가는 물론이고 사회운동 진영내부에서도 관심을 갖지 못해 왔는데, 장애인인권문제연구소가 설립되면서 장애인에 대한 사회적 차별을 줄이기 위해 노력하였다. 1993년에는 전국연합 인권위원회에서 분리되어 전문적인 인권운동단체인 인권운동사랑방이 만들어졌다. 인권운동사랑방은 그동안 제도권에서 소홀히 해 온 철거문제, 감옥인권, 학생인권 등을 다루며 인권운동영역에서 새로운 의제를 만들어 왔다. 또한 이 시기를 전후하여 국제민주연대, 인권연대 등 다양한 시각에서 인권문제를 다루는 운동단체들이 조직되었다.

이렇게 1987년 민주화운동 이후 한국의 인권운동은 조직차원에서 분화와 확대를 거듭하며 다양화 · 전문화되어 갔다. 이 시기에는 인권을 국가폭력으로부터 지켜내야 할 소극적인 개념에서 사회적 약자, 교육문제, 과거사 청산 등 인권의 영역을 다양한 분야로 확대해 왔다.

2) 국가인권위원회의 설립과 과거사 진상규명

(1) 인권운동의 성과, 국가인권위원회

한국사회에서 2001년에 국가인권위원회가 설립된 것은 인권분야의 획기적인 발전을 말해주는 것이었다. 이미 국가인권위원회의 형태는 아니더라도 1987년 박종철 고문치사 사건 이후에 인권위원회의 설치가 논의되었지만, 공안정국으로 흐지부지되었던 사례가 있었다.

그 후 인권기구에 대한 논의가 본격화된 것은 인권단체들이 정부에 국가인권기구의 설립을 적극적으로 요청하면서부터이다. 1990년대 이후 인권운동이 전문화되면서 국내 인권단체들은 국제인권회의에 민간단체 자격으로 참여하기 시작하였고 1993년 6월, 비엔나 세계인권대회에 참여했던 '한국민간단체 공동대책위원회'는 유엔 인권위원회의 결의와 '국가인권기구의 지위에 관한 원칙(Principles Relating to the Status of National

Institutions, 파리원칙)' 에 의거하여 독립적인 국가인권기구의 설치를 정부에 제안하였다. 당시에 이런 제안은 적극적으로 받아들여지지 않으면서 논의가 본격적으로 이루어지지는 못하였다.

그러나 민주화 이후 인권운동이 성장하고 시민의 권리의식이 향상되면서 국가차원에서 개인의 권리를 보장해야 할 의무에 대한 논의가 본격화되어 김대중 정부는 국가인권위원회의 신설을 약속하게 되었다. 국가인권위원회가 설치되기까지 민간법인으로 국가인권위원회를 설립하려는 법무부와 국가기구로의 설립을 주장하는 시민단체 간의 논쟁이 3년여간 지속되다가 2001년 11월 25일에 독립된 국가기구로서 국가인권위원회가 설립되었다.

정치권과 인권단체들의 오랜 논쟁 끝에 출범한 국가인권위원회는 그동안 한국 정부가 행해 온 인권침해에 대한 반성적 장치로서 독특한 성격을 가지게 되었다. 무엇보다도 1993년 유엔총회가 채택한 파리원칙에 의거하여 국가인권기구의 독립성을 강조하고 있다는 점이 중요하다. 즉 형식적으로는 국가기관이면서 다른 국가기관의 권력행사를 인권의 관점에서 감시하고 견제하는 역할을 수행하게 되었다. 둘째로 인권위는 국가의 공권력에 의한 인권침해뿐 아니라 국가기관, 공사(公私)기업 또는 사인(私人) 간에 발생하는 온갖 종류의 평등권 침해의 차별행위에 대한 조사와 구제역할을 하는 '준사법기구' 로서의 역할을 한다는 점이다. 셋째, 인권위는 인권위법에 따른 국가기구이지만 내용적으로는 유엔을 중심으로 하는 국제인권법과 규범을 다룬다. 인권위는 국가의 인권행정을 시행하는 단순한 행정기구가 아니라 국제인권기준의 국내적 실현과 국내 경험을 토대로 한 국제인권기준의 발전이라는 쌍방향 매개자 역할을 하도록 되어 있다.[21]

그동안 인권위원회는 수많은 인권침해 사안에 대한 의견을 표명하고

21) 정영선, "국가인권위원회 10년, 독립성 평가와 과제," 전북대학교『법학연구』, 통권 제34집, 2011, pp.10-11 참조.

인권침해 사건을 조사하였으며 정부차원의 인권침해 실태조사를 실시하여 정책의 기본자료를 제공하였다. 2003년 3월, 이라크 파병과 관련하여 "이라크전에 대한 국가인권위 의견 : 반전 · 평화 · 인권"이라는 제목의 반대 성명서를 채택하면서 정부와 국회가 이라크전쟁과 관련된 사안을 결정할 때 신중할 것을 권고하였다.[22] 또한 헌법재판소에 계류 중이었던 호주제 폐지를 권고하였고 국회에 국가보안법, 사형제도의 폐지를 권고하였으며 법무부에 수용자의 집필권 보장 권고, 행정자치부에 B형 간염보균자 차별 시정 권고, 국방부에 양심적 병역거부 인정 및 대체복무제도 도입 권고, 대통령에게 국가인권정책기본계획(National Action Plan for Promotion and Protection of Human Rights) 수립 등을 권고하였다(정영선, 2011: 24). 일상생활에서는 인종차별을 드러내는 색연필의 살색표기를 '살구색' 으로 바꾸도록 하였다. 국가인권위원회의 권한이 권고나 의견표명에 한정되어 있는 한계가 있기는 하지만, 국가인권위원회는 그동안 국가가 행해 온 인권침해에 대해 정면으로 문제를 제기하며 인권문제에 대한 사회적인 논쟁을 일으키고 다양한 의제를 만들어 왔다는 점에서 의의를 찾을 수 있을 것이다.

그러나 다른 한편으로 한국 정부가 역사적으로 인권을 반공과 경제성장을 위해 정치적으로 이용하여 온 것에서 알 수 있듯이, 민주화 이후에도 정권의 성격에 따라 인권위원회는 그 독립성이 위협받고 있다. 이명박 정권은 대통령직 인수위원회에서부터 국가인권위원회를 대통령 직속기구화하려다가 국내 및 국제 여론의 거센 반발로 무산되자 경제위기에 따른 효율성을 이유로 인권위원회 조직을 감축하였다. 이처럼 독립적인 국가인권기구라고 하지만, 국내 정치상황으로부터 결코 독립적이지 못한 상태에서 공권력을 감시하고 견제하는 국가인권위원회의 위상이 흔들리고 있다.

22) 국가인권위원회 홈페이지(www.humanrights.go.kr) "이라크전에 대한 국가인권위원회 의견" 참조.

(2) 과거사 진상규명과 보상

시민사회가 성숙해지고 무엇보다도 인권단체가 국가인권위원회의 설립과 독립성 확보에 결정적인 역할을 하게 되면서 인권운동진영에서도 변화가 일어나게 되었다. 국가인권위원회가 인권시민단체를 정책결정의 파트너로 삼으면서 인권운동진영은 일부 제도화되고 축소되는 과정을 겪어야 했다. 그럼에도 인권운동은 국가의 폭력과 권력을 감시하는 역할에서부터 사회적 약자의 자유와 평등을 위한 영역으로 세분화되어 확대되어 왔다. 장애인, 여성, 아동, 이주민, 성적소수자, 병력자 등의 차별을 없애고 사회적 권리를 획득하기 위한 노력들이 각 영역에서 진행되었다.

이들 소수자운동의 출현과 함께[23] 한국사회의 인권문제를 해결하기 위해서는 과거의 인권침해에 대한 면밀한 검증이 요구되면서 과거사 진상규명이 인권운동의 맥락에서 진행되었다. 2000년경부터 민주화운동 보상과 의문사 진상규명 관련 법률이 제정되어 민간인학살과 민주화운동에 대한 정치적 탄압을 밝힐 수 있게 되었다.[24] 한국전쟁 전후의 민간인학살 진상규명위원회를 비롯하여 군사독재기의 의문사 등의 진상규명을 위한 다양한 위원회들이 만들어졌다.

그중에서 '인혁당 사건'은 군사정권에 의한 인권유린의 대표적인 조작사건이면서 희생자 가족들과 인권운동의 노력으로 진실이 밝혀진, 한국인권사에서 기록될 중요한 역사적 사건이기에 여기에서 간략히 다루도록 한다. 인혁당 사건은 1964년에 일어난 1차 사건과 1974년에 인혁당 사건을 조작하여 발표한 '민청학련 사건(2차 사건)'이 있다. 1차 인혁당 사건은 중앙정보부가 "혁신계 인사와 언론인, 교수, 학생 등으로 조직된 인민혁명당이 대한민국을 전복하라는 북괴의 지령을 받고 전국 각계각층의 인사를 포

23) 소수자와 인권, 소수자운동에 대해서는 이 책의 제8장 참조(박경태).
24) "민주화운동관련명예회복 및 보상 등에 관한 법률"(2000.1.), "의문사진상규명에 관한 특별법(2000.1.)", "광주민주화운동관련자보상에관한 법률(2000.1)" 등이 있다.

섭, 당조직을 확장하려다 발각되었다"고 발표하면서 알려지게 되었다.[25]

그러나 이 사건으로 검찰에 송치된 21명에 대하여 불기소 처분이 내려지자 대검지시로 숙직검사가 기소하도록 하는 헤프닝이 벌어질 정도로, 검찰내부에서조차 그들의 기소문제를 둘러싸고 이견이 일어난 전형적인 공안사건이다. 사건의 피고인들에 대한 고문과 인권침해 문제는 피의자들이 사건발생 당시 한국인권옹호협회에 진정하고 단체가 사건의 무료변론을 맡으면서 언론에 알려지게 되었다. 단체의 특별조사단은 피고인들이 갖은 고문으로 허위자백을 강요당했다는 사실을 언론에 공표하였다. 기소가치가 없는 사건을 무리하게 조작한 1차 인혁당 사건은 결국 검찰이 공소를 취하하면서 흐지부지 끝나게 되었다.

그러던 것을 대통령 박정희는 장기집권에 반대하는 지식인과 학생들의 유신반대운동을 무마하기 위해 제2차 인혁당 사건, 민청학련 사건을 조작·발표하였다. 이 과정에서 공포된 '긴급조치 4호'에는 민청학련과 관계된 일체의 활동을 금지하고 관계자들을 법관의 영장 없이 체포, 구속하여 비상 군법회의에서 심판하며 형량은 사형, 무기, 5년 이상의 유기징역으로 한다는 내용이 포함되어 있다. 이를 근거로 사건 관련자들은 '내란예비음모 및 내란 선동' 혐의로 기소되어 8명에 대해 사형이 선고되었으며, 형이 확정된 지 불과 20시간 만에 사형이 집행되었다. 이들이 사형선고를 받은 1975년 4월 9일을 국제법학자협회는 '사법사상 암흑의 날'로 선포할 만큼 국제적인 비난도 컸다.

그러나 사회적인 저항이 용납되지 않았던 유신체제였기에 인혁당 사건에 대한 명예회복의 움직임은 1980년대 말에서야 시작되었다. 1970년대는 민간인학살 진상규명을 요구하던 이들을 국가보안법 위반혐의로 구속했듯이, 사건의 진상규명 요구가 국가보안법 위반이었던 시기였다. 그러다

25) 민청학련운동계승사업회 편(2003), 『실록 민청학련: 1974년 4월』, pp.1-2.

가 1989년 4월 천주교인권위원회를 중심으로 이들의 명예회복을 위한 대책위원회가 만들어졌다. 의문사진상규명위원회와 과거사진상규명위원회가 민청학련 사건이 조작되었다고 발표하였고 당시의 중앙정보부(국가정보원)가 사건의 조작을 인정하여 법원에서 재심개시가 결정되었다. 결국 2007년 1월, 이들에 대한 무죄판결이 내려졌으며 공판조서와 유언까지 조작되었다는 사실이 밝혀졌다.

이처럼 군부독재기의 국가폭력이 재심으로 명예회복되는 사례는 빈번히 발생하고 있다. 조작간첩사건과 긴급조치 위반에 대한 무죄선고로 오랜 시간 억울하게 살아온 이들의 명예가 회복된 것은 민주화 이후 뒤늦게나마 국가폭력에 의한 인권침해가 인정된 것이고 과거사에 대한 진상규명으로 한국사회의 인권보호를 위한 기반이 된다는 점에서 의미가 크다.

5. 맺으며

한국인권의 역사는 현재진행형이다. 1950년대와 1960년대에 대한민국 정부를 수립하는 과정에서 미국으로부터 정당성을 승인받고자 혹은 '조국의 근대화'와 반공을 강화하고자 먼저 제도로서 인권이 도입되었다. 제도로 공식화된 인권을 인민들은 공권력의 폭력을 고발하고 자신들의 생존문제를 해결하는 데에 적극적으로 활용하며 내면화해 왔다. 4·19혁명의 저항과 민간에서의 희생, 그리고 노동운동 등이 유신체제라는 정치적 계기를 맞아 적극적인 인권운동으로 발현될 수 있었다.

특히 인권운동은 1987년 민주화운동 이전과 이후에 급격한 전환을 맞는다. 민주화운동 이전의 피해자가족 중심운동이 정권의 폭력성을 폭로하고 사건의 진실을 알리는 활동을 전개하였다면, 민주화운동 이후에는 인권운동을 전담하는 전문적인 조직들이 급격하게 늘어나게 된다. 종교계와 재야단체를 중심으로 특별위원회 형태의 인권위원회가 만들어지면서 인권운동이 분화되어 가는 모태가 되었다. 인권운동조직의 확대와 분화, 전문화로 인권운동이 다루는 영역도 다양화되어 당대의 정치적 폭력에 가려 주목받지 못했던 장애인, 외국인 노동자, 일제강점기 군위안부 문제는 물론 4·19혁명 이후 잠시 공론화되었던 한국전쟁기 민간인학살 문제도 다시 제기되었다.

이들 활동들과 전문적인 인권운동이 기반이 되어 2001년에는 국가인권위원회가 설립되면서 적어도 한국사회에서 인권보장을 위한 제도적인 조건은 갖추게 되었다고 할 수 있다. 즉 국가폭력에 저항한 1970~80년대의 종교운동, 노동운동, 민주화운동을 기반으로 하여 1990년대와 2000년대에 새롭게 등장한 과거청산과 소수자운동 등은 한국사회에서 수많은 인권의제들을 만들어 내며 인권의식의 성장과 인권의 제도화를 이끌어왔다.

이렇게 볼 때, 한국인권의 역사에서 중요한 것은 개별 주체들이 무엇을 인권 개념으로 인식하게 되었는가보다는 국가폭력으로부터 개인의 자유와 평등을 쟁취해 온 집단적인 노력이라고 할 수 있다. 앞으로 한국사회에서 인권보장은 어떤 내용과 방향으로 진행될 것인지 사회학적 분석이 더욱 요구되는 때이다.

제 8 장

소수자와 인권

| 박경태(성공회대학교 사회과학부) |

1. 소수자와 인권의 관계

과거에 비해서 최근 들어 소수자라는 단어를 자주 접하게 되었고 소수자에 대한 관심도 늘어났다. 과거에도 장애인이나 여성 등의 소수자가 없었던 것이 아닌데도 요즘에 소수자에 대한 관심이 더 늘어난 이유는 무엇일까? 과거에는 소수자들을 무시하던 다수자들이 갑자기 너그러워져서 그럴 리는 없을 테고, 다른 이유가 있음에 틀림없다. 그 이유는 아마도 극단적인 빈곤상태를 벗어나 상대적으로 나은 경제수준을 이루면서 남을 돌아볼 수 있는 여유를 갖게 되었기 때문에, 그리고 정치적 민주화를 겪으면서 소외된 사람들이 자기 목소리를 낼 수 있게 되었기 때문이기도 할 것이다.

소수자들에 대한 관심이 늘어남에 따라 그들이 처해 있는 인권상황에 대한 관심도 덩달아 늘어났다. 이렇게 된 것은 경제성장에 따른 전반적인 상황의 개선에 힘입은 면도 있지만, 여러 사람들이 소수자의 권리를 위해서 애써 온 결과이기도 하다. 그동안 여러 인권 관련 시민단체들이 꾸준히 활동을 해 오면서 소수자의 인권문제를 알리고 해결하기 위해서 노력해 왔고, 2001년에 출범한 국가인권위원회도 '국가'의 틀에서 소수자를 위한 나름대로의 역할을 하고 있으며, 언론도 소수자들이 처한 현실에 대해서 꾸준히 보도를 해 왔다. 또한 당사자라고 할 수 있는 소수자들도 억압적인 구조에 대항해서 끊임없이 싸워 왔는데, 최근 들어서 소수자들은 자기가 속한 개별 집단의 문제뿐만 아니라 소수자 전체의 문제와 소수자라는 집단 정체성에 관심을 가지기 시작했으며, 경우에 따라서는 공동행동을 보이기도 하고 있다.

소수자와 인권은 서로에게 매우 잘 어울리는 단어인 것처럼 보인다. 소수자들이 차별받는 존재이므로 인권침해를 당할 가능성이 많다는 점에서도 그렇고, 가장 열악한 상황에 처해 있는 사람인 그들의 인권이 보장된다면 다른 사람들의 인권은 저절로 보장될 거라는 의미에서도 그렇다. 과연 그럴까? 이 장에서는 소수자와 인권이 어떤 연관성을 갖는지를 탐구해 본다. 이를 위해서 먼저 2절에서는 소수자가 누구인지를 규정한 후, 3절에서 소수자의 인권 개념이 보편적 인권 개념과 어떤 관계에 놓여 있는가를 살펴본다. 4절에서는 모두가 주인이 되는 민주주의제도가 소수자 인권보장과 갖는 관계를 점검해 보고, 5절에서는 소수자 인권의 보장을 위한 적극적 조치를 둘러싼 논쟁들을 살펴본다.

2. 소수자와 차별

1) 소수자는 누구인가

소수자는 "신체적 또는 문화적 특징 때문에 사회의 다른 성원들에게서 차별을 받으며, 차별받는 집단에 속해 있다는 의식을 갖고 있는 사람들"이라고 정의할 수 있다. 정의의 앞부분은 소수자의 객관적 조건을, 그리고 뒷부분은 주관적 조건을 각각 의미하는데, 객관적 조건 중에서 신체적 특징 때문에 차별을 받는 사람들의 예로는 장애인, 여성, 백인이 다수인 나라의 흑인 등을 들 수 있고, 문화적 특징 때문에 차별을 받는 사람들은 소수종교를 믿거나 소수언어를 사용하는 사람들 등이 있다. 소수자 정의의 주관적 조건은 소속의식 또는 집단의식에 관한 것인데, 비록 객관적으로는 소수자에 해당하더라도 스스로 그렇게 생각하지 않으면 진정한 의미의 소수자가 되지 않는다는 것을 의미한다. 예를 들어 차별받는 동료 흑인들을 백인 편에 서서 함께 차별을 하는 흑인, 여성은 능력이 모자란다면서 남성 중심의 제도를 옹호하는 여성은 진정한 의미의 소수자라고 할 수 없다. 한편, 소수자의 정의에서 말하는 '신체적 또는 문화적 특징'만으로 명확하게 구별하기 어려운 소수자들도 있다. 동성애자나 병역거부자들의 경우 눈에 보이는 신체적 또는 문화적 특징을 갖고 있다고 보기 어렵다. 그러나 동성애자는 어릴 때의 성적 학대나 사회화에 의해 동성애자가 되는 것이 아니라 타고난 속성에 의해서 결정된다는 의미에서 신체적 특징으로,[1] 병역거부자는 자신의 종교나 신념에 기초한 선택이라는 의미에서 범문화적 특징에 의해 규정된다고 볼 수 있다.

그런데 소수자라는 단어가 '소수(少數)의 사람'이라는 뜻을 포함한다고 해서 반드시 구성원의 수가 적다는 것을 의미하지는 않는다. 예를 들어 많은 사회에서는 여성의 평균 수명이 남성보다 길기 때문에 남성의 수보다 여성의 수가 많지만 여성은 여전히 소수자로 분류된다. 한국의 경우에도 2010년 인구조사에서 여성의 숫자(24,149,865명)는 남성의 숫자(23,840,896명)보다 많지만, 그렇다고 해서 여성이 다수자가 되는 것은 아니다(국가통계포털, 2010). 소수자임을 결정하는 핵심은 숫자가 아니라 차별 여부이기 때문이다.[2] 비슷한 예를 더 들어보면, 식민지의 원주민은 그곳 인구의 대부분을 차지하지만 소수의 식민 통치자에게 차별과 착취를 당하기 때문에 여전히 소수자에 해당한다. 인종차별로 유명했던 남아프리카공화국은 인구의 4분의 3이 흑인이지만, 그리고 1994년에 취임한 넬슨 만델라 이후로 대통령 선거에서 계속 흑인이 당선되고 있지만, 소수의 정치엘리트를 제외한 사회의 상층부는 백인들이 차지하고 있다. 비록 숫자가 압도적으로 많더라도 남아공에서 흑인들은 여전히 정치·경제적으로 차별을 받는 소수자다. 이렇게 볼 때 소수자임을 결정하는 기준은 수의 많고 적음이 아니라 편견과 차별의 대상인가 여부에 달렸다고 할 수 있다.

---

1) 모든 주요 정신보건기구들은 동성애가 정신질환이 아님을 확정했고, 미국 정신의학협회는 1973년에 동성애를 치료편람에서 삭제했다(American Psychiatric Association 웹페이지 "LGBT-Sexual Orientation" 접근일 2013.8.28.).

2) 숫자가 더 많으면서도 소수자에 해당하는 경우를 '소수자화된 다수자(minoritized majority)'라고 할 수 있다(Kymlicka, 2008).

'소수인종'이나 '소수민족' 같은 표현에서 보듯 소수자라는 단어는 인종이나 민족과 관련해서 사용되는 단어라는 느낌을 준다. 따라서 소수자는 여러 나라에서 이민 온 사람들이 사는 미국, 호주, 캐나다와 같은 다인종·다민족 사회에서나 사용되는 개념일 뿐, 한국처럼 단일민족의 신화가 강하게 자리 잡은 곳에서는 사용될 일이 별로 없을 것 같다는 인상이 짙다. 하지만 한국은 이미 다인종·다민족 사회에 접어들었으며 체류외국인의 수는 지속적으로 늘어날 것으로 전망되고 있다. 인종·민족적 소수자들 중에는 비교적 최근에 들어온 이주노동자, 국제결혼 이주자들, 귀국한 해외동포들, 유학생과 난민들도 있지만, 우리와 긴 세월을 함께 살아온 화교와 혼혈인들도 있다. 게다가 여성이나 장애인과 같은 '전통적인' 소수자 집단도 엄연히 존재하고 있으며, 자신의 종교적 또는 비종교적 양심과 신념에 따라 스스로 소수자의 길을 선택하는 병역거부자도 있고, 또 최근 들어서 주목을 받고 있는 동성애자나 성전환자와 같은 성소수자들도 한국사회를 이루는 소수자 구성원들이다.

한편, 우리가 소수자와 더불어 자주 사용하는 비슷한 개념 중에는 사회적 약자가 있다. 대개 우리는 두 개념을 같은 의미를 갖는 것으로 사용하는 경우가 많은데, 엄밀하게 구분하자면 둘 사이에는 차이점이 있다. 사회적 약자는 말 그대로 "사회적으로 약한(불리한) 위치에 있는 사람들"을 말한다. 그런데 이들은 불리한 위치에 있을 뿐, 어느 집단에 속해 있다는 이유로 차별을 받는 것은 아니다. 반면에 소수자는 소수자집단에 속해 있다는 이유로 차별을 받는다. 예를 들어보자. 가난한 사람은 사회적 약자다. 그런데 그 사람은 가난하다는 사실 때문에 사회적으로 불리한 위치에 놓이게 되고 여러모로 불이익을 당할 수는 있지만, 그 사람이 가난한 집단의 성원에 해당하기 때문에 낙인이 찍히고 차별을 받는 것은 아니다. 좀 더 구체적인 예를 들어보자면, 미국과 같은 다인종 사회에서 사회적 약자이기는 하지만 소수자가 아닌 사람(예를 들면, 가난한 백인)은 가난해서 불편하고 불리하다. 반면에 사회적 약자이면서 소수자인 사람(예를 들면, 가난한 흑인)은 가난해서 불편하고 불리할 뿐만 아니라 소수자(흑인)이기 때문에 차별을 받고 손가락질을 당한다. 경제적으로 부유한 흑인도 조금 나을지는 몰라도 흑인들이 일반적으로 겪고 있는 차별과 편견에서 자유롭지 못하다.

게다가 가난한 백인은 스스로가 '가난한 집단'의 구성원이라는 의식을 갖고 있지도 않을 뿐더러, 자신이 불리한 위치에 있는 원인인 가난을 극복하면 사회적 약자의 신분에서 벗어날 수 있다. 다수자이면서 사회적 약자이던 사람이 돈을 벌기만 하면 다수자이면서 동시에 사회적 강자가 되는 것이다. 이와는 달리 흑인은 자신이 차별받는 흑인사회의 구성원임을 너무나도 잘 알고 있으며, 그 차별은 개인의 노력으로 극복되는 것도 아니다. 가난한 흑인이 돈을 벌어 성공을 한다고 해도 그 사람은 여전히 흑인일 뿐이다. 이렇게 보면 사람들은 다수자와 소수자로 구분될 수도 있고, 사회적 강자와 사회적 약자로 구분될 수도 있다. 물론 두 개념은 일치할 가능성이 높아서, 다수자는 사회적 강자일 가능성이, 그리고 소수자는 사회적 약자일 가능성이 더 높다.

소수자를 사회적 약자로부터 구분하는 특성을 정리해 보면, 차별받는 이유가 일시적이지 않고 지속된다는 점에서 영구성(永久性), 사회성원 누구나 가질 가능성이 있는 성질이 아니라 일부만 갖는 성질이라는 점에서 특수성, 차별을 받고 있는 특성을 다른 장점으로 극복할 수 없다는 뜻에서 대체불가능성, 그리고 앞의 소수자 정의에서도 언급된 것처럼 집단에 속해 있다는 의식을 갖는 집단의식(소속의식)을 들 수 있다(박경태, 2008: 17-18). 물론 사회적 약자와 소수자 사이에는 애매하게 겹쳐지는 지점이 있을 수 있다. 예를 들면, 장애인이던 사람이 미래의 어느 날 의학의 발달로 치료를 받아서 비장애인이 된다면 그 사람은 그 때의 기준으로 보면 장애인이었던 것이 아니라 환자였던 셈이 된다. 또 어느 소수자 집단에게 가해지던 차별이 없어지는 순간이 오면 그 사람들은 더 이상 소수자가 아니라 각자에게 해당하는 기준에 따라 사회적 약자에 '불과' 하게 될 수도 있다. 예를 들어, 영국계보다 뒤늦게 미국으로 이민을 간 편인 아일랜드계 이민자들은 명백히 백인임에도 불구하고 그곳에서 백인 대접을 못 받고 소수인종 · 소수민족 취급을 받았지만, 시간이 흘러 백인의 일부로 받아들여지고 난 후에는 소수자가 아니라 그냥 가난한 사회적 약자가 되었다(Ignatiev, 2008). 그리고 어떤 사람이 한 사회에서는 다수자지만, 다른 사회에서는 소수자일 수도 있다. 예를 들어 중국에서는 다수자인 한족에 속하는 사람이 한국에 이주노동자로 온다면 한국에서는 소수자가 된다.

소수자가 차별과 억압의 대상이라면 다수자는 그것을 가하는 주체가 된다. 한 사회 안에 소수자는 없고 다수자만 있는 경우도 있을까? 그런 상황은 성립할 수 없다. 왜냐하면 소수자와 다수자는 서로의 존재를 전제조건으로 하는 개념이며, 따라서 다수자라는 표현은 상대개념인 소수자가 있을 때에만 성립이 가능하기 때문이다. 억압받는 소수자가 없는 사회란 다수자만 있는 사회를 의미하는 것이 아니라 성원 모두가 평등하고 동등한 권리를 갖는 인간으로서 대접을 받는 사회를 의미한다. 그러나 불행하게도 인류사회에 다수자와 소수자를 구별할 수 없는 사회, 즉 억압받는 소수자가 없는 사회는 찾아보기가 어려운 것 같다.

2) 소수자 차별의 원인

다수자는 왜 소수자를 차별할까? '낯선 사람' 에 대한 차별을 생각해 보자. 우리는 낯선 사람을 만나면 그 사람이 어떤 속성을 가지고 있는가를 재빠르게 판단하여 적절하게 대응하려고 한다. 예를 들어서 나보다 나이가 많은 사람이라면 존댓말을 쓴다든지, 옷을 걸인처럼 허름하게 입었으면 구걸행위를 피하기 위해서 멀리 돌아서 지나가려고 한다. 이렇게 판단하는 것을 범주화라고 한다. 각 사람이 "타인에 대한 정보를 개별적으로 처리한다는 것은 정보처리상의 과부하를 가져오기 때문에 이에 대한 효과적인 대처방법으로서 사람들을 범주화시키고 같은 범주로 구분되는 개체들은 그 범주의 속성을 지니고 있는 것으로 파악"하려고 한다(한규석, 1995: 97). 범주화는 생명체가 갖는 기본적인 속성이라고 볼 수 있다. 물가에서 한가로이 물을 먹고 있던 사슴이 얼룩무늬를 가진 덩치 큰 짐승이 다가오는 것을 발견하면 무조건 달아나게 된다. 가까이 올 때까지 기다려서 털을 만져보고 냄새를 맡아본 후에 호랑이라고 판단을 내리면 이미 때는 늦기 때문에 이러저러한 특성을 갖는 대상이 나타나면 '위험한 대상'으로 범주화해서 재빨리 판단을 내리는 것이다.

그러나 범주화는 고정관념을 낳게 되어서 어느 범주에 속하는 모든 사람들이 똑같은 속성을 가지는 것으로 과도하게 일반화를 하게 된다. 예를 들어 여성은 남성보다 감정적이므로 이성적인 판단을 내리지 못한다고 믿는다든가, 흑인은 운동과 연예계에는 적합하지만 지적 능력이 떨어진다고 생각하는 것 등이 과도한 일반화의 예가 된다. 이런 일반화의 논리에서는 이성적인 생각을 하는 여성, 운동을 잘 못하는 흑인들은 아예 존재하지 않는 것이 되어버린다. 고정관념이 개인의 의식 차원에만 머무른다면 큰 문제가 없을 수 있다. 그러나 고정관념은 부정적인 태도와 감정이 수반되는 편견이 되기 쉽고, 편견은 개인과 사회 차원에서 자신과 다르다고 생각하는 인구집단을 배제하고 차별하는 행위로 이어지는 경우가 많으며, 더 나아가 그러한 배제와 차별행위를 정당화하는 이데올로기로 작용할 수 있다. 즉, 편견은 소수자와 다수자의 불평등한 관계를 당연한 것, 자연스러운 것으로 인식하게 하고 소수집단이 안고 있는 실업, 빈곤, 질병, 범죄 등의 문제들을 사회구조의 문제가 아니라 해당 소수자들의 특성 때문에 발생한 것으로 돌리게 해 준다. 이렇게 함으로써 다수자들은 "우리가 차별해서 그들이 못 사는 것이 아니라 그들이 못나서 그런 것이다"라고 생각하게 되며, 따라서 그들에게 미안해할 필요가 없어지므로 도덕적 딜레마를 회피할 수 있게 된다(윤인진, 2000).

이렇게 보면 차별은 소수자가 '우리 다수자'와 다르기 때문에, 즉 차이가 나기 때문에 발생하는 것이라고 볼 수 있다. 과연 그럴까? 세상에는 70억이 넘는 사람들이 살고 있고, 그 사람들은 누구나 서로 다른 각각의 특징을 갖고 살아가고 있다. 서로 다른 것은 당연한 일인데 왜 그것이 문제가 될까, 왜 차이가 차별의 근거가 될까? 우리는 흔히 다수자와 소수자가 너무 다른 것이 차별의 근거라고 생각한다. 과연 그럴까? 인종의 개념을 놓고 생각해 보자. 일반적으로 인종의 정의는 "생물학적 특성에 기초해서 분류한 인간집단"이라고 알려져 있다. 그래서 서구의 과학자들 중에는 인종을 분류하는 데 관심을 기울였는데, 생물분류학의 방법을 확립한 것으로 잘 알려진 린네는 인류를 6개로 분류했고, 자연인류학의 시조로 알려진 독일의 블루멘바흐는 5개로, 두니케라는 학자는 17개로 분류했으며, 많게는 무려 60개 이상으로 분류한 사람까지 있었다(Kozakai, 2000[2003]: 22-23). 하지만 비록 인종의 정의가 '생물학적 특성'에 기초해서 인간을 분류한 것이라고 하더라도 우리는 머리카락 색깔이 갈색인 사람들을 따로 모아서 갈색인종으로 부르지 않으며, 혈액형에 따라 인종을 나누지 않는다. 발의 크기가 280cm가 넘는 인종, 엄지손가락이 4cm 이하인 인종 따위의 분류는 존재하지 않는다. 인종은 오직 피부색 또는 그것과 연관된 특징에 따라서만 분류된다. 즉 인종은 우리 머릿속에 이미 들어 있는 흑인 · 백인 등의 특징에 부합하는 기준에 의해서만 나눠진다. 이렇게 보면 다양한 차이 때문에 차별이 발생하는 것이 아니라 미리 결정된 특정한 차이(예를 들면 피부색)만이 차별의 원인이 된다.

다양한 차이들이 아니라 특정한 차이만이 차별의 원인이 된다는 것은 알 수 있지만, 문제는 여전히 남아 있다. 왜 차이는 차별의 원인이 될까? 18~19세기의 많은 유럽의 과학자들은 백인이 흑인보다 우월하다는 것을 과학적으로 증명하려고 다양한 측정을 시도했다. 코끝과 입술 사이의 간격 또는 이마의 각도가 얼마나 기울어졌는가를 잰 사람도 있었고, 두개골 길이와 폭의 비율을 잰 사람도 있었고, 두개골의 용적률, 즉 해골의 부피를 잰 사람도 있었다(Gould, 1996). 그런데 이런 측정들의 문제점은 백인이 우월하고 흑인이 열등하다는 것은 이미 결정되어 있었고, 과학은 다만 그것을 입증해 주기 위한 도구로 사용되었을 뿐이라는 것이다. 다시 말해 측정을 하다 보니 차이가 발견되었다는 것이 아니라 처음부터 차이가 있음을 입증하기 위해 측정을 시작한 셈이다. 우리는 흔히 집단들은 서로 구별이 가능하므로 경계를 그을 수 있다고 생각한다. 그러나 사실은 경계를 만들고 강조하기 위해 일부러 구별을 하는 것이다. 인종을 구별하는 기준이 있는 것이 아니라 우열을 가리기 위해 인종이라는 개념을 동원하고, 차이가 있어서 차별을 하는 것이 아니라 차별을 하기 위해 차이를 만들어 내거나 그것의 중요성을 강조한다. 차별을 하는 이유는 차이가 있어서가 아니라 기득권을 유지하기 위해서다.

3. 보편적인 인권과 소수자의 인권

인권이 뭐냐고 물어보면 대부분은 "사람이라면 누구나 태어나면서부터 당연히 갖는 기본적 권리"라고 말한다. 그러나 사람이라면 누구나 누릴 수 있어야 하는 인권을 현실에서는 이런저런 이유 때문에 누리지 못하는 사람들이 존재할 수 있으며, 특히 소수자는 차별받는 존재이기 때문에 그런 처지에 놓일 가능성이 크다. 오늘날의 인권논의에서 가장 기본적인 출발점이 되는 1948년의 '세계인권선언'의 제1조는 "모든 인간은 태어날 때부터 자유로우며 그 존엄과 권리에 있어 동등하다"고 밝히고 있다. 하지만 모든 인간이 동등하다고 밝힌 이 선언에는 소수자라는 단어가 등장하지 않으며, 따라서 소수자의 인권에 대한 별도의 언급도 없다. 다만 "인종, 피부색, 성,

언어, 종교, 정치적 또는 기타의 견해, 민족적 또는 사회적 출신, 재산, 출생 또는 기타의 신분"에 따라 차별을 받지 않는다는 표현이 나온다. 그렇다면 여기에 해당하는 사람들이 소수자를 대변할 수 있을까? 모든 인간이 동등한 인권을 갖는다는 세계인권선언이 잘 지켜지면 소수자의 인권은 지켜질 수 있을까? 다시 말하면, 보편적인 인권이 보장되면 소수자의 인권도 보장될 수 있을까?

1) 보편적 인권에서 제외되는 사람들

오늘날 우리가 일상적으로 사용하고 있는 인권 개념은 다분히 서구적이면서도 근대적인 맥락에서 탄생·발전해 온 것이다. 세계인권선언도 그런 맥락에서 나온 것이라고 볼 수 있는데, 특히 이것은 프랑스혁명의 한가운데에서 나온 1789년의 '인간과 시민의 권리선언'에 뿌리를 두고 있다. 프랑스의 '인간과 시민의 권리선언'은 "인간은 자유롭고 평등한 권리를 갖고 태어나 그 권리를 유지한다"고 밝혔다. 그런데 여기에서 말하는 인간이란 문자 그대로의 모든 인간이라기보다는 사실은 특정한 사람들, 즉 "돈 있는 내국인 백인 남성들"만을 의미하는 것이었다. 명목상으로 볼 때 프랑스혁명은 기존 구체제의 지배세력이었던 제1신분(성직자)과 제2신분(왕족, 귀족)이 아닌 제3신분에 속하는 모든 사람들을 위한 혁명이어서 부르주아, 노동자, 농민, 수공업자 등이 권리의 주체가 되는 것이었다(신진욱, 2008: 43-44). 하지만 당시의 상황에서 실질적인 수혜자는 제3신분 중에서 주로 부르주아 계급을 뜻하는 것이었다. 그렇게 된 이유는 이들이 구체제의 지배세력과 투쟁하고 새로운 사회질서를 수립하는 과정을 주도했기 때문이었다. 따라서 제3신분 중에서 부르주아를 제외한 나머지 사람들, 예를 들면 가난한 노동자, 외국인, 비백인, 여성들이 설자리는 없었다(최현, 2008: 77-82).

프랑스혁명 당시에는 지금과 같은 소수자 개념이 없었으므로 지금의 잣대로 평가를 하기가 어려울 수도 있지만, 오늘날의 인권상황에는 소수자의 인권이 어느 정도로 보장되고 있는가를 확인해 볼 필요가 있다. 인권의 제한적 의미가 가장 명확하게 드러나는 것은 사회구성원이 아닌 것으로 여겨지는 사람들의 인권을 어디까지 보장해 줄 것인가라는 점이다. 좀 더 구체적인 예를 들어 표현하자면 한 나라 안에 살고 있지만 국적을 소지하지 않은 이주민들, 즉 외국인들의 권리보장 범위의 문제가 된다. 대한민국의 헌법을 살펴보면 권리들을 다루는 조항들인 제10조부터 제39조는 "제2장 국민의 권리와 의무"라는 제목을 갖고 있으며, 각 조들은 권리의 주체가 "모든 국민"임을 명시하고 있다. 그렇다면 외국인은 권리를, 그러니까 인권을 누릴 수 없다는 말인가? 헌법 제6조 제2항은 "외국인은 국제법과 조약이 정하는 바에 의하여 그 지위가 보장된다"고 규정하고 있으므로, 한국이 비준·공포한 조약과 일반적으로 승인된 국제법규에 외국인의 지위를 규정하고 있을 경우 이는 국내법과 동일하게 적용되어야 한다. 그러나 기본권 보장을 정한 헌법 규정 등이 외국인에게도 적용될 것인가에 관해서는 헌법에 명문화된 규정이 없다. 외국인에게 언제나 내국인과 동일하게 기본권이 보장될 수는 없지만, 외국인도 일정한 범위의 기본권에 대하여는 그 보장의 주체가 될 수 있다. 즉 '국민의 권리'에 속하는 기본권은 외국인에게 당연히 보장된다고는 할 수 없지만 '인간의 권리'에 속하는 기본권은 외국인에게도 보장되어야 한다는 말이다. 인간의 권리로 간주되어 외국인에게 인정되는 기본권은 다음과 같다(설동훈 외, 2005: 6).

① 외국인도 '인간으로서의 존엄과 가치'를 지니며, '행복추구권'을 가진다. 모든 국민은 인간으로서의 존엄과 가치를 가질 뿐 아니라 행복을 추구할 권리를 가지기 때문에 외국인도 인간의 존엄성에 관한 헌법 제10조의 적용을 받음은 물론 행복추구권의 주체가 된다.

② 대부분의 자유권은 인간의 권리를 의미하기 때문에 외국인에게도

원칙적으로 보장된다. 다만, 자유권 가운데 거주 · 이전의 자유(제14조), 언론 · 출판의 자유(제21조), 집회 · 결사의 자유(제21조) 등은 국가의 안전 등을 이유로 제한의 대상이 되고 있다.

③ 평등권은 상호주의 원칙에 따라 외국인에게 보장된다. 국내에 거주하는 모든 사람은 성별, 종교, 장애, 나이, 사회적 신분, 출신지역, 출신국가, 용모, 신체조건, 혼인 여부, 임신 또는 출산, 가족상황, 인종, 피부색, 사상 또는 정치적 의견, 전과, 성적 지향, 병력 등에 의해 고용, 재화, 용역, 교통수단, 상업시설, 토지, 주거시설, 교육시설, 직업훈련기관의 공급이나 이용에서 차별을 당하지 않을 권리를 가진다.

④ 외국인도 경제적 기본권을 가진다. 그러나 직업선택의 자유(제15조)를 비롯하여 토지소유권 · 광업권 등 각종 재산권에 관해서도 현행 법제도상 일정한 범위 내에서 내국인에 비하여 다양한 제한을 받고 있다.

⑤ 청구권은 기본권을 보장하기 위한 기본권이므로, 일정한 기본권의 보장과 결부된 청구권은 외국인에게도 인정된다. 그렇지만 국가배상청구권과 범죄피해자구조청구권은 외국인은 내국인에 비하여 엄격한 제한을 받고 있다.

지구상 어느 나라도 내·외국인에게 100% 동등한 권리를 부여하고 있지는 않다. 대부분의 나라에서는 국가의 안전보장과 질서유지 또는 공공복리 등의 사유가 있을 경우에 헌법 또는 국내법을 통해 외국인의 권리를 일정 정도 제약하고 있다. 그러나 세계화의 물결 속에서 국경의 의미가 점차 변해가고 태어난 나라를 떠나 살아가는 사람들이 점점 늘어가는 시대가 된 지금, 국민국가의 국경이 완고했던 과거 시절의 '국민의 인권' 개념은 더 이상 부드럽게 작동되지 않게 되었다. 국내에 거주하는 외국인들은 다양한 범주의 사람들로 이뤄져 있고 그들이 체류하는 자격도 다양해져 가고 있는데, '국민 대 외국인' 이라는 단일한 잣대로 권리수준을 결정하는 것은 적절하지도 효율적이지도 않다. 이렇게 볼 때 법에 의거해서 인권을 보장한다는 것은 사실은 꽤 많은 사람들의 인권이 보장받지 못할 수도 있음을 의미하며, 따라서 보편적 인권을 보장하는 것만으로는 여러 소수자들의 인권이 충분히 보장되지 않을 수도 있음을 알 수 있다.

2) 개인의 권리와 소수자집단의 권리

이주민을 예로 든 위의 논의들은 보편적 인권을 보장하는 것에 더해서 소수자의 인권을 추가로 고민해야 함을 의미한다. 그런데 이때 고려해야 하는 소수자의 인권은 소수자 '개인'의 인권을 의미하는가, 아니면 소수자 '집단'의 인권을 의미하는가? 이 질문을 좀 더 일반화하면 소수자 인권을 개인의 권리로 볼 것인가, 아니면 집단의 권리로 볼 것인가라는 문제에 도달하게 된다. 사람은 사회적 동물이므로 살아가면서 개인에게 영향을 끼치는 사회의 존재를 무시할 수 없다. 이때의 사회는 국가단위일 수도 있지만, 때로는 국가보다 작은 단위의 사회가 더 중요하고 영향력이 클 수 있다. 예를 들어 기독교가 주류인 유럽국가에 사는 무슬림에게 국가의 정체성과 영향력도 중요하지만 자신이 더 가까이 속해 있는 무슬림 공동체가 더 중요할 수 있으며, 스코틀랜드 사람에게는 영국인의 정체성보다 스코틀랜드 사람이라는 정체성이 더 중요할 수 있다. 한국의 경우는 최근의 '다문화 물결' 이전에는 의미 있는 크기의 소수민족집단이 없었지만, 대부분의 나라들은 내부에 다양한 소수집단들을 품어 왔다. 고유의 문화와 전통을 유지하는 이 집단들은 소속 성원들의 삶에 강하고도 직접적인 영향력을 끼치고 있는데, 약하게는 문화적 상징의 유지에서부터 강하게는 자치나 독립국가 건설이라는 권리를 요구하기도 한다.

집단적 권리 개념은 특정 공동체가 자기 집단에 관한 주요 결정을 스스로 내리려는 의지를 반영한다. 20세기 중반에 들어서서 UN이라는 우산 아래에서 인류가 보편적인 인권체계를 수립한 것은 매우 중요한 성과임에 틀림없지만, 특정 소수자들의 권리를 구체적으로 언급하지 않고 보편적인 인권 개념을 도입한 것은 국가적 이해관계들 때문이라고 볼 수 있다. 2차 대전 중에 유럽 각국의 소수집단들이 독립과 자치를 추구하자 전후의 각국 정치인들은 국가권력에 도전하는 소수자의 능력을 약화시키는 방법을 찾아갔다. 비록 소수자의 문화가 말살되고 동질화가 강요되더라도 국가건설을 보장하고 국가기구가 안정화될 수 있도록 소수자의 욕구들은 더 큰 이해에 종속되어야 한다는 논리였다. 그 결과로 선택된 보편적 인권이라는 접근법은 소수자집단의 성원을 '개인'으로서는 보호해 주지만, 그들의 '조직'을 보호해 주지는 않는 것이었다. 결국 이 접근법은 집합적 행위자로서의 소수자들을 결과적으로 무능력하게 만들었고, 유럽의 경우에 소수자들은 자신들의 언어와 문화를 유지할 수 있는 수단을 잃고, 자치를 시행할 권리를 빼앗기게 되었다(Kymlicka, 2007: 30-31).

이런 예들이 주는 교훈은 소수자집단의 권리를 존중해 줄 필요가 있다는 것인데, 그렇다면 소수자집단의 집단적 권리를 보장하는 것이 소수자 개인의 인권 보장과 향상을 위해서 반드시 바람직한 것일까? 그렇지 않을 수도 있다. 특정 공동체의 집단적 권리가 그 공동체를 구성하는 개별 성원들의 권리와 충돌이 있을 수 있다는, 즉 집단권리와 개인권리 사이에 불일치가 있을 수 있다는 말이다. 집단권리가 성원들의 다양성과 성원들의 욕구의 다양성에 기초하지 않고 모든 성원들에게 동일한 사고와 행동을 강요한다면 이것은 오히려 개인권리를 침해하는 것이 된다. 2000년대에 들어 캐나다의 온타리오 주에서는 이와 연관된 큰 논쟁이 있었다. 1991년에 제정된 중재법(Arbitration Act)에 의거해서 유대교인들이 정식으로 인정받아 일종의 종교 중재소를 운영해 왔는데, 이것을 본 따서 이 지역의 무슬림 이민자들도 2003년부터 이슬람 중재소의 도입을 추진했다(Philips, 2011). 주류사회의 비종교적인 공식 재판절차에서 다뤄지기 어려운 결혼, 이혼, 재산권 분할 등과 관련해서 이슬람교는 고유의 내용과 절차가 있으므로 다문화를 존중하는 입장에서 중재소의 설립을 허용해 달라는 것이었다. 그러나 여기에 반기를 든 사람들의 다수는 여성들이었고, 여기에는 일부 무슬림 여성들이 포함되어 있었다. 가부장적이고 여성을 차별하는 이슬람 문화를 피해서 캐나다까지 이민을 왔는데, 여기에서 그것을 허용하는 것은 다문화 존중을 명목으로 여성차별을 방치하는 것이라는 것이 반대의 이유였다. 이들의 논리에 따르면 종교의 이름으로 집단의 권리를 요구하는 사람들은 그 집단을 장악하고 있는 남성 권력층이며, 그들은 전근대적인 권위와 권력에 기초해서 공동체 성원들의 인권을 억누르고 있을 뿐이다.[3] 하지만 엄밀하게 말해서 기독교인이 다수인 나라에서 똑같은 소수자인 유대교인에게는 허용되는 것이 이슬람교인에게만 금지된다는 것은 공평하지 못한 일이며, 이슬람 중재소만을 반대하는 배경에는 이슬람에 대한 혐오가 깔려 있다는 비판에서 자유롭지 못할 수 있다. 과연 소수자 개인의 권리와 소수자집단의 권리 사이의 균형점은 무엇인가?

사실 소수자집단은 동일하고 균질적인 성원들로 구성되어 있지 않다. 성별에 따라, 재산 정도에 따라, 때로는 전근대적인 신분에 따라 불평등한 사람들로 구성되어 있을 수 있다. 그렇다면 소수자 개인의 삶에 큰 영향을 끼치는 소수자 공동체의 집단권리와 그 집단을 구성하는 성원들의 개인권리가 충돌할 때의 해결책은 무엇인가? 이상적으로는 소수자집단의 성원 개개인들이 집단잔류 여부를 선택할 수 있는 상태에서 집단권리를 인정해 주면 된다. 이슬람 재판소가 싫은 여성이민자들은 무슬림공동체를 떠나면 된다는 얘기다. 그러나 이것은 현실에서는 작동하기 어렵다. 소수자 중에서도 불리한 위치에 있는 사람은 공동체를 떠나기에 충분한 정보와 자원을

3) The Guardian, 2008.2.8. "Sharia law in Canada, almost," 2003년에 시작된 이슬람 중재소 설립 시도는 2004년에 법무부 장관의 설립 권고를 받아냈으나 2005년에 온타리오 주지사에 의해서 기각되었다.

갖고 있지 못한 경우가 많다. 캐나다에 이민 간 무슬림 여성들 중에는 그 공동체 이외에 어떤 삶이 있는지를 알 수 없는 사람이 있을 수 있다. 더구나 공동체를 떠난다고 해도 주류사회가 반드시 차별 없이 받아줄지도 알 수 없다. 결국 집단권리와 개인권리 사이의 긴장은 보편적인 인권기준에 부합하는 방향으로 해소되어야 한다.

소수자집단의 권리를 보장하는 것은 중요하다. 그러나 그것은 소수자 개인의 권리를 침해하면서까지 보장하는 것이 되어서는 안 된다. 집단권리의 보장은 소수자 개인이 누리고자 하는 보편적 인권을 침해하면 안 되며, 개인은 본인이 원하지 않을 때 집단권리의 행사를 거부할 수 있는 권한을 가질 수 있어야 한다. 이것이 사회가 내부의 소수자집단에게 집단권리를 부여할 때 요구해야 하는 최소한의 기준이다. 소수자집단은 집단권리를 가질 수 있지만, 개별 소수자들은 보편적 인권을 누릴 수 있어야 한다. 집단의 권리는 개인의 권리를 대체하는 것이 아니라 모든 개인이 보편적인 인권기준에 부합하는 권리를 보장하고 증진시키는 역할을 담당해야 한다.

4. 민주주의와 소수자 인권

1) 민주주의와 대의제 대표

전통사회는 왕이나 귀족이 권력을 독점하는 특정 소수에 의한 지배체제였다. 근대에 접어들면서 대의제 민주주의가 탄생했고 사회는 소수자를 포함한 모든 사람이 평등하게 한 표씩 행사해서 뽑은 대표가 통치하게 되었다. 그렇다면 민주주의 사회에서는 소수자의 인권과 관련한 문제가 해결된다고 봐도 될까? 과거에 차별받던 소수자가 민주주의 사회로 접어들면서 모든 차별을 극복하고 다수자와 똑같은 인권을 누리게 되는 것일까? 소수자라는 이유만으로 따돌림당하고 권력과 부에서 소외되던 불행한 모습은 사라지고 행복한 삶만 남는 것일까?

현대 민주주의 사회에서 정치절차는 유권자의 지지를 받아 선출된 대표가 지지자들의 목소리를 대변하는 절차를 통해 이루어진다. 그러나 소수자에게는 자신들의 목소리를 대변해 줄 대표자들이 별로 없다. 이것을 호주제 폐지의 예를 통해서 살펴보자. 호주제는 2005년에 헌법재판소에서 헌법불합치 결정을 받고 2007년 12월 31일에 폐지된 신분제도다. 이것은 '집의 주인' 이라는 의미를 갖는 호주를 중심으로 가족집단(家)을 구성하고, 호주를 아버지에서 아들로 이어지는 남계혈통을 통해서만 지속하는 제도였다. 여성의 입장에서 볼 때 그가 사는 집의 주인은 남편이 되며, 남편이 사망하면 아들이 주인이 되고, 아들이 사망하면 갓난아기일 수도 있는 손자가 주인이 되는 희한하고도 전근대적인 제도다. 한 집안에 주인이라는 존재가 왜 필요한 것일까, 주인이 있다면 나머지 가족구성원들은 무엇일까, 주인은 왜 남자만 할 수 있어야 하는 것일까, 그리고 이런 황당한 제도가 21세기가 되도록 유지될 수 있었던 이유는 무엇이었을까?

호주제 폐지운동은 1950년대부터 시작되어서 무려 50년 이상의 역사를 갖고 있지만(황인자 외, 2008), '유림' 으로 대표되는 남성중심주의자들의 반대에 막혀서 번번이 실패를 거듭해 왔다. 이런 실패의 핵심에는 여성들의 의견과 권리를 대변할 대표들이 없었다는 문제가 있다. 국회의원 중에서 여성의원의 비율이 10%를 넘은 것은 2004년의 17대 선거 이후의 일이다. 그나마 이것은 각 정당이 비례대표 후보의 50% 이상을 여성으로 공천해야만 한다는 법이 제정되었기에 가능했던 것인데, 그런 '강제' 공천이 없던 16대 이전에는 여성 의원의 비율이 4%를 넘지 못했다. 이것은 지방의회에서도 마찬가지여서 비례대표에 여성추천을 강제하지 않았던 2000년대 초중반 이전에는 여성의원의 비율이 2~3%에 불과했다. 이런 상황에서 여성문제와 직접적으로 관련된 사안들이 공정하게 처리되기를 기대하는 것은 환상일 뿐이다. 시대착오적인 호주제는 그런 상황 때문에 문제가 제기된 이후 50년이 넘어서, 21세기에 들어서야 겨우 폐지될 수 있었다.[4] 이런 문제는 여성과 관련해서만 있는 것이 아니다. 국회에는 장애인이나 이주민 출신 의원도 거의 없고, 동성애자라고 밝힌 의원이나 병역거부를 선언했던 의원은 아예 없다.

이번에는 미국의 라틴계 이민자들의 경우를 보자. 미국에는 현재 약 1,100만 명의 불법 체류자가 있다고 알려져 있으며 이들 가운데 가장 큰 집단은 멕시코에서 넘어온 사람들이다(Pew Hispanic Center, 2013). 미국 정부는 그동안 몇 번에 걸쳐서 불법 체류자들을 특별사면했는데, 이는 미국 정부가 너그러워서가 아니라 미국사회가 그들의 노동력을 필요로 했기 때문이다. 실제로 미국의 농업과 단순생산직 그리고 다양한 하급 서비스 분야는 라틴계 이민자들이 아니면 돌아가지 않을 정도다. 1,100만 명이 한꺼번에 빠져나간다고 생각해 보라! 그럼에도 불구하고 미국 연방의회와 각 주의 의회들은 불법 체류자들에게 운전면허증 발급을 금지한다거나, 자녀들의 교육권을 박탈하는 것 등과 같은 불이익을 가하는 다양한 법안을 통과시키고 있다(Chomsky, 2007: 211-214). 와서 일을 하는 것은 못 본 척하면서 권리들은 박탈하는 방식이다. 만약 백인이 주도하고 있는 의회에 라틴계가 지금보다 더 많이 진출해 있었다면 이런 법안들이 그리 쉽게 통과되지는 않았을 것이다.[5] 더구나 불법 체류 중인 라틴계들은 미국 국적이 없기 때문에 투표권도 없고, 따라서 정치인들을 움직일 만한 힘도, 그들의 관심을 받을 이유도 전혀 없다. 이렇게 볼 때 아무리 민주주의가 바람직한

4) 2008년 1월 1일 이후 개인의 가족관계는 가족관계등록법이 시행되어 가(家)가 아닌 개인을 기준으로 가족관계 등록부에 작성되고 있으며, 이 제도는 한국의 '아름다운 전통'이 무너질 것이라는 남성중심주의자들이 우려했던 것과는 달리 아무런 문제 없이 잘 운영되고 있다.

5) 라틴계 의원의 비율은 상원과 하원에서 각각 약 3%와 5%에 그치고 있다. Wikipedia, "Members of the 111th United States Congress" 접근일 2013.8.28.

정치제도라 해도 결과적으로 볼 때 소수자가 다수자와 동등한 정치적 위치에 있다고 보기는 어려우며, 대의제 민주주의에 제대로 참여하고 있다고 보기 어렵다.

2) 다수결의 원리와 소수자 인권

현대 민주주의의 기본원리는 '1인 1표'의 원리와 다수결의 원리다. 물론 고대 그리스 민주주의나 근대 민주주의의 틀 안에도 '1인 1표'라는 형식이 존재했지만, 그것은 지금의 것과는 내용이 사뭇 달랐다. 즉 고대 그리스의 민주주의는 노예가 아닌 남성에게만 적용되는 것이었고, 앞에서 언급한 것처럼 근대 유럽에서 탄생한 민주주의도 사실상 재산 있는 남성에게만 권리가 주어진 제도였다. 그러다가 20세기에 들어설 무렵부터 노동자와 여성의 참정권이 확보되면서 비로소 '1인 1표'는 진정한 의미에서 보편원리가 되었다. 그러나 이런 원리에 기초해서 작동하는 민주주의에서도 애당초 소수자는 배제될 수밖에 없다. 왜냐하면 '1인 1표' 원리는 형식적 평등을 실현할 수는 있어도 소수자는 권력을 장악할 수 없는 실질적인 불평등의 원리이기 때문이다. 앞에서 소수자는 반드시 숫자가 적은 사람을 의미하는 것이 아니라고 했지만, 대체로 소수자는 숫자가 적은 사람에 속하는 경우가 많기 때문에 다수자와의 표대결에서 패할 가능성이 높다.

설령 다수자들보다 숫자가 많은 소수자집단이라고 하더라도 다수결 상황에서 불리하기는 마찬가지다. 이미 다수자 중심으로 가치체계가 형성된 상황에서 소수자들의 견해가 더 우월한 가치임을 설득하는 것은 쉽지 않고, 그런 절차를 밟아줄 대표들을 훈련하고 교육할 기회도 갖지 못했으며, 오히려 소수자들 스스로도 다수자의 논리에 따라 의사결정을 내리는 방식에 익숙해져 있기도 하다. 게다가 소수자들은 자신들의 견해를 표출하는 정치과정에서 충분한 물질을 동원하지 못한다. 현대 민주주의제도에서 선거를 한 번 치르려면 엄청난 액수의 비용이 든다. 출마에 필요한 공탁금도 부담이 될 수 있고, 선거운동과정에서 필요한 경비를 조달할 능력이 부족할 수도 있으며, 선거 이전의 상황에서 일상적인 선전활동을 수행할 조직을 운영할 비용이 없을 수도 있다. 이렇게 경제적으로 열세에 놓여 있는 소수자들은 애초에 다수자와 공정한 경쟁을 벌이기가 어려울 수밖에 없다. 결국 다수결로 결정된 사안은 다수자에 의한 소수자의 배제를 정당화해 준다(이남석, 2001: 32-47). 왜냐하면 많은 사람이 원하므로 이렇게 한다는 논리는 과거의 노골적인 차별에 비해 매우 세련되어 보이기 때문이다.

독재정권의 지배를 받을 때는 거의 모든 사람이 피지배층에 속하므로 다수자와 소수자를 가리지 않고 모두의 인권이 함께 억압받는다. 그러나 '나쁜 소수'가 지배하는 독재체제를 넘어서 다수가 지배하는 체제인 민주주의가 되더라도 소수자의 인권이 충분히 보장받지 못할 수 있다. 민주주의 체제가 되면 과거에 억압받던 사람들 중의 다수가 피억압 계층에서 빠져나가서 민주(民主)라는 표현 그대로 그 사회의 주인이 되겠지만, 여기에 합류하지 못하는 소수자들은 더욱 소수화되고 고립되어 주변으로 밀려날 가능성이 크다. 민주주의를 통해서 많은 사람들의 인권수준이 향상되는 것은 사실이지만, 그것이 모든 사람의 인권수준 향상을 의미하는 것은 아닐 수 있다는 말이다. 민주주의는 수많은 대가를 치르며 이루어낸 정치 체제지만, 그 자체가 완벽하거나 완성품은 아니다. 다수결이라는 숫자의 마법에 가려진 소수자의 그늘을 생각해 보면 오히려 민주주의는 더욱 교묘해진 차별의 정당화 방법일 수도 있다. 민주주의는 하나의 과정이다. 따라서 부족한 부분이 있으면 매만지고 채워나가야 한다.

5. 소수자의 인권과 적극적 조치

소수자는 현재 차별을 받는 사람들이기도 하지만 오랜 세월 동안 차별을 받아 온 사람들일 수도 있다. 오랜 세월 행해진 차별 때문에 소수자들은 경제적으로나 정치적으로 불리한 위치에 처했고, 그런 불리한 위치는 저학력과 저임금으로 이어짐으로써 다시 불리한 위치를 재생산한다. 따라서 단순히 차별을 금지하거나 의식개혁의 노력을 기울이는 것만으로는 현재의 구조적인 불평등을 바로잡기 어렵다. 이런 불평등구조를 개선하기 위해서는 국가가 나서서 강제력을 동원해 평등을 실현해야 하는데, 이것이 바로 소수자 우대정책 또는 적극적 조치(affirmative action)가 취해지는 배경이다.

적극적 조치란 특정 집단에 대한 과거 차별의 결과를 보상하고, 현재와 미래의 평등을 보장하기 위한 강력한 국가정책을 의미한다. 단순한 차별금지나 의식개혁만으로는 불평등 개선을 위한 실질적 효과를 거두기 어렵다는 판단 아래 국가가 사법적 규제와 행정적 강제력을 통해 사회평등 실현의 의지를 적극적으로 실천한다는 의미에서 '적극적' 조치로 부른다. 적극적 조치는 적용 대상과 범위, 세부내용에 있어서 다양한 형태로 표현되지만 사회적 약자에 대한 차별을 금지하고 실질적 평등을 구현하겠다는 근본취지에서 공통점을 갖는다. 소수자들이 현재 힘들게 사는 것은 과거부터 있어 온 차별의 결과다. 한국사회에서 소수자 우대정책에 해당하는 국가정책으로는 앞에서 언급한 국회의원 비례대표에 여성후보 50% 이상 강제 할당제를 비롯해서, 양성평등채용목표제, 장애인의무고용제, 지방인재채용목표제가 있고, 그 외에도 각 대학이 신입생을 선발할 때 지역할당제를 실시하거나 국가유공자 자녀 또는 농어촌 출신과 장애인 등에 대한 특례입학제도를 운영하는 것 등이 소수자 우대정책에 해당한다고 볼 수 있다.

불리한 위치에 놓여 있는 소수자들을 위한 정책을 실시한다는 것은 매우 당연하고 바람직해 보인다. 그러나 의외로 이것에 문제를 제기하는 시각들이 존재한다. 적극적 조치를 둘러싼 쟁점을 세 가지 측면에서 살펴보자(박경태, 2007: 110-112). 첫째, 역차별의 문제를 들 수 있다. 역차별론자들의 핵심적인 주장은 적극적 조치가 일부 집단에 대한 특혜일 수밖에 없으며 이것이 곧 다른 집단에 대한 역차별로 이어진다는 것이다. 즉, 예전의 차별이 소수자라는 이유로 가해졌듯이 적극적 조치 역시 소수자라는 이유로 특혜를 줌으로써 오히려 다수자에게 차별을 가하는 프로그램이라는 것이다. 특히 한쪽이 더 가지면 다른 쪽이 덜 가질 수밖에 없는 '제로섬 게임(zero-sum game)'의 상황에서 특정 집단에 대해 특혜대우를 해주는 것은 다수자들에게 차별적 대우를 하는 것이기 때문에 정당화될 수 없다고 주장한다. 여기서 논란의 핵심은 적극적 조치가 과연 특혜인가, 또는 집단 간의 평등보장을 위한 정책이 일종의 특혜가 되었을 때 그것이 개인의 권리를 침해하는가의 문제이다. 적극적 조치 옹호론자들은 역차별이라는 용어 자체를 부당한 것으로 간주하며 반대론자들이 말하는 역차별은 진정한 의미의 차별이 아니라고 주장한다. 즉, 적극적 조치는 과거의 소수자 차별로 인해서 다수자들이 가지게 된 반사이익과 기득권을 없애는 것이므로 역차별적 조치가 아니라 오히려 차별을 정상으로 돌려놓는 조치라는 것이다. 설령 적극적 조치를 일종의 특혜라고 인정하더라도 그와 같은 조치는 특혜를 받는 집단이 우월하거나 특별한 신분을 지니기 때문이 아니라 과거의 차별에 대한 보상을 집단 성원 전체가 받는 것이다. 따라서 특정 집단에 대해서 일종의 특혜를 준다고 하더라도 이것은 사회해체나 대립을 초래하기보다는 오히려 사회통합의 긍정적 기능을 수행한다는 것이 옹호론자들의 논점이다.

둘째, 제도 자체의 정당성 문제를 들 수 있다. 보상책으로서의 적극적 조치가 갖는 정당성에 대한 논란은 과거 차별에 대한 현재의 보상이 정당한 것인가에 대한 대립으로 나타난다. 일반적으로 적극적 조치를 옹호하는 입장에서는 적극적 조치의 목적 자체가 과거 차별로 인한 불평등과 피해를 교정하는 데 있다고 생각하기 때문에 이러한 질문 자체가 논란의 대상이 되지 않는다. 그러나 반대론자들은 과거 차별의 잘못을 인정하더라도 그것을 현재에 보상하려 하는 것은 잘못이라고 주장한다. 다시 말해서, 과거 차별의 가해자가 더 이상 존재하지 않음에도 불구하고 그 후손들 전체를 가해자로 규정하고 그들에게 보상의 책임을 지우는 것은 부당하다는 것이다. 결국 이와 같은 논란은 구체적인 차별행위의 희생자만이 보상의 대상이 되는 것인지, 아니면 일반적인 차별의 희생자들, 즉 역사적 차별의 희생자들까지 보상의 대상이 되는 것인지를 둘러싼 논쟁이라고 할 수 있다. 이와 같은 논쟁에 대해 적극적 조치 지지자들은 적극적 조치의 의미가 단순한 과거 잘못에 대한 보상 차원이 아니라 현재와 미래의 문제를 동시에 해결하려는 미래지향적인 프로그램이라는 관점에서 문제를 해결하려 한다. 즉, 적극적 조치가 역사적 차별에 대한 보상책에 불과하다면 그것은 과거지향적인 조치에 지나지 않을 것이지만 동시에 소수자집단의 성원들에 대한 현재와 미래의 기회 평등을 보장하기 위한 것으로서의 의미를 갖는다는 점에서 그 정당성을 인정할 수 있다는 것이다.

셋째, 적극적 조치에 대한 또 다른 비판은 적극적 조치가 자본주의 사회의 근간을 이루는 업적주의 원칙과 배치된다는 지적이다. 업적주의란 개인의 성공이 타고난 신분이나 지위가 아니라 자신의 노력과 성취에 달려 있다는 것이다. 비판론자들은 성별이나 피부색 등을 고려하는 적극적 조치가 이러한 업적주의를 훼손하는 것이라고 주장한다. 개인적인 성취나 실적에 의해서가 아니라 태어나면서 결정되는 생득적 요인에 해당하는 소수자냐 아니냐 여부에 의해 대학입학과 고용이 결정되는 것은 공정하지 못하다는 것이 이들의 주장이다. 예를 들어 공부를 잘 하는가 또는 자격을 갖추었는가(노력, 능력, 성취)를 기준으로 뽑는 것이 아니라 장애인인가 또는 여성인가(신분, 지위) 등을 기준으로 뽑는 것은 부당하다는 것이다. 반면에 적극적 조치를 지지하는 편에서는 현재의 능력이라는 것이 때로는 공정한 기준이 될 수 없다고 주장한다. 소수자들은 차별 때문에 자신의 능력을 발전시킬 기회를 충분히 갖지 못했고, 따라서 능력이 모자라는 것처럼 보일 수 있다. 그러나 기회가 주어진다면 잠재되어 있던 능력을 마음껏 발휘할 수 있으므로 국가가 적극적으로 기회를 제공해야 한다는 것이다.

대부분의 사람들은 모든 인간은 똑같은 기회를 가져야 한다는 기계적 평등 논리에 익숙하기 때문에 소수자에게 새로운 기회를 제공하려는 적극적 조치는 저항을 불러일으킬 가능성이 있으며, 또한 이것은 다수자의 기득권에 영향을 미칠 수 있기 때문에 시행 초기부터 논란의 대상이 되었다. 적극적 조치는 미국과 같은 다인종, 다민족 사회에서 먼저 시작되었고 다양한 의견대립을 낳고 있지만, 이제는 한국사회에서도 여러 가지 논쟁을 불러일으키고 있다. 이와 관련된 예로 시각장애인들에게 배타적으로 주어진 안마시술자격을 둘러싼 논쟁을 들 수 있다. 다른 영역에서 안정된 취업을 이루기 어려운 시각장애인의 생존권을 위해서 의료법은 안마시술자격을 시각장애인들에게만 부여하도록 하고 있다. 그러나 대학이나 학원에서 스포츠마사지를 배운 비장애인 안마사들이 사업장을 운영하다가 불법안마행위로 처벌을 받자 현행 의료법이 국민의 직업선택의 자유와 행복추구권을 침해한다는 이유로 수차례에 걸쳐서 헌법소원을 냈다. 안마시술자격을 유지하려던 시각장애인들은 이런 움직임에 반발해서 자살이나 한강 다리 위에서 장기간의 농성으로 대응했고, 사회는 비장애인 안마사들의 직업선택권과 장애인의 생존권을 사이에 두고 나눠져서 팽팽한 의견대립을 보였다.[6]

6) 헌법재판소는 비시각장애인의 안마사 자격을 제한하는 것과 관련해서 다섯 번(2003년, 2006년, 2008년, 2010년, 2013년)의 결정을 내렸는데, 각 결정에서 2006년의 위헌 의견과 나머지 연도의 합헌 의견이 꾸준히 대립해 왔다. 시각장애인들은 자신들의 의견을 압박하기 위해서 여러 번에 걸쳐서 항의집회와 농성을 진행했다(김재왕, 2012, 연합뉴스 2013.6.27.).

양성평등채용목표제를 교원 신규채용에 도입하자는 의견도 큰 논쟁을 낳았다. 양성평등채용목표제는 공직 내에서 어느 한 성별(대개는 여성)의 비율이 너무 낮은 문제를 해소하기 위해 공무원시험에서 2003년부터 한시적으로 10년 동안 시행한 제도로서, 한 성별의 합격자 비율이 30%(검찰사무직은 20%)에 미달할 경우에 기준점을 넘은 응시자 중에서 목표 미달인원만큼 추가합격을 시키는 제도다. 하지만 이때 최종합격자의 수에 추가합격자가 더해지는 것이어서 다른 성별의 합격자를 떨어뜨리고 합격을 하는 것은 아니다. 그런데 거의 대부분의 공무원시험에서 여성이 부족한 것과는 반대로 교원임용고시에는 여성이 압도적으로 많이 합격하고 있으며, 따라서 일부 남성들은 여기에도 이 제도를 적용해서 남성의 합격률을 올려줘야 한다고 주장했다. 이런 주장은 단순한 주장에 그치지 않고 2005년에 헌법소원에까지 이르렀으며, 헌법재판소는 이것을 "헌법소원을 제기할 수 있는 경우에 해당하지 아니 한다"는 이유로 각하하였다.[7]

이러한 논란들은 적극적 조치에 대한 단순한 찬반을 넘어 사회정의에 대한 시각차이를 반영하며, 따라서 바람직한 사회통합의 원칙이 무엇인가에 대한 근본적인 물음을 던진다. 우리 사회에는 불리한 위치에 처해 있는 여러 소수자집단이 존재하고 있으며, 거기에 더해서 기존에는 주목을 받지 못하던 새로운 소수자들도 수면 위로 떠오르기 시작했다. 이들을 포함한 사회 전체의 통합문제가 무엇보다도 중요한 과제로 떠오르고 있는 지금, 한국에서 시행되고 있는 적극적 조치에 대해서 더 크고 많은 문제제기가 곧 일어나지 말라는 법은 없다. 이런 조치들이 역차별이다, 업적주의 원칙에 위배된다는 점에 기초해서 문제를 제기하면 어떻게 설득하고 방어할 것인가? 적극적 조치가 실시되고 있는 여러 분야에서 이런 논란이 발생하지 않게 하기 위해서, 그리고 앞으로 적극적 조치가 필요한 부분에서 갈등 없

---

7) 헌법재판소 헌법재판정보: 사건번호 2005헌마362(2006.5.25.).

이 새로운 제도를 도입하기 위해서는 많은 준비와 사전논의, 국민적 합의, 그리고 사회정의나 공정함에 대한 열린 논의들이 필요하다.

6. 소수자의 인권과 우리 모두의 인권

다수자가 중심인 사회에서 소수자들은 다양한 편견과 차별의 대상이 되고 있다. 하지만 다수자들은 소수자들이 겪고 있는 차별이나 인권침해의 문제에 관심이 별로 없고, 반면에 소수자들은 권력과 영향력이 없기 때문에 권리를 주장해 봐야 효과가 미미하다. 이런 상황에서 소수자의 인권을 증진시키려면, 그래서 모두의 인권이 존중받기 위해서는 의식개선과 제도개혁이라는 두 가지가 동시에 필요하다. 먼저 의식개선에 관해서 얘기해 보자면, 소수자를 바라보는 시선에 변화가 필요하다. 주류의 시각에서 보면 소수자는 일탈자, 낙오자, 이상한 사람, 열등한 사람이거나 좋게 보더라도 다수자와 뭔가 다른 사람이다. 이 시각에 따르면 소수자는 능력이 모자라서 경쟁에서 진 사람들이며, 사회가 요구하는 '정상적인' 기준에 맞지 않는 사람들이다. 따라서 소수자들이 경제적으로 어려운 처지에 놓이는 것도, 다수자들과 다른 대우를 받는 것도 능력에 따른 보상이므로 당연하다는 결론에 도달한다. 하지만 경쟁에서 사용되는 기준은 누가 만들었으며, '정상'의 기준은 또 무엇인가? 우리 사회에서 정상이라고 여겨지는 기준이 다른 사회에서도 그렇게 여겨지고 있는가? 혹시 우리는 전근대적이거나 남성 중심적인, 또는 다수자 중심적인 것을 정상이라고 정해 놓고 그것과 다른 사람들을 차별하고 있는 것은 아닌가? 우리가 지금까지 당연하다고 생각했던 정상의 개념이 사실은 기득권을 가진 다수자들의 기준에 부합하는 것임을 깨닫는 것이 필요하다. 정상과 다르기 때문에, 기준에 미달하기 때문에 권리의 대상에서 배제되는 것이 부당하다는 것을 깨닫는 것이 중요하다. 기존의 상식에 도전하고 되묻는 것이 비주류의 시각이고 소수자의 시각이다.

의식개선과 함께 반드시 이뤄져야 하는 것이 제도개혁이다. 소수자를 차별하지 말자, 그들에게도 인권이 있다고 외치는 것만으로는 충분하지 못하며, 차별을 하면 안 되도록 제도를 만들어야 한다. 그동안 한국 정부는 소수자의 인권보호와 관련해서 지속적으로 국제사회의 비판과 우려의 목소리를 들어왔고 이제는 더 이상 무시할 수 없는 수준에 다다랐다. 예를 들어 2011년 UN 여성차별철폐위원회와 아동권리위원회는 각각 한국 정부가 포괄적인 차별금지법을 제정하기 위한 시급한 조치를 취할 것을 요청한 바 있으며, 2012년 8월 인종차별철폐위원회에서도 한국 정부의 신속한 행동을 촉구하기도 했다. 또한 4년마다 시행되는 UN 국가별 인권상황 정기검토제도에서 2008년과 2012년에 한국 정부는 차별금지법을 제정할 계획이라고 밝혔지만 아직 실천에 옮기지 못했다. 사실 지난 2007년과 2010년 두 번에 걸쳐서 법무부는 20개에 이르는 항목들을 기준으로 차별금지법을 제정하기 위한 움직임을 보였지만, 국적을 기준으로 차별을 금지하는 부분에 대한 기업들의 저항과 성적 지향을 기준으로 차별을 금지하는 부분에 대한 보수 기독교 진영의 저항으로 법제정을 아예 하지 못했다. 말하자면 한국사회는 위의 기준에 근거해서 차별을 해도 되는 사회인 셈이다. 차별을 해도 되는 제도가 존재하는 사회에서는 차별을 하지 말자고, 따뜻하게 대해주자고 아무리 의식계몽운동을 해도 소용이 없다.

소수자는 비정상이 아니다. 남들과는 다른 특징을 가지고 있을 뿐이다. 소수자가 어떤 삶을 살고 있는가는 우리 사회의 인권상황을 보여주는 척도다. 이제 우리는 소수자를 통해 우리 자신을 보아야 하며 소수자의 인권이 우리 모두의 인권임을 깨달아야 한다.

제 9 장

중대한 인권침해와 이행기 정의

| 한성훈(연세대) |

1. 인권침해와 희생자 관점

사람들은 일상 속에서 인권을 침해당하는 경우가 종종 있다. 국가기관이나 학교, 기업체와 같은 조직에서 개인은 차별이나 부당한 대우 등 헌법과 법률에서 보장하고 있는 기본적인 권리를 제한당하기도 한다. 인권침해의 가장 일반적인 사례는 국가 공권력에 의한 기본권 침해다. 그중에서도 중대한 인권침해라고 하는 것은 고문이나 대량학살처럼 반인도적 범죄나 전쟁범죄에 해당하는 유형이다. 고문의 예를 살펴보면, 현대사에서 국가적 차원의 중대한 인권침해 희생자의 고통은 아주 오랫동안 무시되어 왔다. 우리 사회와 또한 이 사회의 지도자들은 희생자들이 겪고 있는 고통을 주변적인 문제로 축소해 왔다.

마찬가지로 전쟁이나 비상사태에서 발생하는 시민에 대한 피해는 전쟁 수행의 불가피성이나 상황론으로 은폐되어 왔다. 전쟁이 일어나면 인간의 상상력을 무너뜨리는 일들이 종종 발생한다. 그리스 역사가 투퀴디데스(Thukydides)는 아테네와 스파르타의 펠로폰네소스 전쟁을 기록하면서 "전쟁은 난폭한 교사"라고 명명했다(투퀴디데스, 2011). 그는 인간이 어떻게 행동하는지, 짐승과도 같은 폭력행위에 어떤 변명을 늘어놓는지 뛰어나게 서술했다. 전쟁에는 학살과 보복, 도덕상실 그리고 무엇보다도 민주주의 파괴와 같은 일들이 일어난다(폴 우드러프, 2012). 2500여 년 전이나 오늘날이나 전쟁은 과연 인간의 본성이 어디까지 악한지 시험하고 있다.

클라우제비츠(Carl von Clausewitz)가 간파했듯이 전쟁이 다른 수단에 의한 정치의 연장으로서 국가 간, 또는 사회세력 간 무력갈등을 빚을 때 인류의 역사는 사람을 죽이는 행위를 자연스럽게 받아들여 왔다. 왜 우리는 전장에서 사람을 죽이는 것을 당연하게 생각하게 되었는가? 전쟁상황이라 하더라도 사람을 죽이는 행위는 결코 쉽지 않다. 대면상황에서 이뤄지는 살해는 이것이 아무리 명령이라 해도, 상대방 앞에서 방아쇠를 당기는 과정은 그것 자체가 비인간적이고 잔혹한 행위다. 시민을 살해하는 가해자들이 군대와 경찰에서 '사람을 죽이는 훈련'을 받았다 하더라도 이는 마찬가지다.

인권침해의 정도에 있어서 가장 심각한 것이 생명권을 박탈하는 것이다. 대량학살처럼 물리력을 갖춘 군대나 경찰과 같은 조직이 국민을 대상으로 하는 폭력행사는 대규모 인권침해의 전형이라고 할 만하다. 몸과 마음의 고통이 사라지지 않는 고문의 경우도 역시 그 정도가 덜하다고 할 수 없다. 인권침해의 초점은 희생자 관점에서 그 책임을 국가(또는 관련 기관)라고 하는 다소 모호한, 일반화된 주권에서 한발 더 나아가 실제 국가권력을 행사했던 가해자를 어떻게 처리할 것인가 하는 점이 중요하다.

한국전쟁에서 수많은 시민이 군인과 경찰에게 살해되었다. 얼마나 많이 죽었는지 그 피해 규모조차 정확히 알 수 없을 만큼 군경은 비무장 민간인을 집단살해했다. 군인과 경찰이 민간인을 살해할 때는 정치적 · 문화적 · 심리적 조건에서 발생한다. 학살에 가담하는 군인과 경찰들은 어떤 조건에서 중대한 인권침해를 가져오는가. 다시 말해 평범한 사람도 상관의 명령이나 복종, 이와 유사한 상황에서 민간인을 살해하게 되는가 하는 점이다. 중대한 인권침해에 대한 희생자 관점은 그들이 어떤 체계를 거쳐 명령을 수행하게 되고 그 과정에서 무슨 일이 벌어졌는지 밝혀보려는 것이다.

전시라고 하더라도 보통 사람들은 사람을 죽인 이들에게 어떤 반감을 가질 가능성이 있다. 보편적으로 대다수의 사람들은 자신과 같은 사람을 죽이는 것이 쉽지 않기 때문에 그들이 민간인을 학살하게 된 데에는 어떤 조건과 환경이 주어졌고 적절한 학습, 곧 군대 신병훈련소는 사람을 죽이는 기술을 가르치는 훈련이라는 점을 감안하면 군인들은 명령을 받으면 살인할 수 있고, 실제로 그렇게 할 가능성 또한 매우 높은 게 사실이다.

중대한 인권침해를 다루는 것은 국제사회에서 이행기 정의(transitional justice)의 중요한 과제 중의 하나다. 여기서 말하는 중대한 인권침해란 그

유형이 별도로 정해져 있는 것은 아니며 인권유형과 인권침해 양상 그리고 그 규모를 고려해서 일컫는 서술적 개념이다. 이 용어는 인권침해 정도가 심각하고(serious) 체계적이며(systematic) 대규모로(large-scale) 자행되는 침해를 포괄적으로 가리킨다(조용환, 2010: 77-79). 국제사회가 합의하고 있는 구체적인 유형은 고문과 집단살해 강제실종, 국외추방 또는 강제이주 등이다.

내전이나 이와 유사한 상황에서 발생한 비전투원에 대한 대규모 살인은 다른 유형의 전쟁보다 더 많은 피를 흘리고 무질서한 상태에서 이루어진다. 동일한 민족이나 국가 성원에 대한 이 같은 행위는 다른 어떤 일탈행위보다 충격적이고 강한 보복을 낳는다. 중대한 인권침해가 발생하는 것은 가해자가 국가권력을 행사하는 데 기반을 둔 각종 법률의 경계와 실질적으로 이 권한을 행사하는 조건하에서 이루어진다. 군인과 경찰은 국가기관의 소속원으로서 일종의 권한을 수행했고, 이 과정에서 구체적인 인권침해행위가 발생했다.

2. 이행기 정의와 가해자 책임

1) 인권과 이행기 정의

세계체제에서 역사적으로 등장한 과거청산은 민주주의를 바탕으로 하는 근대적 현상이다(Cho Hee-yeon, 2003: 20-21). 이행기 정의에서 가해자를 처리하는 방식은 개별 국가의 민주주의 실현 정도를 파악할 수 있는 척도가 된다. 가해자 처벌 문제는 한 사회의 과거청산과 민주주의 실현을 둘러싼 논란을 비교적 정확하게 파악할 수 있고 이는 또한 인권의 발전과도 매우 밀접한 연관성을 띠고 있다. 민주주의를 실현하는 하나의 정치사회적 과정이 이행기 정의라고 하는 과거의 잘못된 법적 · 제도적 개혁과정이다. 뿐만 아니라 이를 실현할 수 있는 조건 또한 민주주의 체제하에서 가능하기 때문에 이 둘은 서로 상보적인 관계 속에서 효과적으로 작용한다.

일반적으로 권위주의 체제에서 민주주의로 이행한 후 '과거를 돌아보는 정의(backward-looking justice)' 가 등장한다(Elster, 1998: 9-12). 이 관점에 따르면 보편적으로 이행기 정의는 제3세계 국가의 일반적인 민주화 경로로 자리매김한 것을 알 수 있다. 그렇지만 민주주의를 다양한 사회집단의 이해관계를 정치사회라고 하는 공적 공간에서 해결하는 과정으로 볼 때, 민주화 이후 과거청산은 각 나라가 처한 역사적 · 정치적 조건에 따라 다르게 진행되어 왔다(정근식, 2002: 5; 김동춘, 2006: 2).

이행기 정의는 광범위한 과거유산을 체계적으로 규명하는 일련의 과정으로서 정의를 추구하며 사법적 판단과 역사 기억, 화해를 달성하기 위한 정치사회적 시도다. 이를 구체적으로 정의하면 "평화와 민주주의, 법치 그리고 개인과 집단의 권리를 억압하거나 폭력적 갈등을 야기하고, 또한 광범위하고 조직적인 인간의 권리를 남용한 유산을 단죄하기 위한 사회적 접근방식"이다(Arenhövel, 2008: 577). 사법적 · 비사법적 과정을 포함하는 이 과정은 다양한 차원의 국내외 기소, 배상, 진실 찾기, 제도적 개선, 조사 또는 이런 사항들의 조합으로 이뤄진다. 인권 측면에서 이 정의를 단계와 분야별로 나누면 진실규명과 책임자 처벌, 피해배상, 제도개혁, 문화구축으로 요약할 수 있다.

이행기 정의의 유형은 가해자 사법처리를 최우선으로 하는 정의모델과 가해자 사면을 전제로 한 남아공의 진실화해, 스페인과 같은 망각, 르완다나 동티모르와 같은 혼합모델 등이 있다. 국제적으로 가장 널리 알려진 이행기 정의는 진실위원회(truth commission) 모델로서 형사처벌과 포괄적 사면 사이의 제3의 방법을 일컫는다(Hayner, 1996: 19-29). 이와 같은 유사한 유형들이 1970년대 초반 이후 우간다와 아르헨티나, 과테말라, 남아프리카공화국, 가나, 동티모르, 모로코와 같은 나라에서 다양한 형태로 증가해 왔다(Lundy and McGovern, 2008: 270). 어느 나라에서나 비슷하지만 이행기 정의의 가장 중요한 청산대상이 바로 국가에 의한 중대한 인권침해행위였다.

이행기 정의의 역사적 기원은 고대 아테네 민주주의 이행체제에 있었음이 설득력 있게 논증되었다. 존 엘스터(Jon Elster)는 최초의 민주주의 이행이 B.C. 403년 아테네 민주주의 체제 이행으로 보았다(Elster, 2004: 4-24). 그는 아테네 민주체제 이행협약이 일괄사면, 기소제한, 구체제 세력의 망명 등 안전보장과 민주주의 이행에 대한 외국(스파르타) 중재, 법령에 근거한 구세력 청산, 사회재건과 화해 등의 측면에서 20세기 민주주의 이행기 정의와 유사하다고 분석했다.

이 정의의 현대적 개념은 2차 세계대전 이후 국가 간 관계에서 국제법으로 인권을 보장하기 위한 노력들이 합해져 등장했다. 1980년대부터 급속히 발전해 온 이 논의의 이론적 담론은 주로 라틴아메리카의 정권변화와 연관되어 있다. 그러나 이 이론은 민주적 제도와 시민사회 내 시민덕목 개발을 구현하는 전제조건으로 과거에 대한 중요성을 소홀히 했다. 정권교체 후 이행기 정의를 실현하는 데 있어서 범죄기소와 재판절차에 따른 법적 처리는 '승자의 정의'로 끝날 가능성이 크다. 특히 민주적 제도가 갖춰져 있지 않고 민주화가 외부요인에 의해 이루어진 경우 더욱 그러하다(Arenhövel, 2008: 576-577). 예를 들면 남아프리카공화국 진실화해위원회는 가해자들이 과거에 저지른 자신들의 만행을 진술하는 대신 사면을 허용하였다. 이것은 민주주의로의 평화로운 이행에 필수적인 성과였지만, 아파르트헤이트(apartheid) 체제의 구조적인 불공평을 무시함으로써 비판받았다.[1)]

1) 아파르트헤이트는 남아프리카공화국 백인정권이 1948년에 법률로 제정한 백인과 유색인종의 분리, 차별정책을 말한다. 이는 모든 사람을 백인, 흑인, 유색인, 인도인 등으로 나누어 인종별로 거주지 분리, 통혼금지, 출입구역 등을 나누고 경제 · 사회적으로 백인특권을 유지하고 강화하기 위한 정책이었다.

〈표 1〉 세계의 진실위원회

국가	위원회 활동 기간	조사대상 기간
우간다	1974	1971.1.25.~1974
볼리비아	1982~1984	1967~1982
아르헨티나	1983~1984	1976~1983
우루과이	1985	1973~1982
짐바브웨	1985	1983
우간다	1986~1995	1962.12.~1986
네팔	1990~1991	1961~1990
칠레	1990~1991	1973.9.11.~1990.3.11.
차드	1991~1992	1982~1990
남아프리카공화국	1992~2000	1960.3.1.~1994.5.10.
독일	1992~1994	1949~1989
엘살바도르	1992~1993	1980.1.~1991.7.
스리랑카	1994.11.~1997.9.	1998.1.1.~1994.11.13.
하이티	1995.4.~1996.2.	1991.9.29.~1994. 10.15.
부룬디	1995.9.~1996.7.	1993.10.21.~1995.8.28.
에콰도르	1996.9~1997.2	1976~1996
과테말라	1997.8.~1999.2.	1962~1996
나이지리아	1999~2000	1996~1999.3.28.
한국[2]	2000.10.~2003	'과거 권위주의 정권'
파나마	2001.1.18.~2002.3.	1968~1988
페루	2001.1.~2003.8.	1980~2000
가나	2002.1.~	1957.3.6.~1993.1.6.
시에라리온	2000~2001 2002~2005	1991~1999
동티모르	2001.7.~2005.6.	1974.4.25.~1999.10.25.

출처 : Landman(2006: 108).

2) 한국의 경우는 1기 대통령 소속 의문사진상규명위원회가 활동한 시기를 중심으로 작성한 것으로 보인다.

이행기 정의는 무력충돌과 권위주의시대에 인권침해 유산을 다루는 다양한 실천으로서 법치를 회복하고 불처벌(impunity) 문화를 반박하는 사법적 응징, 희생자 명예회복과 보상, 제도개혁, 사회 · 정치적 화해, 국민형성과 서사공유를 근본으로 하는 과거 복원을 목표로 한다. 근래에 이 논의가 활발해진 데에는 공공과 잔학행위의 책임성에 대한 국제적 기대감이 증대했기 때문이다. 유엔인권고등판무관실(OHCHR: Office of the UN High Commissioner for Human Rights)은 '포스트 갈등상태에 관한 법치수단(Rule-of-law Tools for Post-conflict States)' 에 관한 운영체계를 마련해 무력충돌 이후 정치상황에 대한 이행기 정의 담론과 개입과정을 점진적으로 포괄해 왔다(OHCHR, 2006; Lundy and McGovern, 2008: 267-268).

하지만 이행기 정의에서 보편적으로 구상된 전환은 서구 민주주의의 근본적인 토대와 자유에 기반을 둔 민주화 그리고 민주주의의 제한된 개념을 포함하는 경향이 있다. 더욱이 '이행' 을 '독재' 체제로부터 벗어나는 것을 의미할 때, 적어도 자유민주주의 책임이 보편적인 곳에서 인권남용이 발생할 수 있는 환경을 무시하고 있다고 비판받는다. 이것은 정의를 매우 협소하게 받아들이고 법률적 영역으로 제한하는 경향에서 비롯된 것이다. 정의는 사회갈등이 불완전하게 남은 상태에서 학자와 전문가들이 부분적이고 단편적인 방법으로 평화와 정의를 결합하려는 시도에서 편향되게 다루기도 한다(Lundy and McGovern, 2008: 273-274).

이처럼 이행기 정의를 법의 문제에 초점을 맞춘다면 광범위한 사회적 · 정치적 · 경제적 맥락에서 이 과정의 결과를 이해하는 데 문제가 발생한다. 정책실행의 논쟁 속에서 이행기 정의는 인권침해를 밝히는 다양한 스펙트럼으로 진행된다. 인권침해 중단과 구체제 단죄, 희생자 명예회복과 배상, 진실위원회 조직, 공공기능으로서 인권남용 정화, 가해집행자 · 책임자 형사처벌 과정은 법의 영역을 넘어선다(Grodsky, 2009: 824). 그리고 국내외적으로는 평화를 추구하는 사람들이 저개발과 전쟁으로 피폐해진 사회의 다층적인 측면에서 회복하는 정의의 관점이 갖는 복잡성에 대응하고 인식하는 데 실패했다. 통합되고 대안적인 접근으로 법률과 경정, 그리고 분배의 내적 연계성에서 이행기 정의를 개념화할 필요성이 제기되고 있다(Mani, 2002: 5-6). 법률적인 것은 법에 따른 통치를 회복하는 것이며 경정은 개인들이 당했던 직접적인 인권남용을 바르게 고치고, 분배는 정치적이고 경제적인 차별과 재원의 불평등한 결과로부터 구조적이고 체계적인 부정의에서 착안한 것이다.

이행기 정의를 현재적 논의로 비판해 보면, 이를 적용하는 데 있어 갈등을 해결하기보다는 서구식 민주화 표준이나 형태로 접근하는 경향이 있다. 그리고 민주화의 한계와 유형을 결정하는 데 있어서 경제적 정의를 가볍게 여기는 것은 이를 광범위한 '이데올로기 전쟁(ideological battle)' 의 일부분으로만 이해하는 것이다. 이것은 주권과 국제적 개입을 기초로 하는 것은 말할 것도 없이 인권과 정의의 개념을 논함에 있어서 보편성과 상대성을 야기한다(Lundy and McGovern, 2008: 274). 그러므로 이행기 정의는 인권침해를 야기한 글로벌 경제관계와 여기에 연루된 국제정치, 무력개입 구조 등을 고려해 의제로 삼는 것이 바람직하다. 이행기 정의는 민주주의를 확립하는 수단이며 과거의 중요한 비판적 재평가 과정은 그것 자체를 상징적으로 다루고, 정의와 정체성을 재수립하는 순간이어야 한다(Arenhövel, 2008: 581).

2) 불처벌과 가해자

국제사례를 보면 이행기 정의에서 가장 논란이 되는 부분은 가해자 처리와 불처벌에 관한 부분이다. 통상 불처벌은 인권침해자에 대해 책임을 묻지 못하는 것을 의미한다. 유엔인권위원회 차별방지 및 소수자보호 소위원회에서 결의한 제1995/35호에 따라 제48차 유엔인권소위원회에 루이

주아네(Louis Joinet)가 제출한 최종보고서 "인권침해자에 대한 불처벌의 문제"는 인권침해에 따른 광범위하고 다양한 형태의 구제조치를 규정하고 있다. 불처벌에 관한 최종보고서는 "불처벌과의 투쟁을 통한 인권의 보호와 신장을 위한 일련의 원칙"을 제시한다. '일련의 원칙' 들은 희생자의 기본권인 알 권리, 사법적 처리에 관한 권리, 원상회복에 관한 권리 등을 주요 의제로 하고 있다.

가해자 사법처리에 관해서 보고서는 먼저 희생자의 상황을 제시한다. 보고서는 화해의 전제조건은 용서인데 이것은 희생자가 가해자를 알고 있고 가해자가 참회를 보여줄 수 있다는 점을 함축하는 사적 행위로 본다. 어떤 평결을 넘어서는 이 과정은 인권침해자의 사법처리에 관한 권리의 목적이 핵심이 된다. 그러므로 불처벌은 사법처리에 관한 국가의 의무인 인권침해를 조사하고 가해자에 대해서, 특히 사법영역에서 적절한 조치를 취하며 그들을 기소 · 심리하고, 희생자들에게 효과적인 구제를 제공해야 하는 국제법상의 의무를 저버리는 것이다.

2차 세계대전 이후 홀로코스트는 뉘른베르크 전범재판에서 살인죄를 넘어서 반인도 범죄로 규정되었고 그 후 유엔은 '제노사이드 방지와 처벌에 관한 협약' 을 제정했다. 2차 대전 이후 독일은 연합국이 설치한 통제위원회 지령 제24호를 근거로 미군정 지역에서 독일인 스스로 탈나치화 법령 「국가사회주의와 군국주의로부터 해방을 위한 법령」을 공포 · 시행했다(친일반민족행위진상규명위원회, 2007: 156).[3] 이 법령의 기본 강령은 국가사회주의 및 군국주의에 책임이 있는 자들 모두는 공공활동, 경제활동 및 문화활동에 대한 영향력을 행사하지 못하며 보상에 대한 책임과 이에 대한 해명을 명시했다. 책임이 있는 처벌대상자는 주범, 중범(적극지지자, 군국주

3) 이 지령은 연합국의 노력에 적대적인 자들 및 국가사회주의자들을 공직 및 책임 있는 직위로부터 추방하는 것에 관한 것이다. 그리고 이 법령은 연합군 측의 강경한 탈나치화 정책에 대한 독일인의 불만을 무마하기 위한 조치이기도 했다.

의자, 향유자), 경범(집행유예집단), 단순가담자, 무혐의자로 분류했다. 이들에 대한 속죄는 책임의 정도에 따라 다르지만 특별노동 동원과 정치적 활동 금지, 거주제한 등의 조치로 나누어졌다. 이처럼 독일은 병사들이나 관련자의 가해 정도, 행위에 따라 그 책임을 달리했다.

가장 최근의 가해자 사법처리는 캄보디아에서 진행하고 있는 국제법정일 것이다. 1970년대 중반 크메르 루즈(Khmer Rouge) 정권이 자행한 약 200만 명에 이르는 대규모 집단학살에 대해 2003년 유엔과 캄보디아 정부는 국제사법절차에 합의했고, 이에 따라 2006년 법정을 설치했다(한겨레, 2013.6.8.). 이 법정은 캄보디아 국내법과 국제법 · 인권규약을 적용하는 한편, 캄보디아 국내 판사와 외국 법률가가 참여하는 국제판사로 구성되었다. 법정에서 가장 먼저 다룬 인권침해자는 투올슬랭(Tuol Sleng) 수용소, 흔히 S-21[4]이라고 하는 감옥의 책임자였던 캉 켁 이우였는데 법정은 교도소 수감자 1만여 명의 살해혐의로 2007년 그를 기소한 후 2012년 종신형을 선고했다. 현재 다른 범죄자에 대해서도 재판이 진행 중에 있다.

불처벌과 관련해서 앞서 살펴본 남아프리카공화국 진실화해위원회는 가해자들의 증언을 조건으로 이들의 사면을 명문화하는 원칙을 마련했다. 한국의 경우 5·18을 제외하고는 가해자에 대한 법적 처리방침이 마련되어 있지 않았다. 민주주의와 인권이라고 하는 보편적인 원칙에서 보자면 인권침해 책임자와 이를 실행한 자에게 법률적 · 역사적 · 정치적 책임을 묻는 것은 정당하다. 한국은 포괄적 과거청산을 지향하고 국민통합 노선을 추구했다(안병욱, 2010; 김무용, 2007: 313-316). 이 방식은 현실적인 측면에서 가

---

4) 이 수용소는 캄보디아 수도 프롬펜에 위치한 투올슬랭 고등학교를 크메르 루즈 정권에서 S21 감옥으로 개조한 것이다. 현재는 박물관으로 보존 중에 있는데 1975년부터 1977년 사이에 이곳에서 약 2만여 명의 사람들이 죽었고 단 7명만이 생존한 것으로 알려졌다. 2003년 이 수용소 학살을 다룬 다큐멘터리 영화가 제작되어 '크메르 루즈-피의 기억 S-21(S21: The Khmer Rouge Death Machine)'로 개봉했다. 영화는 증인들의 증언과 사건 재연, 감옥의 화가로 있던 노인의 캔버스 기록을 토대로 진실을 추적하고 있다.

장 바람직한 것으로 여겼으나 가해자에 대해서는 사법처리는 말할 것도 없이 최소한의 도덕적 책임마저 묻지 못하는 상황이 되었다. 이행기 정의를 실현하는 과정에서 책임자 처벌은 가장 중요한 원칙 중의 하나였지만 개별 국가의 민주주의와 인권수준에 따라 그 정도가 결정되었음을 알 수 있다.

일반적으로 가해책임을 말할 때 '국가'를 지목하는 것은 너무나 추상적이다. 한국에서는 책임자 처벌이라고 하는 과거청산 원칙이 제도화과정에서 빠졌고, 이것은 결국 '국가'라고 하는 추상적인 권력과 어떤 체제로 상징되었다. 진실화해를위한과거사정리위원회(이하 진실화해위원회)는 중대한 인권침해의 책임을 국가라고 하는 일반화된 주권(또는 기관)에 있다고 명시함으로써 '국가의 책임'을 강조한 것은 현실적이었다. 그렇지만 가해책임자(또는 집행자)에 대한 행정적 · 도덕적 책임까지는 묻지 않았다. 다시 말해 책임자는 근대 관료조직 내에서 명령을 내리고 그 명령이 집행되기 때문에 인권침해의 내적 과정을 개혁하는 데 필요한 책임소재를 소홀히 다루었던 것이다(한성훈, 2010: 130). 이처럼 이행기 정의에서 가장 논란이 되는 불처벌 문제는 개별 국가의 정치적 상황에 따라 협소하게 다루거나 또는 너무 이상적인 것으로 간주할 위험이 있다.

가해자와 그 책임자의 광범위하고 조직적이었던 인권침해와 권한남용의 결과는 이행기 정의 과정에서 논쟁의 대상이 된다. 이들에 대한 처벌 여부는 구체적인 인사개혁 프로그램과 연계되어 있을 뿐만 아니라, 시민사회와 피해자들이 요구하는 공공성에 의해 평가하고 기관인사와 대체인력 풀(pool)을 고려한 개혁방향 등 정치적 의지와 맞닿아 있는 사안이다(OHCHR, 2006: 13-14). 인권침해자, 곧 인권법 위반행위는 피해자 구제조치와 맞물려 국제인권법과 국제인도법의 가장 중요한 의제였다. 2005년 12월 유엔총회는 "국제인권법의 중대한 위반과 국제인도법의 심각한 위반행위의 피해자 구제조치와 손해배상에 관한 기본원칙과 지침(Basic Principles and Guidelines on the Rights to a Remedy and Reparation for

Victims of Gross Violations of International Human Rights Law and Serious Violations of International Humanitarian Law)"을 채택했다. 유엔의 이 결의문은 국제법에 따라 범죄를 저지른 자를 기소할 국가의 의무를 강조하는데, 이 의무는 피해자 중심의 관점에서 구제조치와 손해배상의 권리를 존중하며 책임성과 정의 그리고 법치주의에 따른 국제법 원칙과 피해자에 대한 인간적 연대를 확인하는 것을 의미한다(조용환, 2010: 81-82). 이 기본원칙은 인권발전의 새로운 전기를 맞이한 것으로서 인권침해 피해자와 가해자, 개별 국가와 국제사회가 어떤 법적 · 인도적 관계를 가져야 하는지 가장 광범위하고 구체적인 실행방안을 규정한 것이다.

3. 전쟁과 중대한 인권침해

1) 전쟁 : 작전명령과 범죄

전시는 민간인이 인권을 침해당할 가능성이 매우 높아진다. 여기에는 전쟁의 본질과 전쟁 수행의 특성이 반영되어 있다. 전쟁은 정치적 목적을 위한 수단으로 사용되며 상대가 자신의 의지에 따르도록 강제하는데, "물리적인 힘으로 상대방을 자기 의지에 굴복"시켜 제압함으로써 더 이상 저항이 없도록 만들려고 한다. 궁극적으로 전쟁은 적에게 "자신의 의지를 관철시키려는 폭력행위"이자 "무력행위"가 된다(Clausewitz, 1982). 이와 같은 강압행위에는 아무런 논리적 한계가 없다. 이를 합리화하기 위해 모든 국가는 자신이 일으킨 전쟁을 '정의의 전쟁'이라고 부르고 상대방은 부정의한 집단으로 몰아부친다.

폭력이 일상화되는 전시는 스스로 자신을 보호할 힘을 갖지 못한 노인, 여성, 어린이, 비무장 민간인뿐만 아니라 갈등관계에 있는 정치적 반대자 등을 아주 쉽게 죽이게끔 한다. 민간인이라 하더라도 전시에 적으로 치환된 상대방은 죽여야 할 대상이지 보호해야 할 상대는 아니게 된다. 전쟁의 정치는 명백히 한계를 드러낸다. 민주정치라면 갈등은 폭력을 유발하지 않고 합리적으로 해결하려고 노력할 것이다. 왜냐하면 갈등을 해소하는 방법으로 사람을 죽이는 것은 범죄이기 때문이다. 오늘날 전시나 비상사태와 같은 때에 주로 벌어지는 이런 잔혹한 행위들은 그 주체가 근대국가라는 점에서 국가범죄라는 개념으로 설명할 수 있다(이재승, 2010: 17-24). 전시는 군경의 살인행위에 대해 아주 관대하다. 심지어 그것이 민간인을 대상으로 하는 작전일 때도 비일비재하다.

전쟁이란 두 개의 조직된 무장력이 상대방 병력을 죽임으로써 서로의 힘, 곧 그들의 저항의지를 파괴하려는 충돌이다(Show, 2003: 5). 이렇게 설명하는 전쟁의 정의는 조직적이고 체계적인 살상, 그것이 군인이든 민간인이든 상관없이, 전쟁수행의 가장 중요한 요인으로 파악하게 만든다. 실제로 세계 전쟁사에서 군인과 민간인의 사망자 수는 계속 증가해 왔고 20세기 들어 양차대전을 겪으면서 그 수는 가장 많아졌다. 그러나 이러한 사망자의 증가에도 불구하고 전장에서 군인이 사람을 죽이는 행위 자체는 결코 쉬운 것만은 아니었다.

2차 세계대전 때 태평양지역 미육군 역사가였고 유럽지역 작전을 다루는 전사가였던 S.L.A. 마샬(Marshall) 준장은 유럽과 태평양에서 전투에 참가한 보병중대 400개 이상에서 선발한 군인 수천 명을 대상으로 개별, 집단 면접을 실시했다. 연구결과는 놀라운 것이었다. 2차 대전에 참전한 미군 소총수들 가운데 15~20%만이 적군에게 총을 쏜 것으로 나타났다(Marshall, 1978). 면접은 병사들이 독일군이나 일본군과 근접 전투를 벌인 바로 직후에 실시한 것이었다. 그는 다음과 같이 결론 내렸다. “군인은 결정적인 순간에 양심적 병역거부자가 된다.” 마샬은 2차 세계대전에서 수행한 것과 동일한 조사를 위해 한국전쟁에 파견되었을 때 보병 중 55%만이 자신이 지닌 무기를 사용하고 있다는 것을 알았다. 이들 소총수의 사격비율은 베트남 전쟁에서 90~95%까지 상승했다(데이브 그로스먼, 2011: 367-381). 미군은 병사들의 사격비율을 높이기 위해 둔감화(desensitization), 조건형성(conditioning), 부인 방어기제(denial defense mechanism)라는 훈련기법을 활용했다. 전쟁 역시는 사람이 사람을 죽이는 행위가 아주 어렵다는 것을 보여주고 있으며, 그것이 아무리 전시라고 해도 같은 종(種)을 대면해서 죽인다는 것은 예사 일이 아니었다. 결국 전쟁의 역사는 전투 중에 사람을 보다 쉽게 죽이도록 하는 여러 가지 심리적 · 신체적 훈련을 증대시켜 온 것임을 알 수 있다.

현대 전쟁은 군인보다는 오히려 대규모 민간인을 피해자로 만들었다. 한국전쟁 때에는 국가가 공동체 구성원을 살해하는 일이 비일비재했다. 사회집단에 대한 파괴는 조직적인 공격의 일부이기도 하지만, 무관심과 수수방관에 의해 발생할 수도 있다. 그리고 제노사이드(genocide)와 전쟁은 분리할 수 없다. 대부분의 제노사이드는 국가 간 전쟁이나 내전 상황에서 발생하는 사회집단이 적이 되는 전쟁의 형태라고 할 수 있다(Show, 2003: 44-45). 내전이든 국제전이든, 소총이든 농기구든, 포격이든 공중폭격이든 전투를 수행하는 방법이나 수단과 상관없이 대량의 학살은 일어날 수 있다.[5]

상관의 명령과 전시라고 하는 정치적 조건은 인권침해 행위를 아주 쉽게 여기도록 한다. 전쟁에 참여한 이들은 흔히 전투라고 하는 특수한 상황이 민간인을 무차별로 학살하고 피해규모가 크게 늘어난 가장 큰 이유라고 증언한다. 인권침해자들은 '전시'를 강조하면서 살해의 불가피한 상황에 대해 나름대로 역설한다. 문제는 이와 같은 내전의 성격이 가해자의 심리에서 그대로 나타난다는 점이다. 한국전쟁 때 조금이라도 좌익과 관련되었

---

5) 1994년 4월부터 약 100일 동안 100만 명이 살해당한 것으로 알려진 르완다 제노사이드에서 후투족은 투치족을 학살하는 데 풀과 나무를 벨 때 쓰이는 마테체(긴 낫)를 사용했다. 주민들은 총보다는 오히려 이 낫이 가장 흔했고 누구나 가지고 있었기 때문에 살해도구로 이것을 가장 많이 사용했다(필립 고레비치, 2011).

거나 의심스러우면 적으로 취급되었다.

거창사건과 관련된 김종원은 주민살상이 상부에서 승인한 것이라고 강변했다. 그는 국회조사단이 관련자 진술을 청취하는 동안 군법회의 설치와 이적주민 살해는 상관의 명령을 받은 대대장이 간이재판에 의해 즉결처분했기 때문에 위법이 아니라고 주장했다. 이뿐만 아니라 그는 죽은 사람들 중에서 "좌익에 부역행위 한 놈에 대해서는 마땅히 죽여도 좋다는 것을 장관이나 상부에서도 역시 승인하고 있다"라고까지 했다. 사단장은 말할 것도 없고 '작전명령'[6]을 내린 연대장, 대대장의 행위도 위법하지 않다는 논리를 내세웠다. 김종원은 국회조사에서 논란이 된 노인과 유아는 죽은 주민들 중에 없었으며 즉결처분은 법적으로 정당하다고 강변했다(김종원 진술, 1951: 178-179). 이와 같은 그의 주장은 그 자신이 군인으로서 지난 시기에 민간인을 다반사로 살해한 경험을 바탕으로 한다.[7]

상부의 작전명령은 현재적이다. 이는 집단살해의 전모를 밝히지 않으려는 정치적 의도와 맞물려 있기 때문이다. 1999년 9월 30일 노근리사건이 AP통신을 타고 국제적으로 불거지자 이듬해 한국과 미국 정부는 한미 공동조사위원회를 조직해 1년 동안 활동을 벌여 최종보고서를 발표하였다. 그러나 미 국방부의 조사를 둘러싼 모순들은 심지어 독립적으로 참여한 고문들까지도 의심의 목소리를 내게 했다. 한국전쟁 참전으로 훈장을 받은 피터 맥클로스키(Pete McCloskey) 전직 하원의원은 노근리사건에 관한 국방부 보고서의 고문으로 초빙되었다. 그는 최종적으로 발표된 보고서

6) 이 명령은 이종대가 언급한 것으로서 1951년 2월 2일 11사단 9연대장 오익경이 내린 연대 작전명령 제5호 부록의 내용을 가리킨다(한성훈, 2006: 216; 한인섭, 2003: 5-7).

7) 거창사건을 은폐했던 김종원에게 주민학살은 새로운 것이 아니었다. 1948년 여순사건에서 일본도로 많은 주민들을 죽였던 그는 1950년 3월 14일(음력) 3사단 22연대 병력을 이끌고 경북 영덕군에 주둔하고 있었다. 그는 부대를 이끌고 공비소탕 임무를 맡았는데 당시 영덕경찰서에 불온분자라고 검거되어 유치장에 있던 31명을 끌어내 죽였다. 3월 21일에는 남석동 미곡창고에 수용되어 있던 70여 명을 보도연맹 가입자라고 낙인찍어 맷골에서 집단학살했다(해방20년사편찬위 편, 1965: 825).

에 미국 정부가 "진실이 드러나기를 원하지 않"고 "난처한 사안들에 대해 거짓말"하고 있는 것을 질타했다.[8] 이것은 2001년 1월 12일 노근리사건 조사결과 발표 당시 미국 클린턴(Bill Clinton) 대통령이 민간인 학살에 대해 미군의 책임을 인정하는 '사과(apologize)' 라는 표현 대신 '깊은 유감(deeply regret)' 이라고 하면서 작전수행의 일부 피해로 한정한 것을 비판한 것이다. 그는 이것을 고위지휘관의 정치적 의도라고 간파했다.

민간인에 대한 광범위한 살해가 발생하는 정치적 조건은 과거의 것만이 아니다. 국가권력의 폭력적 속성이라는 측면에서 보자면 진실을 감추려고 하는 국가의 의도는 현재에도 계속되고 있다. 학살은 법률적인 잣대가 아니라 정치적인 목적에 따라 실행되었고 적으로 간주한 사람을 제거하는 것은 법에 따른 재판이 아니라 처형(execution)의 방식으로 집행되었다. 정치적인 합목적성만이 기준이 되었는데 군인이나 경찰의 살해행위는 권한과 권력이 민주적으로 통제되지 않는 상황, 조직이 민주적으로 작동하지 않을 때 발생했다.

2) 정치적 구별과 인권침해

민간인에 대한 대규모 살해는 결코 쉽게 일어나는 일이 아니다. 비전투원들에 대한 의도적인 살상과 행위는 "죽음이 민간인들의 행동을 바꾸도록 강요하거나 위협하기 위해 기획된 정책"에 기인한다. 더구나 "가해자들이 이들 정책으로 인해 광범위한 죽음이 초래되리라는 것을 이성적으로 예상할 수 있다면," 이건 매우 의도적인 행위가 된다(벤자민 발렌티노, 2006: 26-27). 비전투원이 무장세력을 옹호하거나 정치활동에 가담해 전투원과 연계된다고 해서 무기를 든 상대로 전환되는 것은 아니며, 이것이 무시될

---

8) BBC, 'Kill' em all' -American military conduct in the Korean War, 2002.2.1., By Jeremy Williams. 노근리사건 조사결과는 다음을 참고(국방부 노근리사건 조사반, 2001).

때 민간인은 쉽게 적으로 간주된다.

살해를 명령하는 행위자의 동기에서 볼 때 학살은 특정한 이데올로기를 강요하고 정치적 반대자나 잠재적인 위협을 제거하며, 공포를 확산시키기 위해 벌어진다. 일반적으로 이와 같은 학살은 근대국가가 출현하는 과정에서 등장하는 정치체제의 주권형성과 국민형성을 둘러싸고 발생한다. 칼 슈미트(Carl Schmitt)는 “정치적인 구별이란 적과 동지의 구별”로 규정했다. 달리 표현하면 “정치적이란 곧 적과 동지를 구별하는 개념”이다(Schmitt, 1963). 이것은 모든 사물에 논리적으로 내재하는 개념으로서 정치적인 행동이나 동기에 기인하는 것이다. 정치적으로 적과 동지의 구별은 결합 내지 분리, 연합 내지 분열의 가장 센 강도를 나타내는 의미다. 적이란 “바로 타인, 이질자이며 그 본질은 특히 강한 의미에서 존재적으로 어떤 타인이며 이질자”라는 뜻이다. 따라서 극단적인 경우 적과 충돌이 일어나며 이 충돌은 미리 정한 일반적 규정이나 외부 또는 제3자의 판단에 의해 해결될 수 있는 것이 아니다.

정치적인 것을 결정하는 것은 일반적으로 정치적 통일체이며, 이것은 특정 국가의 주권(sovereignty)을 일컫는다. 주권에 대한 국가의 논리는 위정자의 정치적 지향과 정치체제가 추구하는 이데올로기로 포장된다. 전쟁은 이런 ‘정치적인 구별’을 가장 노골적으로 드러내고 특히 피점령지 주민들을 통치하는 시기에 극명하게 나타난다. 정치적 학살을 통해 형성되는 국민은 ‘국가적’이라는 개념과 ‘정치적’이라는 개념을 일치하게 만드는 것을 의미한다. 정치적 구별에서 인권침해가 발생할 개연성은 다분하다. 전쟁의 정치와 정치의 전쟁에서 가장 지배적인 논리는 ‘적과 우리’의 구별이다.

전쟁과 정치의 관계에 대한 분석에 따르면 전쟁 중이거나 준전시상태의 국가에서 정치는 “가장 극단적인 ‘적과 우리’의 논리”에 따라 이뤄진다(김동춘, 2011: 337-338). 전쟁정치는 이데올로기 차원(반공주의, 반인종주의 등), 법적 차원(계엄법, 국가보안법 등의 제정과 집행), 공권력 행사방식(경찰, 군대의 동원) 등으로 나타난다. 전쟁수행 원리에 따라 국가운영이나 정치가 이뤄질 때 정치 · 사회갈등이 폭력으로 변하고 "'적과 우리'의 원칙과 담론"은 지배질서 유지를 위해 사용된다. 국가권력 행사나 일상적인 정치활동에서 전쟁의 원리, 정치갈능을 내전이나 비정규전쟁과 구별할 수 없게 되면 적으로 지목된 집단을 부정하는 전쟁의 보편화와 일상화가 진행되어 국가 내부의 야당, 저항운동, 비판적 시민까지 적으로 취급된다. 이와 같은 '정치적 실천'을 "전쟁정치"라고 명명한다.

전쟁정치에서 지배체제에 비판적인 집단이나 시민은 국가 내부의 적 또는 적으로 의심되어 최소한의 법적 보호에서 배제된다. 폭력적 진압의 대상이 되는 순간 민주주의 형식 아래에서조차 이들에 대한 인권은 국가기관의 공권력 집행과정에서 고려의 대상이 되지 못한다. 전쟁정치의 가장 위협적인 요소는 바로 민주주의 파괴에 있다. 근대국가에서 정치과정의 핵심을 민주주의라고 하는 보편적 원칙의 적용이라고 본다면 주권을 위임한 시민의 권리는 지배체제의 이데올로기나 담론, 정책보다 우선적으로 존재한다. 그러나 전쟁정치는 이러한 제 권리를 규정한 법이라는 테두리 속에서 폭력을 행사하고 비판적 시민들을 정치과정에서 추방한다.

전쟁에서 상대방은 최종해결, 끝까지 죽여야 하는 대상이자 삶의 의지를 박탈해야 할 존재다. 민주주의를 향한 정치과정이 한계가 없듯이 전쟁의 논리적 한계 역시 없다. 이와 같은 상황은 대규모 인권침해가 발생하는 데 매우 요긴한 조건을 형성한다. 한국전쟁과 정치공동체 성원 간의 관계에서 가장 큰 희생을 당한 것은 국민보도연맹원일 것이다. 1949년 4월 20일 관변단체로 출범한 이 조직은 최대 30만 명 정도로 알려져 있는데, 1950년 6월 전쟁 직전까지 반공교육을 통한 사상전향을 목적으로 했다. 하지만 이승만 정부는 전쟁이 나자 이들을 집단살해했다.[9] 국민보도연맹

9) 국민보도연맹 사건에 대한 체계적이고 종합적인 내용은 다음을 참고(진실화해위원회,

원 학살의 원인은 권력 고위층의 태도나 정신상태와 연관이 있다는 것이 명백하고, 상관의 지시와 직접 관련이 있다는 점도 분명하다(서중석, 1999: 635). 이 사건에는 특무대(CIC)와 경찰, 헌병, 검찰 등 수사정보기관이 총동원되었는데, 이러한 요시찰인 연행과 학살에 군 · 경 등 정보수사기관이 동원되어 일사분란하게 관여한 것은 최고 상층부로부터 지시가 있었기 때문이었다.

여수 앞바다 애기섬 근처에서 발생한 이 지역 보도연맹원 살해에서 '적'과 '우리'의 논리를 쉽게 알 수 있다. 1950년 8월 초 배학래는 CIC 무관으로서 학살에 가담했다(여수지역사회연구소, 1998: 336-337; MBC시사교양국, 2001). 그는 검속한 보도연맹원을 여수항에서 경비정에 싣고 오동도 동쪽 애기섬 부근으로 가서 이들의 눈을 가린 채 배 후미에 세워놓고 총살과 동시에 바다에 "버렸다."[10] 이 대목의 증언에서 배학래가 총을 쏴 죽인 보도연맹원을 "버렸다"라고 진술한 것은 그가 또는 동료들과 총살을 명령한 지휘관이 보도연맹원을 동등한 인간으로 보지 않았다는 것을 보여준다. 이뿐만 아니라 살해가 있기 전 그는 여수경찰서 무덕관과 부흥기성회 사무실에 구금되어 있던 보도연맹원을 직접 심문했다. CIC가 사용하던 기성회 사무실은 보도연맹 간부들과 70~80여 명의 보도연맹원이 잡혀 와 있었는데, 그는 이 사람들을 인간으로 보지 않았다.

증언에서 배학래는 보도연맹원은 죽어야 마땅하다고 생각했는데 재판도 필요 없고 자백할 때까지 무조건 두들겨 패는 것 그리고 고문과 총살이면 모든 것이 해결되었다고 밝혔다. 보도연맹원은 사실상 '내부의 적'으로 간주되었다. 정치적 구별을 당하는 피해자는 공동체에서 배제되어야 하는 무리, '우리'와는 다른 '상대'로 규정된다. 가해자는 국가가 이들을 보호

2010b: 303-634).

10) 300t쯤 되는 해안경비정이 죽은 사람을 확인하려고 빙빙 돌면서 현장을 순회했고, 바다에 떨어진 사람 중에 혹시 죽지 않은 채 살아 있는 움직임이 있으면 다시 총을 쏘았다. 이렇게 죽은 사람은 100여 명이었다.

해야 할 대상으로 여기지 않는다는 점을 명확히 인식할 뿐만 아니라 '적'으로 간주하기에 이르는데, 이때 가해자의 행위는 권력자의 정치적 지향과 지배체제가 추구하는 반공주의로 포장되었다.

4. 인권침해과정의 가해자 심리

1) 가해자 : '평범한 사람들'

폴란드에서 집단학살을 수행한 독일 제101경찰예비대원에 관한 연구는 이들이 '환경'에 의해 학살을 실행하게 되었으며, 이 작전에 참가하는 것을 공개적으로 거부하거나 은밀하게 회피했던 다른 대원들과 마찬가지로 인간으로서 겪은 심리적 변화를 보여주었다(Browning, 1993). 브라우닝(Christopher R. Browning)은 "101경찰예비대원들이 그러한 상황 속에서 학살자들이 될 수 있었다면, 어떤 다른 집단이 (그 같은 상황에서) 학살자들이 되지 않을 것이라고 말할 수 있을 것인가?"라고 결론 내렸다. 101부대원들의 잔인한 행동은 그들이 원래 잔인한 성격을 가진 특수한 집단이어서가 아니라 그들 역시 평범한 보통 사람들이었다는 사실을 증명함으로써, 그들이 바로 우리 자신일 수 있다는 함의를 보여주었다(이삼성, 1998: 44). 이것은 특정한 인간집단의 예외적인 행태가 아니었으며 크게 보아 사회적 상황의 소산이었다는 것을 일깨우는 증거였다.

예외가 있긴 하지만 보편적으로 경찰관이나 병사들이 살해에 가담하면서 느끼게 되는 여러 가지 심리적 작용은 이들이 결코 사악한 본성을 타고난 것이 아니라는 것을 보여준다. 우선 고려해 보아야 할 것은 살해의 압박이 바로 옆 동료로부터 전달된다는 점이다. 살해현장에서 사선에 선 병사들 사이에는 결속과 배반할 수 없는 '상호감시'의 심리가 작용하는데, 이는 총격을 가하도록 하는 '동료압력(peer pressure)'으로 작동한다. 동료들은 조직구성원들 서로서로에게 책임감을 형성할 뿐만 아니라 익명성을 보장해 준다. 나아가 집단살해는 누구의 총구에서 총알이 발사되었는지 가리지 않는 '집단면죄' 심리를 쥐어준다(데이브 그로스먼, 2011: 232-237). 피해자의 가슴팍을 겨눈 총탄은 개인의 총에서 발사되었지만 누구의 총구에서 나왔는지 묻지 않는다는 의미에서 가해자는 일말의 죄책감을 덜게 된다.

이런 측면에서 살해는 개인이 아니라 집단이다. 많은 경우 가혹한 폭력은 개체보다는 집단을 통해서 나타나는데 동료들의 압력은 집단면죄와 상호작용하면서 지휘관의 명령을 실행에 옮기도록 강제한다. 집단이 하는 일에 가담하지 않겠다고 공개적으로 거부하는 것은 매우 어려운 일이며, 이는 무고한 여자와 어린아이를 살해하는 상황이라도 크게 다르지 않다. 한국전의 사례를 볼 때 피해자의 인간성은 '좌익'이라는 이름으로 쉽게 부인되고, 심리적으로 집단이 갖는 익명성은 개인의 살해책임을 희석시켜 집단면죄로 이어진다. 가해자들에게 있어서 심리적으로 이 과정이 중요한 이유는 방아쇠를 당긴 자와 이를 도왔던 병사들을 명확히 구분하기가 쉽지 않다는 데 있다.

처음 살해가 쉽지 않지 다음부터는 좀 더 수월해진다. 지휘관은 사병들에게 모두가 지켜보는 가운데 한 사람씩 죽이는 훈련을 반복한다. 민간인을 대상으로 하는 이 교육은 사람을 죽이는 것이 하나의 기술이었다. 1949년 7월경 국군 제3연대 2대대는 산청군 시천면과 삼장면에서 대대적인 토벌을 벌이면서 병사들에게 '처형' 훈련을 시켰다. 그해 가을 무렵 덕산지역에 주둔한 5중대원 신○○는 담력을 키우기 위해 총검으로 사람을 찔렀다. 물론 이는 대대장의 지시였고 M1 소총에 착검을 한 상태에서 사람을 처형한 것은 담을 키우기 위해서였다.[11]

토벌작전 중 지리산 산청군 삼장면 경계지역에 주둔한 8중대원 박○○

11) 신○○ 증언(2007.8.2.), 진실화해위원회(2008: 673).

은 군용트럭으로 가마니에 덮여 끌려온 민간인을 총검으로 찔렀다.[12] 제2대대장 조재미의 살해명령은 잔인했다. 그는 전 대대원에게 착검한 상태에서 민간인을 죽이도록 했는데, 그것도 현장에서 직접 내린 지시였다. 6중대 2소대 소총수였던 설○○는 1949년 7월 시천면 덕산초등학교에서 사람을 두 번 찔러 죽였다. 장교들은 처형에 나서지 않았고 사병들은 한 사람에 한 명씩 민간인을 죽여야 '진짜 군인' 이 될 수 있었다.[13] 인간성은 피해자와 가해자의 동일성을 가져오기 때문에 반복된 훈련은 살해를 실행하는 병사들에게 피해자와 느낄 수 있는 개별적인 관계와 심리적 부담을 줄이도록 한다. '평범한 사람들' 이라고 볼 수 있는 군인을 가해자로 만드는 것은 훈련이고 인권침해는 가해자가 죄의식을 느끼지 않고 피해자의 인권을 박멸하는 심리와 닿아 있다.

2) 권위의 복종과 위계

베트남 전쟁의 미라이(My Lai)학살을 연구한 캘만(Herbert C. Kelman)과 해밀턴(V. Lee Hamilton)은 권위가 도덕이나 법의 경계를 초과하는 명령을 내렸을 때 발생하는 결과에 주목했고, '복종범죄(crimes of obedience)' 라고 부르는 것이 역사적으로 반복되어 온 것임을 밝혔다. 권위에 대한 맹목적인 복종은 종종 범죄를 불러일으킨다. 가해를 실행하는 복종행위는, 첫째 만약 행위자가 명령이 불법이라는 것을 알거나 또는 어떤 합리적인 행위자라면 그 명령이 불법이라는 것을 알 수 있을 때, 둘째 보다 우월한 위치에 있는 자가 내린 명령이 폭력행위를 유발하거나 또는 정당화하는 조건에서 범죄가 된다(Kelman and Hamilton, 1989: 47). 그들은 복종범죄를 '승인된 학살(sanctioned massacre)' 이라고 명명했는데 무차별적이고 체계

12) 박○○ 증언(2007.8.2.), 진실화해위원회(2008: 673, 703).
13) 설○○ 증언(2007.4.24.), 진실화해위원회(2008: 673, 705).

적인 폭력행위는 군대나 준군사집단에 의해 수행된다. 희생자는 노인 · 여성 · 아이들을 포함해 방어능력이나 저항력이 없는 민간인들이다.

승인된 학살이 발생하기 위해서는 사람을 죽이는 데 방해가 되는 도덕성이나 또는 죽이는 행위를 정당화하는 체계가 발전해야 한다. 이 과정은 문화적 · 심리적 · 정치적 조건으로 형성된다. 민간인을 대량으로 살상하는 이런 조건은 병사들에게 죄의식을 없애거나 권위에 대한 복종을 자연스럽게 가능하도록 한다. 명령을 따르는 것은 다른 어떤 고려사항보다도 권위에 대한 복종을 우선시한다(Hirsch, 1995: 128). 이런 경우 병사들은 자신의 행위에 책임 있는 자들이 아니며, 상관의 명령을 수행하는 도구로만 여겨진다.

이와 같은 상황에서 병사들은 도구적 이성의 집행자로 전락한다. 독일제국보안본부(Ⅵ B 4과)의 유대인 관리 책임자였던 오토 아돌프 아이히만(Otto Adolf Eichmann)은 1960년 5월 아르헨티나에서 이스라엘 비밀경찰에 납치되어 예루살렘 법정에서 재판을 받았다. 한나 아렌트(Hannah Arendt)는 이 재판과정을 통해 아이히만의 삶과 유대인의 비극을 조명했다(Arendt, 1963). 아렌트는 아이히만의 경력과 성격 등을 봤을 때 그의 삶과 인격이 많은 점에서 살인자로서 타고난 것이 아니라는 것을 알아챘다. 그는 여러 가지 의미에서 지극히 평범한 인간이었지만 개인으로서 사유가 불가능한 무사유(sheer thoughtlessness)한 자였다. 유대인 학살이 진행 중이던 당시 아이히만은 친위대 소위가 몇 명이 죽었냐고 묻자 5백만 명 이상이라고 대답했다. 소위가 전쟁이 끝난 뒤에 사람들이 수백만 명에 대해 질문하면 어떻게 대답할 거냐고 다시 묻자, 그는 수백 명이 죽은 것은 재앙이지만 수백만 명의 죽음은 일종의 통계에 지나지 않을 거라고 말했다(귀도 크놉, 2011: 80). 살해에서 오는 도덕적 무감각은 희생자를 자신과 같은 인간으로 보지 않는 데 있다. 이것이 바로 반복된 명령과 학살 과정이다.

전쟁에서 군인과 경찰의 무기는 무엇보다 '위계'에 있는데 이는 권위에 대한 복종을 자연스럽게 하는 과정이다. 학살은 책임자나 상급자가 자신의 권위를 내세워 도덕이나 법의 경계를 초과하는 명령을 내렸을 때 종종 발생한다. 상대방을 '처형', 곧 권리를 원천적으로 박탈하는 행위는 국가권력에 길들여지는 자아와 스스로 권위에 복종하는 의사과정이다. 군과 경찰에서 나타나는 이런 현상은 권위를 중시하는 군대 규율과 복속의 전근대성, 서열문화에 바탕을 둔 것이라고 할 수 있다.

권위에 대한 맹목적인 충성은 살해자가 사람들이 지켜보는 가운데 자신의 힘을 마음껏 과시하기 위해 사람을 죽이거나, 이에 직접 가담한 경찰들의 후일담으로 전해지기도 한다. 학살이란 사회적인 감시나 공동체 도덕과 무관하게 일어나는 행위이기도 한데 가해자는 자신이 무엇이든지 할 수 있다는 힘에 대한 체험, 행위 자체에 대한 경험에서 증폭된다. 적당한 사례를 살펴보면, 김종원은 스스로 학살의 권위자가 되려 했다.[14] 현장에서 부하를 거느린 지휘관은 무슨 일이든 할 수 있다는 것을 선포하고 스스로 시범을 보이는데 김종원이 이런 경우였다(김계유, 1991: 289-290). 그의 살인 행위는 비전투원 민간인에게만 해당하는 것이 아니었고 할 수만 있다면 독단적으로 자신의 부하를 직접 총으로 쏴 죽였다.[15] 일본도를 휘두르며 사람의 '목을 치는' 이런 행위는 단순한 적대감을 넘어서 살인에 대한 일종의 욕망에서 나오는 것이라고 할 수 있다.

한국전처럼 이념이 개입된 내전은 상대방을 쉽게 죽이는 환경을 제공한다. 그러나 단순한 이념의 차이에서 비롯된 상대방에 대한 증오와 살해 행위만으로는 대규모 학살을 가져올 수 없다. 포괄적이면서 보다 철저한

14) 김종원(군번 10150)은 경북 경산읍 중방동 출신으로 21세 때 일본군에 지원 입대하여 고조(伍長)가 되기까지 남양군도의 뉴기니아 전투에 참전했다. 해방 후 잠깐 경찰에 근무했던 그는 육군으로 다시 입대했다.

15) 그의 부대지휘는 미군들에게도 잘 알려져 있었다. "KMAG 고문관들은 '백두산 호랑이'라는 별명을 가진 김종원 대령과의 의견대립이 자자하였다. 그의 독재적인 작전지휘 때문이었다. 7월 26일에는 수일 전의 작전에서 실패했다는 이유로 어느 소대장을 권총으로 사살했으며, 또 호위병을 시켜 M1 소총으로 어느 사병을 사형"시켰다(육군본부, 1963: 96).

살인은 폭도에 의한 것이 아니라 체계적인 관료제도에 의해 가능하며, 분노 자체를 공감하는 것보다는 권위에 대한 복종을 필요로 한다(Bauman, 1989: 90). 이는 군대나 경찰과 같은 억압적인 국가조직이 아니면 학살처럼 상대방을 집단으로 절멸시키거나 참혹하게 죽이는 증오의 방식은 지속되지 않는다는 것을 의미한다.

위계와 서열, 권위의 사회체계는 삶의 집단성과 보수성을 나타내는 한 단면이다. 전쟁 시에 조직이나 상부의 권위에 종속된 개인은 주체성을 자각하지 못하고 권력의 도구화, 대리상태가 되기 쉽다. 그들은 총구 앞에서 그럴 수밖에 없었을지도 모른다. 하지만 가해자들은 반공과 애국심을 자아의 이상향으로 받아들이면서 조직의 명령을 거리낌 없이 받아들이기도 했다. 이는 군인이나 경찰이 자신의 감정을 합리화해 가며 명령에 따랐다는 측면과 무의식적으로 자신의 행위가 옳다고 여기며 그런 행위를 했다는 의미를 동시에 가진다.

5. 가해자 트라우마

살해는 이것이 아무리 상관의 명령이라 하더라도 이를 실행한 가해자에게는 그 이후 트라우마가 남는다. 국가는 이들에게 보통사람이 납득하기 어려운 일을 하라고 시켰다. 그들은 대부분 그 일을 해냈다. 그들이 총을 쏠 때 인간성은 전혀 논의의 대상이 아니었다. 단지, 효율적으로 집행하는 것만이 고려대상이었다. 내부의 적으로 명명된 이들을 제거하는 것은 가해자의 심리적 부담을 없애는 데 효과적이었고 살인을 정당화시켜 주었다. 그럼에도 불구하고 사람을 죽이는 행위 그 자체는 가해자에게 심한 정신적 상흔을 남겼다.

한국전쟁 이후 60여 년이 더 지난 오늘날 그 일을 자랑스럽게 여기는 사람도 있지만, 그들이 한 일에 대해 감사해하는 사람은 거의 없다. 학살이 체계적인 과정을 통해 이루어졌지만 피해자의 고통과 아픔을 직접적으로 느껴야 했던 것은 최고위층이 아니라 방아쇠를 당긴 병사들이었다. 이들의 심리적 트라우마는 아무도 주목하지 않았다. 그들이 아무리 몹쓸 짓을 했다고 한들 학살을 명령하고 지시한 자들의 행태보다 더 나쁘다고 비난할 수는 없다. 진실로 타인의 고통에 둔감한 것은 밀실에서 죽음을 결정하는, 내 편과 네 편을 가르는 위정자들이지 피해자와 대면해서 총구를 겨누는 실행자들이 아니다.

학살이 있은 후 술로 괴로움을 달랬다는 증언은 가해자의 정신적 상해가 결코 만만치 않았음을 보여준다. 보령지역 일부 경찰은 보도연맹원 등을 사살한 후 술을 먹었다. 이 지역 검속자들은 보령시 대천동 농협창고에 수용된 후 1950년 7월 10일경 이어니재로 끌려가 살해되었다. 주산면 면장이었던 임회재는 지역 주민 20여 명이 총살당하는 현장을 목격했다. 그는 생전 증언에서 살해당한 주민은 대부분 보도연맹원이었는데 이들은 주산지서에 얼마간 감금되었다가 보령군 남포면 옥서리에 있는 이어니재에서 살해되었다고 밝혔다.[16] 임회재는 경찰이 총살집행을 했는데 현장에 있었던 이들이 괴로웠는지 모두 술을 마셨다고 증언했다. 마찬가지로 독일 101경찰예비대원들이 최초의 살해에서 돌아온 직후 했던 것도 알코올로 자신들의 괴로움을 달래는 것이었다.

잔학행위는 처형의 형식을 띤다. 확인사살이 그렇듯이 일반적으로 처형은 군사적으로나 개인적으로 살해자에게 중대하거나 즉각적인 위협을 가하지 않은 비전투원(민간인 또는 포로)을 근거리에서 살해하는 것이다. 가해자가 피해자를 죽이는 동기는 내적인 것이 아니라 외적인 것이지만 직접

16) 황의호 증언(2008.8.8.), 진실화해위원회(2009b: 291). 황의호(남포중학교 교장)는 보령지역 문화와 향토사를 연구하던 중 1995~96년경 보도연맹 학살현장을 목격한 임회재(당시 93세)를 면담했다. 면담 때 임회재는 '살려달라'고 하는 소리가 귀에 생생하다고 전한 것으로 알려졌다.

적인 살해는 인간성의 파멸을 가져올 수 있다. 잔혹한 행위는 희생자의 죽음으로 끝나지 않는다. 명령에 따른 살인행위가 그 순간에는 쉬울 수 있으나 죄책감을 갖고 사는 것은 고통스럽다. 학살에 가담한 것으로 알려진 많은 사람들이 스스로 무거운 짐을 지고 살아가는데, 이는 역설적이게도 살해에 대한 개인의 도덕적 책임을 부인하기 어렵다는 것을 보여준다.

임종현은 헌병대 문관으로 헌병사령부 대구지역 6지대 대장이었는데 1950년 8월 초 칠곡군 지천면 신동고개에서 민간인을 총살했다. 이곳에 끌려온 사람들 중에는 여자와 어린아이도 끼여 있었고 그는 헌병의 지시로 신음하는 사람이나 숨이 붙어 있는 사람을 확인사살 했다. 임종현과 같은 문관 중에는 확인사살 장면을 차마 눈뜨고 볼 수 없어서 총을 공중으로 쏘는 사람도 있었는데, 그러면 헌병대원이 권총을 겨누면서 두들겨 팼다고 한다(김동춘, 2001: 8, 36-38). 총살은 6일 동안 계속되었고 마지막 날에는 삽을 들고 와서 흙으로 시체를 덮었다. 하지만 무더운 여름날이라 시체는 이미 썩어 들어갔고 마치 갈치를 굽는 듯한 냄새가 진동했다. 임종현은 그 이후 갈치를 먹지 않았는데 그의 아내와 자녀들은 그 이유를 알고 있었다. 그는 이 사건을 평생 잊을 수가 없었다. 무고한 사람을 개, 돼지처럼 죽인 이 일은 너무나 생생하게 남아 어떤 때는 꿈에 나타나 그를 괴롭히기까지 했다. 그는 인간을 짐승으로 만드는 전쟁에 환멸을 느끼기도 했고 전투경찰에 입대했다 제대한 뒤에는 이 일이 계속 마음에 걸려 현장 근처의 마을을 찾아가 그 곳에서 시신이 수습되었는지 물어보기도 했다. 그렇지만 살해현장에는 그도 차마 가보지 못했다.

처형이 이루어지는 상황에서 적극적인 참여자든 수동적 참여자든 이에 가담하는 병사들은 피할 도리가 없는 냉혹한 선택에 직면하게 된다. 잔혹한 행위는 피해자에게만 해당하는 것이 아니라 가해자에게도 자기 파괴적이다. 정책으로 진행된 집단적 행위임에도 불구하고 학살의 대가는 가해자에게 심리적 외상으로 남는다. 사건을 경험한 많은 사람들이 정상적인 생활을 하지 못하거나 특정한 냄새, 모습에서 과거 자신의 행위를 떠올리며 괴로워하는 것은 일반적인 현상이다. 그들은 자신들이 저지른 일을 떠안고 살아가야만 하는 심리적 트라우마를 갖게 되었다.

6. 결 론

중대한 인권침해는 다음과 같이 발생한다. 첫째, 희생자와 국가 또는 희생자와 가해자 사이의 불가피한 개연성 때문이 아니라 국가권력의 의도를 가진 행위에 의해 일어났다. 둘째, 가해자가 인권을 침해하는 행위는 군대와 경찰과 같은 국가기구가 억압적이고 조직적인 체제에 의해 뒷받침될 때 가능하다. 셋째, 가해자가 저지르는 살해는 권위에 대한 복종을 필요로 하는데 이는 명백히 승인된 범죄를 구성한다. 군인과 경찰이 도덕적 감정을 제어하고 집단학살과 같은 인권침해 행위를 하는 것은 이데올로기나 증오, 두려움보다는 동료집단의 압력, 지휘관의 명령과 권위에 대한 복종을 우선으로 여기기 때문이다. 그들은 인신이 구속된 민간인들로부터 하등의 두려움을 느낄 필요가 없었고, 반공주의는 살해현장에서 가해자의 행동유인을 설명하는 데는 한계가 있다.

인권을 확립하기 위한 이행기 정의의 관점에서 가해자 처벌과 피해자 구제는 가장 보편적인 과거청산 단계다. 역사적으로 또 정치적으로 개별 국가가 처한 민주화의 정도와 시민들의 인권의식에 따라 이행기 정의는 다양하게 변형되어 왔다. 이 과정은 인권침해 가해자와 피해자 구제조치의 차이에 따라 정의 · 진실화해 · 망각 · 혼합 등의 모델로 나누어 볼 수 있다. 한국은 가해자 처벌이 없는 진실화해를 추구했지만 결과적으로 피해자 명예회복과 기념을 중요시하는 해원(解冤)에 가까웠다.

인권침해과정은 복합적이다. 내전상황에서 가해자와 피해자 사이의 인간적 거리는 아주 가깝다. 경찰이 여기에 직접적으로 해당하는데, 이런 상태에서 의도적인 살해행위와 같은 중대한 인권침해는 상대방에 대한 구체적인 비인간화와 죄 씌움 그리고 자기 행위에 대한 적법성으로 포장된다. 살해를 실행하는 동기의 이면에는 자기 정당화가 존재하지만 그렇다고 군인과 경찰이 자기 신념에 따라 명령을 수행하지는 않는다.

대부분의 국민국가는 그 구성원들이 아무런 의심 없이 권위에 따르기를 원하는데 전쟁이나 체제갈등, 분단과 같은 예외적인 상태에서 이 권위는 군인이나 경찰과 같은 무장집단에게 절대복종을 요구한다. 이것은 누구나 지휘관의 살해명령을 수행하는 가해자가 될 수 있음을 의미한다. 전쟁수행과 전쟁범죄 사이의 경계가 모호하고 정의와 인간성에 대한 국가와 개인의 윤리관념이 불분명하면 누구나 가해자와 피해자가 될 수 있다. 인간의 본성은 환경 속에서 사악하게 드러나거나 절제되고 또한 거부되기도 한다.

참고문헌

제 1 장

이정은. 2008. "해방 후 인권담론의 형성과 제도화에 관한연구, 1945~1970년대 초." 서울대학교 사회학과 박사학위논문.

임현진. 2006. "한국의 발전경험과 대안모색: 새로운 발전모델을 찾아서."『한국사회학』40(1): 1-31.

정근식 · 이정은 외. 2004.『한국형 인권지표의 모색』. 경인문화사.

정진성. 2000. "인권의 보편성과 특수성." 한국인권재단 편.『21세기의 인권』. 한길사. pp. 93-117.

———. 2003. "전시하 여성침해의 보편성과 역사적 특수성."『한국여성학』19(2): 39-61.

정진성 · 공석기 · 구정우. 2010.『인권으로 읽는 동아시아: 한국과 일본의 인권개선 조건』. 서울대학교 출판문화원.

조효제. 2007.『인권의 문법』. 후마니타스.

프리먼, 마이클(Freeman, Michael). 2002(2004).『인권: 이론과 실천』. 김철효 역. 아르케.

한상진. 1996. "인권논의에서 왜 동아시아가 중요한가."『계간 사상』31: 11-27.

Barsh, Russel Lawrence. 1993. "Measuring Human Rights: Problems of Methodology and Purpose." *Human Rights Quarterly* 15(1): 87-121.

Bell, Daniel. 1996. "The East Asian Challenge to Human Rights: Reflections on an East West Dialogue." *Human Rights Quarterly* 18(3): 641-667.

Berger, Peter. 1963. *Invitation to Sociology: A Humanistic Perspective*. Garden City : Doubleday.

Connell, Raewyn. 1995. "Sociology and Human Rights." *The Austrailian and*

New Zealand Journal of Sociology 31(2): 25-29.

Cushman, Thomas. 2012. "Introduction." Thomas Cushman(ed.). *Handbook of Human Rights*. Routledge.

De Feyter, Koen. 2011. "Law Meets Sociology in Human Rights." *Development and Society* 40(1): 45-68.

Deflem, Mathieu. 2007. "Public Sociology, Hot Dogs, Apple Pie and Checrolet." *The Journal of Public and Professional Sociology*. Vol.1. Inaugural Issue.

Deflem, Mathieu and Stephe Chicoine. 2011. "The Sociological Discourse on Human Rights: Lessons from the Sociology of law." *Development and Society* 40(1): 101-116.

Dembour, Marie-Bénédicte. 2010. "What Are Human Rights? Four Schools of Thought." *Human Rights Quarterly* 32(1): 1-20.

Diamond, Patrick. 2006. "Social Justice Reinterpreted: New Frontiers for the European Welfare State." in *Global Europe Social Europe*. Polity Press.

Goldstein, Robert Justin. 1986. "The Limitation of Using Quantitative Data in Studying Human Rights Abuses." *Human Rights Quarterly* 8(4).

Gomez, Mayra. 2003. *Human Rights in Cuba, El Salvador and Nicaragua: A Sociological Perspective on Human Rights Abuse*. New York: Routledge.

Gready, Paul(ed.). 2004. *Fighting for Human Rights*. London: Routledge.

Kong, Suk-Ki. 2006. "Transnational Mobilization to Empower Local Activism: A Comparison of the Korean Human Rights and Environmental Movements." Department of Sociology, Harvard University.

Koo, Jeong-Woo. 2011. "The Origins of the Human Rights Commission in Korea: Global and Domestic Causes." in Paul Y. Chang and Gi-Wook Shin(eds.). *South Korean Social Movements: From Democracy to Civil Society* 77-95. Routledge Press.

Landman, Todd. 2004. "Measuring Human Rights: Principle, Practice, and

Policy." *Human Rights Quarterly* 26: 906-931.

MacIntyre, A. C. 1981. *After Virtue: A Study in Moral Theory*. Notre Dame: University of Notre Dame Press.

Marks, Susan and Andrew Clapham. 2005. "Universality." *International Human Rights Lexicon*. Oxford.

Moncada, Alberto and Judith Blau. 2006. "Human Rights and the Roles of Social Scientists." *Societies Without Borders* 1.

Neary, Ian. 2002. "Human Rights in Japan, South Korea and Taiwan." Routeledge.

O' Byrne, Darren J. 2003. *Human Rights: An Introduction*. Harlow: Pearson.

Pizarro, Gabriela Rodriguez. 2004 "Migrant Workers: Specific Groups and Individuals." Commission on Human Rights. E/CN.4/2004/76.

Sjoberg, Gideon, Elizabeth A. Gill, and Norma Williams. 2001. "A Sociology of Human Rights." *Social Problems* 49(1).

Somers, Margaret R. and Christopher N.J. Roberts. 2008. "Toward a New Sociology of Rights: Ageneology of "Buried Bodies" of Citizenship and Human Rights." *The Annual Review of Law and Social Sciences*.

Turner, Bryan. 1993. "Outline of a Theory of Human Rights." *Sociology* 27(3).

United Nationals, Human Rights Council. 2012. "Study of the Human Rights Council Advisory Committee on Promoting Human Rights and Fundamental Freedoms Through a Better Understanding of Traditional Values of Humankind." A/HRC/22/71.

Vaughan, Ted R. and Gideon Sjoberg. 1986. "Human Rights Theory and the Classical Sociological Tradition." in Mark L. Wardell and Stephen P. Turner(eds.). *Sociological Theory in Transition*. Allen and Unwin.

Woodiwiss, Anthony. 2005. *Human Rights*. Routledge.

제 2장

구정우. 2007. "세계사회와 인권." 『한국사회학』 41(3): 297-322.

벨, 다니엘(Bell, Daniel). 1996. "서구적 인권체제에 대한 동아시아의 도전." 『계간 사상』 겨울호: 46-56.

연기영. 1996. "불교 전통과 인권의 제문제." 『계간 사상』 겨울호: 75-89.

정진성. 1996. "정신대 피해와 인권회복 운동." 『계간 사상』. 겨울호: 138-151.

———. 2000. "인권의 보편성과 특수성." 『21세기의 인권』. 한국인권재단. 한길사.

———. 2003. "전시 하 여성침해의 보편성과 역사적 특수성: 일본군 위안부 문제에 대한 국제사회의 인식." 『한국여성학』10(2): 39-61.

———. 2010. "인권의 보편성과 특수성" 사회학대회 발표문.

정진성 · 공석기 · 구정우. 2010. 『인권으로 읽는 동아시아』. 서울대학교 출판문화원.

조효제. 2007. 『인권의 문법』. 후마니타스.

———. 2008. 『인권의 풍경』. 교양인.

———. 2011. 『인권을 찾아서』. 한울 아카데미.

한상진. 1996. "인권 논의에서 왜 동아시아가 중요한가." 『계간 사상』 겨울호: 11-27.

———. 1998. 『현대사회와 인권』. 나남출판.

Blau, Judith and Alberto Moncada. 2005. *Human Rights: Beyond the Liberal Vision*. Rowman & Littlefield Publishers.

———————————. 2006. *Justice in the United States: Human Rights and the U.S. Constitution*. Rowman & Littlefield Publishers.

———————————. 2007. *Freedoms and Solidarities: In Pursuit of Human Rights*. Rowman & Littlefield Publishers.

Bromley, Patricia and Walter W. Powell. 2012. "From Smoke and Mirrors to Walking the Talk: Decoupling in the Contemporary World." *The Academy of Management Annals* 6(1): 483-530.

Brunsma, David L, Keri E. Iyall Smith, and Brian K. Gran(eds.). 2013. *Handbook of Sociology and Human Rights*. A Paradigm Handbook.

Cole, Wade M. 2005. "Sovereignty Relinquished? Explaining Commitment to the International Human Rights Covenants, 1966-1999." *American*

Sociological Review 70(3): 472-495.

Cole, Wade M. and Francisco O. Ramirez. 2013. "Conditional Decoupling Assessing the Impact of National Human Rights Institutions, 1981 to 2004." *American Sociological Review*.

DiMaggio, Paul and Walter W. Powell. 1982. *The Iron Cage Revisited: Conformity and Diversity in Organizational Fields*. Vol. 52. Institution for Social and Policy Studies, Yale University.

Donnelly, Jack. 2003. *Universal Human Rights in Theory and Practice*. London: Cornell University Press.

Haftner-Burton, Emilie and Kiyoteru Tsutsui. 2005. "Human Rights in a Globalizing World: The Paradox of Empty Promises." *American Journal of Sociology* 110: 1373-1411.

Han, Sang-Jin. 2012. *Divided Nations and Transitional Justice: What Germany, Japan, and South Korea Can Teach the World*. Paradigm Publishers: Boulder, London.

Human Rights Watch. 2001. *Protectors or Pretenders?: Government Human Rights Commissions in Africa*. New York, Washington, London, Brussels.

Ignatieff, Michael. 2001. *Human Rights as Politics and Idolatry*. Princeton University Press.

Keohane, Robert. 1984. "After Hegemony: Cooperation and Discord in the World Political Economy." Princeton, NJ: Princeton University.

Koo, Jeong-Woo. 2012. "Origins of the National Human Rights Commission." in Gi-Wook Shin and Paul Y. Chang(eds). *South Korean Social Movements: From Democracy to Civil Society*. Routledge.

Koo, Jeong-Woo and Byeong-Eun Cheong. 2012. "Who Thinks and Behaves According to Human Rights?: Analysis of Korean Human Rights Opinion Poll." Presented at the 107th American Sociological Association Annual Meeting. Denver, Colorado.

Koo, Jeong-Woo and Francisco O. Ramirez. 2009. "National Incorporation of Global Human Rights: Worldwide Adoptions of National Human

Rights Institutions, 1966-2004." *Social Forces* 87: 197-216.

——————————————. 2009. "National Incorporation of Global Human Rights: Worldwide Expansion of National Human Rights Institutions, 1966-2004." *Social Forces* 87(3): 1321-1353.

Koo, Jeong-Woo and Sung-hye Kang. 2013. "What Do Korean Citizens Think About Human Rights?" *SSK Human Rights Brief* No.1.

Koo, Jeong-Woo, Byeong-Eun Cheong, and Chinsung Chung. 2013. "The Strucutre of Human Rights and Its Determinants: A Cross-National Comparison." Presented at the 107th American Sociological Association Annual Meeting. August 12, 2013, New York.

Koo, Jeong-Woo, Suk-Ki Kong, and Chinsung Chung. 2012. "Measuring National Human Rights: A Reflection on Korean Experiences." *Human Rights Quarterly* 34: 986-1020.

Landman, Todd. 2005. *Studying Human Rights*. Routledge.

Meyer, John W., Patricia Bromley, and Francisco O. Ramirez. 2010. "Human Rights in Social Science Textbooks: Cross-National Analysis." 1970-2008. *Sociology of Education* 83: 111-134.

Moon, Rennie and Jeong-Woo Koo. 2011. "Global Citizenship and Human Rights: A Longitudinal Analysis of Social Studies and Ethics Textbooks in the Republic of Korea." *Comparative Education Review* 55: 574-599.

Moravcsik, Andrew. 2000. "The Origins of Human Rights Regimes: Democratic Delegation in Postwar Europe." *International Organization* 54(2): 217-252.

Ragin, Charles. 1987. *The Comparative Methods: Moving Beyond Qualitative and Quantitative Strategies*. University of California Press.

Sjoberg, Gideon, Elizabeth A. Gill, and Norma Williams. 2011. "A Sociology of Human Rights." *Soc. Probs*. 48: 11.

Smith, Jackie and Dawn Wiest. 2005. "The Uneven Geography of Global Civil Society: National and Global Influences on Transnational Association." *Social Forces* 84(2): 621-652.

Somers, Margaret R. 2008. *Genealogies of Citizenship: Markets, Statelessness, and the Right to Have Rights*. Cambridge University Press.

――――――――――――――. 2011. "Toward A New Sociology of Rights: A Genealogy of "Buried Bodies" of Citizenship and Human Rights." *Annual Review of Law and Social Science* 4: 385-425.

Somers, Margaret R. and Christopher NJ Roberts. 2008. "Toward a New Sociology of Rights: A Genealogy of "Buried Bodies" of Citizenship and Human Rights." *Annual Review of Law and Social Science* 4: 385-425.

Suarez, David, Francisco O. Ramirez, and Jeong-Woo Koo. 2009. "UNESCO and Associated Schools: The Symbolic Affirmation of World Community and Human Rights." *Sociology of Education* 82: 197-216.

Tsutsui, Kiyoteru. 2006. "Redressing Past Human Rights Violations: Global Dimensions of Contemporary Social Movements." *Social Forces* 85(1): 331-354.

Tsutsui, Kiyoteru and Christine Min Wotipka. 2004. "Global Civil Society and the International Human Rights Movement: Citizen Participation in Human Rights International Nongovernmental Organizations." *Social Forces* 83(2): 587-620.

Tsutsui, Kiyoteru, Claire Whitlinger, and Alwyn Lim. 2012. "International Human Rights Law and Social Movements: States' Resistance and Civil Society's Insistence." *Annual Review of Law and Social Science* 8: 367-396.

Turner, Bryan S. 1993. "Outline of a Theory of Human Rights." *Sociology* 27(3): 489-512.

Wallerstein, Immanuel. 1974. *Modern World System 1*. Academic Press.

Woodiwiss, Anthony. 2003. *Making Human Rights Work Globally*. Glass House Press.

――――――――――――――. 2005. *Human Rights*. Routledge.

———————. 2011. "Making the Sociology of Human Rights More Sociological." *Development and Society* 40(1): 117-138.

Young, Stephen B. 1980. "Human Rights Questions in Southeast Asian Culture: Problems for American Response." in Paula R. Newberg(ed.). *The Politics of Human Rights*. New York: New York University Press.

제 3 장

김정선 · 김재원. 2010. "결혼중개업의 관리에 관한 법률, 의미없지만 유효한 법." 『경제와 사회』 86: 305-344.

민주화운동기념사업회. 2005. 『민주발전지수 2004-2005』. 민주화운동기념사업회.

———————. 2006. 『민주발전지수 2006』. 민주화운동기념사업회.

박경숙. 2012. "탈북이주자 생애사에 투영된 집단적 상흔과 거시 권력구조." 『경제와 사회』 95: 288-332.

박선희. 2002. "언론의 정치적 현실구성에 대한 담론분석 — 5·18 특별법 제정에 관한 동아일보와 조선일보의 사설을 중심으로 —." 한국정치정보학회 『정치정보연구』 5(1): 209-248.

신진욱. 2011. "비판적 담론 분석과 비판적 해방적 학문." 『경제와 사회』 89: 10-45.

염미경 · 김규리. 2008. "제주여성결혼이민자들의 결혼이주, 딜레마와 적응." 『지역사회학』 9(2): 151-182.

이정은. 2008. "제도로서의 인권과 인권의 내면화: 1960년대 인권 담론의 정치학." 『사회와 역사』 79: 53-91.

———. 2010. "한국전쟁 이후 '인권보호대상자' 를 둘러싼 담론 형성의 메커니즘." 『사회와 역사』 86: 121-148.

이희영. 2008. "북한 여성의 인권과 연구 방법론적 모색: 질적 연구방법의 적용과 가능성." 『현대북한연구』11(3): 198-228.

정근식 · 서 승 · 정용화 · 이정은. 2000. 『한국형 인권지표의 모색』. 경인문화사.

정진성 · 공석기 · 구정우. 2010. 『인권으로 읽는 동아시아 : 한국과 일본의 인권 개선조건』. 서울대학교 출판문화원.

프리먼, 마이클(Freeman, Michael). 2005.『인권 : 이론과 실천』. 김철효 역. 아르케.

헌트, 린(Hunt, Lynn). 2009.『인권의 발명』. 전진성 역. 돌베개.

Barnett, Homer Garner. 1948. "On Science and Human Rights."*American Anthropologist*. New Series. 50(2): 352-5.

Beck, Nathaniel and Jonathan N. Katz. 1995. "What to Do (and Not to Do) with Time-Series Cross-Section Data." *American Political Science Review* 89(3): 634-647.

Bell, James, David Nolle, Ruth Citrin, and Fritz Scheuren. 2008. "Afghan Refugee Camp Surveys in Pakistan, 2002." in *Statistical Methods for Human Rights*. edited by Jana Asher, David Banks and Fritz J. Scheuren. NewYork, NY: Springer.

Blau, Judith and Alberto Moncada. 2007a. "It ought to be a Crime: Criminalizing Human Rights Violations." In *Sociological Forum*. Blackwell Publishing Ltd. 22(3): 364-371.

——————————. 2007b. "Sociologizing Human Rights: Reply to John Hagan and Ron Levi." in *Sociological Forum*. Blackwell Publishing Ltd. 22(3): 381-384

——————————. 2009. *Human Rights: a Primer*. Paradigm.

Bolton, Paul A. and Alice M. Tang. 2004. "Using Ethnographic Methods in the Selection of Post-Disaster, Mental Health Interventions." Prehospital and Disaster Medicine 19(1): 97-101.

Bolton, Paul A. and William M. Weiss. 2001. "Communicating Across Cultures: Improving Translation to Improve Complex Emergency Program Effectiveness." Prehospital and Disaster Medicine 16(4): 252-256.

Brubaker, William Rogers. 1990. "Immigration, Citizenship, and the Nation-State in France and Germany: A Comparative Historical Analysis." *International sociology* 5(4): 379-407. Coomans, Fons, Fred Grünfeld, and Menno T. Kamminga. 2010. "Methods of Human Rights Research: A Primer." *Human Rights Quarterly* 32: 179-186.

Cingranelli, David L. and David L. Richards. 2010. "The Cingranelli and Richards(CIRI) Human Rights Dataset." *Human Rights Quarterly* 32: 401-424.

Ciorciari, John D. 2012. "Institutionalizing Human Rights in Southeast Asia." *Human Rights Quarterly* 34: 695-725.

Claude, R.P. 1976. "The Classical Model of Human Rights Development." in Claude, R. P.(ed.). *Comparative Human Rights*. The Johns Hopkins University Press. Baltimore. MD, pp.6-50.

Coomans, Fons, Fred Grünfeld, and Menno T. Kamminga. 2010. "Methods of Human Rights Research: A Primer." *Human Rights Quarterly* 32(1): 179-186.

Denzin, N. K. and M. D. Giardina(eds.). 2010. *Qualitative Inquiry and Human Rights*. Left Coast Press.

Donnelly, J. 1989. *Universal Human Rights in Theory and Practice*. Cornell University Press.

Fairclough, Norman. 1992. "Discourse and Text: Linguistic and Intertextual Analysis within Discourse Analysis." *Discourse & Society* 3(2): 193-217.

Freeman, M. 2001. "Is a Political Science of Human Rights Possible?" *Neth. Q. Hum. Rts.* 19: 123.

Gastil, Raymond Duncan. 1990. "The Comparative Survey of Freedom: Experiences and Suggestions." *Studies in Comparative International Development* 25(1): 25-50.

Greene, William H. 2008. *Econometric Analysis*. Upper Saddle River. N.J: Prentice Hall.

Hansen, Lene. 2006. *Security as Practice: Discourse Analysis and the Bosnian War*. London: Routledge.

Hawkins, Darren G. 2002. *International Human Rights and Authoritarian Rule in Chile*. U of Nebraska Press.

Koo, Jeong-Woo, Suk-Ki Kong, and Chinsung Chung. 2012. "Measuring National Human Rights: A Reflection on Korean Experiences." *Human*

Rights Quarterly 34: 986-1020.

Landman, Todd. 2002. "Comparative Politics and Human Rights." *Human Rights Quarterly* 24(4): 890-923.

———————. 2006. "Social Science Methods and Human Rights." in *Methods of Human Rights Research* edited by Fons Coomans, Fred Grünfeld, and Menno T. Kamminga. Portland. OR: Intersentia.

———————. 2009. "Social Science Methods and Human Rights." in Coomans, H., F. Grünfeld, and M. Kamminga(eds.). 2009. "Methods of Human Rights Research." Antwerp: Intersentia: 19-44.

Le, Elisabeth. 2002. "Human Rights Discourse and International Relations: Le Monde' s Editorials on Russia." *Discourse & Society* 13(3): 373-408.

Madden, Marguerite and Amy Ross. 2009. "Genocide and GIScience: Integrating Personal Narratives and Geographic Information Science to study Human Rights." *The Professional Geographer* 61(4): 508-526.

Malkki, Liisa H. 1995. "Refugees and Exile: From 'Refugee Studies' to the National Order of Things." *Annual Review of Anthropology* 24: 495-523.

———————. 1997. "News and Culture: Transitory Phenomena and the Fieldwork Tradition." in *Anthropological Locations*. edited by Akhil Gupta and James Ferguson, pp. 86-101. Berkely and Los Angeles, CA: University of California Press.

Marvasti, Amir and Karyn McKinney. 2013. "Methodology" in *Handbook of Sociology and Human Rights*. edited by Brunsma, D.L., K.I. Smith, and B. Gran. Paradigm Publishers.

Mazzei, Julie M. 2011. "Finding Shame in Truth: The Importance of Public Engagement in Truth Commissions." *Human Rights Quarterly* 33: 431-452.

Poe, Steven C., Sabine C. Carey, and Tanya C. Vazquez. 2001. "How Are These Pictures Different? A Quantitative Comparison of the US State Department and Amnesty International Human Rights Reports, 1976-1995." *Human Rights Quarterly* 23: 650-677.

Quataert, Jean H. and Benita Roth. 2013. "Comparative and Historical Sociology." in *Handbook of Sociology and Human Rights*. edited by Brunsma, David L., Keri E. Iyall Smith, and Brian K. Gran. Boulder. CO: Paradigm Publishers.

Reed, Kristin and Ausra Padskocimaite. 2012. *The Right Toolkit : Applying Research Methods in the Service of Human Rights*. Human Rights Center: University of Califormia. http://www.law.berkeley.edu/files/HRC/Publications_The-Right-Toolkit_04-2012.pdf

Risse, Thomas, Stephen C. Ropp, and Kathryn Sikkink. 1999. *The Power of Human Rights*. Cambridge, MA: Cambridge University Press.

Romeu, Jorge L. 2008. "Statistical Thinking and Data Analysis: Enhancing Human Rights Work." in *Statistical Methods for Human Rights*, edited by Jana Asher, David Banks and Fritz J. Scheuren. NewYork, NY: Springer.

Skillington, Tracey. 1997. "Politics and the Struggle to Define: A Discourse Analaysis of the Framing Strategies of Competing Actors in a 'New' Participatory Forum." *The British Journal of Sociology* 48(3): 493-513.

Somers, M.R. and C.N. Roberts. 2008. "Toward a New Sociology of Rights: A Genealogy of "Buried Bodies" of Citizenship and Human Rights." *Annual Review of Law and Social Science* 4: 385-425.

Steward, J.H. 1948. "Comment on the Statement on Human Rights." *American Anthropologist*, New Series 50(2): 351-2.

United Nations Development Programme(UNDP). 2010. *Human Development Report* 2010. New York, NY: UNDP.

United Nations, Economic and Social Council. 1999. "The Right to Adequate Food: General Comment 12." UN Doc. E/C. 12/1999/5 New York.

Van Dijk, Teun A. 1993. "Principles of Critical Discourse Analysis." *Discourse & Society* 4(2): 249-283.

―――――――. 2011. *Discourse Studies: A Multidisciplinary Introduction*. London: SAGE.

Van Leeuwen, Theo and Ruth Wodak. 1999. "Legitimizing Immigration

Control: A Discourse-Historical analysis." *Discourse Studies* 1(1): 83-118.

Wood, Reed M. and Mark Gibney. 2010. "The Political Terror Scale(PTS): A Re-Introduction and a Comparison to CIRI." *Human Rights Quarterly* 32: 367-400.

Wooldridge, J.M. 2002. *Econometric Analysis of Cross Section and Panel Data*. The MIT Press.

제 4 장

김자영. 2011. "청소년 인권의식의 형성 및 유형화에 관한 연구." 『법교육연구』 6(2): 57-83.

구정우 · 공석기 · 박병진. 2011. 『인권지수 개발을 위한 기초연구』. 국가인권위원회.

국가인권위원회. 2005. 『국민인권의식조사 총괄보고서』. 국가인권위원회.

국가인권위원회 광주지역사무소. 2009. 『지방의회의원 인권의식 실태 조사 보고서』. 국가인권위원회.

류지헌 · 허창영. 2008. "대학생의 인권인식에 대한 요인분석 및 인권태도의 인식수준." 『민주주의와 인권』 8(1): 175-204.

문용린 외. 2002. 『인권감수성 지표 개발 연구』. 국가인권위원회.

바비, 얼(Babbie, Earl R.). 2010. 『사회조사방법론 제11판』. 고성호 · 김광기 · 김상욱 · 문용갑 · 민수홍 · 유홍준 · 이성용 · 이정환 · 장준오 · 정기선 · 정태인 역. CENGAGE Learning.

석현호 외. 2003. 『한국종합사회조사 2003』. 성균관대학교출판부.

심영희 · 박병진. 2011. "대학생의 시민적, 정치적 인권의식 및 경제적, 사회적, 문화적 인권의식에 대한 연구 — 개인화 이론의 관점에서 —." 『법학논총』 28(4): 29-59.

이미식. 2003. "교사들의 인권 의식 조사 연구." 『윤리교육연구』 4: 1-27.

이승미. 1999. "인권의식 발달경향에 관한 연구: 사형, 고문, 장애인 처우에 관한 추론을 중심으로." 『인간발달연구』 6(2): 103-119.

이정은. 2008. "제도로서의 인권과 인권의 내면화: 1960년대 인권담론의 정치학."

『사회와 역사』 79: 53-91.

______. 2012. "전후 일본인권제도의 역사적 전환과 모순." 『사회와 역사』 93: 81-112.

이지수. 2006. "우리나라 청소년의 인권실태 및 인권의식." 『아동권리연구』 10(3): 461-485.

장덕진 외. 2012. 『사회발전과 사회모델 5개국 비교연구』(통계자료집). 서울대학교 사회발전연구소.

정선영. 2006. "정신의료기관 종사자들의 인권민감성에 관한 연구." 『정신보건과 사회사업』 23권: 59-87.

정선영 · 공상길 · 임은경 · 천덕희 · 오영림. 2010. "부랑인복지시설 종사자들의 인권민감성에 관한 연구." 『한국사회복지학』 62(1): 263-289.

정진성 · 공석기 · 구정우. 2010. 『인권으로 읽는 동아시아: 한국과 일본의 인권 개선조건』. 서울대학교 출판문화원.

정진성 · 유성상 · 정병은 · 공석기 · 김두년. 2011. 『국민인권의식 실태조사』. 국가인권위원회.

정진성 · 이재열 · 조병희 · 구혜란 · 안정옥 · 장덕진 · 고형면 · 장상철. 2010. 『위험사회 위험정치』. 서울대학교 출판문화원.

헌트, 린(Hunt, Lin). 2009. 『인권의 발명』. 전진성 역. 돌베개.

Allport, G. W. 1935. "Attitudes." In *Handbook of Social Psychology*. Edited by C. Murchison, pp.798-844. Worcester, MA: Clark Univ. Press.

Anderson, Christopher J., Aida Paskeviciute, Maria Elena Sandovici, and Yuliya V. Tverdova. 2005. "In the Eye of the Beholder?: The Foundations of Subjective Human Rights Conditions in East-Central Europe." *Comparative Political Studies* 38(7): 771-798.

Beckfield, Jason. 2010. "The Social Structure of the World Polity." *American Journal of Sociology* 115(4): 1018-1068.

Cohrs, J. Christopher, Jurgen Maes, Barbara Moschner, and Sven Kielmann. 2007. "Determinants of Human Rights Attitudes and Behavior: A Comparison and Integration of Psychological Perspectives." *Political Psychology* 28(4): 441-469.

Crowson, H. Michael. 2004. "Human Rights Attitudes: Dimentionality and

Psychological Correlates." *Ethics & Behavior* 14(3): 235-253.

Diaz-Veizades, Jeannette, Keith F. Widaman, Todd D. Little, and Katherine W. Gibbs. 1995. "The Measurement and Structure of Human Rights Attitude." *The Journal of Social Psychology* 135(3): 313-328.

Donnelly, Jack. 2003. *Universal Human Rights in Theory and Practice*. Cornell University Press.

Fukuyama, Fransis. 1996. *Trust: The Social Virtues and The Creation of Prosperity*. Free Press.

Gerber, Theodore P. and Sarah E. Mendelson. 2002. "Russian Public Opinion on Human Rights and the War in Chechnya." *Post-Soviet Affairs* 18(4): 271-305.

Getz, I. 1985. "Moral Reasoning, Religion, and Attitudes Toward Human Rights." Unpublished Doctoral Dissertation, University of Minnesota, Twin Cities Campus.

Haftner-Burton, Emilie and Kiyoteru Tsutsui. 2005. "Human Rights in a Globalizing World: The Paradox of Empty Promises." *American Journal of Sociology* 110: 1373-1411.

Hannerz, Ulf. 1990. "Cosmopolitans and Locals in World Culture." *Theory, Culture & Society* 7: 237-251.

Hertel, Shareen, Scruggs Lyle, and C. Patrick Heidkamp. 2009. "Human Rights and Public Opinion: From Attitudes to Action." *Political Science Quarterly* 124(3): 443-459.

Jost, J. T., J. Glaser, A. W. Kruglanski, and F. J. Sulloway. 2003. "Political Conservatism as motivated Social Cognition." *Psychological Bulletin* 129: 339-375.

Kohlberg, L. 1986. *The Philosophy of Moral Development*. San Francisco: Harper and Row.

Koo, Jeong-Woo and Byeong-Eun Cheong. 2012. "Who Thinks and Behaves According to Human Rights?: Analysis of Korean Human Rights Opinion Poll." Paper Presented at the American Sociological

Association Annual Meeting in Denver in August 2012.

Koo, Jeong-Woo and Francisco O. Ramirez. 2009. "UNESCO and the Associated Schools Project: Symbolic Affirmation of World Community, International Understanding, and Human Rights." *Sociology of Education* 82: 197-216.

Koo, Jeong-Woo, Sukki Kong, and Chinsung Chung. 2012. "Measuring National Human Rights: a Reflection on Korean Experiences." *Human Rights Quarterly* 34(4): 986-1020.

Koo, Jeong-Woo and Sung-hye Kang. 2013. "What do Korean Citizens Think about Human Rights?: Findings from the 2011 KGSS Human Rights Suevey." *SSK Human Rights Brief* No. 1.

McFarland, Sam and Melissa Mathews. 2005a. "Do Americans Care About Human Rights?." *Journal of Human Rights* 4: 305-319.

————————————. 2005b. "Who Cares About Human Rights?" *Political Psychology* 26(3): 365-385.

Meyer, John. 2010. "World Society, Institutional Theories, and the Actor." *Annual Review of Sociology* 36: 1-20.

Meyer, John, Patricia Bromley, and Francisco O. Ramirez. 2010. "Human Rights in Social Science Textbooks: Cross National Analysis, 1970-2008." *Sociology of Education* 83(2): 111-134.

Pritchard, Kathleen. 1991. "Human Rights: A Decent Respect for Public Opinion?" *Human Rights Quarterly* 13(1): 123-142.

Rubin, A. and E. Babbie. 2008. *Research Methods for Social Work*(6th ed). Belmont, CA: Wadsworth.

Schueth, S. and J. O' Loughlin. 2007. *Belonging to the World: Cosmopolitanism in Geographic Contexts*. Geoforum.

Staerkle, Christian and Alain Clemence. 2004. "Why People are Committed to Human Rights and Still Tolerate Their Violation: a Contextual Analysis of the Principle-Application Gap." *Social Justice Research* 17(4): 389-406.

Stellmacher, Jost, Gert Sommer, and Elmar Brahler. 2005. "The Cognitive

Representation of Human Rights: Knowledge, Importance, and Commitment." *Peace and Conflict : Journal of Peace Psychology* 11: 267-292.

available at:http://www.colorado.edu/ibs/PEC/johno/pub/cosmopolitanism.pdf

제 5 장

공석기. 2007. "지구민주주의와 초국적 사회운동: 세계사회포럼(World Social Forum) 사례를 중심으로." 『한국사회과학』 29: 135-165.

——. 2009. "국제여대/국제협력." 시민운동정보센터 편. 『한국시민사회연감 2010』. 서울: 시민운동정보센터

——. 2011. "운동의 수렴 : 국제연대 및 국제협력의 새로운 길 찾기". 시민운동정보센터편. 『한국시민사회연감 2012』. 449-466. 서울 : 시민운동정보센터.

——. 2012. "국제규범의 사회화와 INGO의 역할." 『다문화사회연구』 5(2):15-41.

국가인권위원회. 2012. 『2012~2016 국가인권정책기본계획 권고안』. 서울:국가인권위원회.

국제앰네스티 한국지부. 2002. 『한국앰네스티 30년, 인권운동 30년』. 대구: 한국.

——. 2011. "평범한 사람들이 만들어낸 특별한 변화, 앰네스티 50년의 역사." 『Amnesty Magazine: 앰네스티인』. 38.

민주사회를위한변호사모임 · 한국기독교교회협의회. 1992. 『한국인권의 실상』. 서울: 역비.

유엔인권위민간단체공동대책위(KONUCH). 1994. 『유엔세계인권대회 자료집』. 서울: 한국.

임현진 · 공석기. 2006. "지구시민사회의 작동원리와 한국 사회운동의 초국적 동원 전략." 『한국사회학』 40(2): 1-36.

——. 2010. "세계사회포럼과 한국사회운동." 『국제정치논총』 50(1): 341-372.

——. 2011. 『글로벌 NGOs – 세계정치의 '와일드 카드'』. 파주: 나남.

정진성 · 공석기 · 구정우. 2010. 『인권으로 읽는 동아시아』. 서울: 서울대 출판문화원.

Ayres, Jeffrey. 2004. "Framing Collective Action Against Neoliberalism: The Case of the 'Anti-Globalization Movement." *Journal of World-Systems Research* 10(1): 11-34.

Boli John and G. M. Thomas. 1999. "INGOs and the Organization of World Culture." in J.Boli and G. Thomas(eds.). *Constructing World Culture: International Nongovernmental Organizations since* 1875. Stanford, CA: Stanford University Press.

Clark, Ann Marie. 2001. *Diplomacy of Conscience: Amnesty International and Changing Human Rights Norms*. Princeton, NJ: Princeton University Press.

Della Porta, Donatella. 2007. *The Global Justice Movements: Cross-National and Transnational Perspectives*. Boulder, CO: Paradigm Publishers.

Della Porta, Donatella, Massmilano Andretta, Lorenzo Mosca, and Herbert Reiter. 2006. *Globalization From Below: Transnational Activists and Protest Networks*. Minneapolis, MN: University of Minnesota Press.

Friedman, Elizabeth J., Kathryn Hoschstetler, and Ann Marie Clark. 2005. *Sovereignty, Democracy, and Global Civil Society: State-Society Relations at UN World Conferences*. Albany, NY: State University of New York Press.

Juris, Jeffrey S. 2008. *Networking Futures: The Movements against Corporate Globalization*. Durham, NC: Duke University Press.

Keck, Margaret E. and Kathryn Sikkink. 1998. *Activists Beyond Borders*. Ithaca, NY: Cornell University Press.

Keohane, Robert and Joseph Nye Jr. 1971. "Transnational Relations and World Politics: An Introduction." *International Organization* 25(3): 329-34.

Khagram, Sanjeev. 2002. "From Santiago to Seattle: Transnational Advocacy Groups Restructuring Work Politics." in S. Khagram, J. V. Riker, and K. Sikkink(eds.). *Restructuring World. Politics: Transnational Social Movements, Networks, and Norms*. Minneapolis, MN: University of

Minnesota Press.

Khan, Irene and David Petrasek. 2009. *The Unheard Truth: Poverty and Human Rights*. London, UK: W.W. Norton & Company Ltd.

Kong, Suk-Ki and Hyun-Chin Lim. 2011. "Let's Build a New World Order: Tripartite Dynamics of Inter-State System, World Capitalist Economy, and Global Civil Society." *Korean Journal of Sociology* 45(6): 1-19.

Moghadam, Valentine. 2008. *Globalization and Social Movements: Islamism, Feminism, and the Global Justice Movement*. Lanham, MD: Rowman & Littlefield.

Risse, Thomas and Kathryn Sikkink. 1999. "The Socialization of International Human Rights Norms into Domestic Practices: Introduction." in T. Risse, S. Ropp, and K. Sikkink(eds.). *The Power of Human Rights: International Norms and Domestic Change*. New York, NY: Cambridge University Press.

Schmitz, Hans-Peter. 2000. "Mobilizing Identities: Transnational Social Movements and the Promotion of Human Rights" in Kendall Stiles(ed.). *Global Institution and Local Empowerment*. New York, NY: St. Martin's Press.

Smith, Jackie. 2008. *Social Movements for Global Democracy*. Baltimore, MD: Johns Hopkins University Press.

Smith, Jackie, M. Karides, and M. Becker. 2007. *Global Democracy and the World Social Forums*. Boulder, CO: Paragigm Publishers.

Tarrow, Sidney. 2005. *The New Transnational Activism*. New York, NY: Cambridge University Press.

Welch, Jr., Claude E. 2001. *NGOs and Human Rights: Promise and Performance*. Philadelphia, PA: University of Pennsylvania Press.

Wendt, Alexander. 1992. "Anarchy is What States Make of It: The Social Construction of Power Politics." *International Organization* 46 (2): 391-425.

제 6 장

곽노현. 2007. "한국사회의 법치주의와 인권보장 : 역사, 현안, 과제." 『헌법학연구". 13(3). 한국헌법학회.

곽윤직. 2012. 『민법총칙(제8판)』. 박영사.

국가인권위원회. 2002. 『인권 길라잡이(경찰편)』. 공무원 인권교육교재 시리즈 2. 국가인권위원회.

————. 2003. 『실무자를 위한 인권 핸드』. 국가인권위원회.

————. 2011. 『인권의 해설』. 국가인권위원회.

————. 2013. 『국제인권 및 국제인권제도-국가인권기구 매뉴얼』. 국가인권위원회.

김민진 · 조행난 · 지영환. 2011. "한국법원의 인권규정의 적용과 발전방향: 국제인권조약을 중심으로." 『형사정책연구』. 한국형사정책연구원. 22(2)(통권 제86호).

김용훈. 2011. "인권 보장 체제의 특징—인권 보장 체제의 보충적 역할을 중심으로—." 『저스티스』. 한국법학원.

김철수. 2004. 『헌법학 개론(제16전정신판)』. 박영사.

———. 2011. 『헌법개설(제11판)』. 박영사.

대한민국정부. 2012. 『국가인권정책기본계획(2012-2016)』. 법무부.

대한변호사협회. 2012. 『2012 인권보고서』. 대한변호사협회.

민경배. 2001. "서구 인권사상의 역사적 발전과 현황에 대한 고찰." 『공법학연구』. 한국비교공법학회. 3(1).

박찬운. 2008. 『인권법』. 한울.

———. 2012. 『인권법의 신동향』. 한울아카데미.

박형숙. 2004. "대한민국법은 세계법의 일부다." 『웹진 인권』. 국가인권위원회.

안경환. 2009. 『법과 사회와 인권』. 석학인문강좌05. 돌베개.

오승진. 2011. "국제인권조약의 국내 적용과 문제점." 『국제법학논총』. 대한국제법학회. 56(2). (통권 제121호).

유네스코 한국위원회. 2000a. 『국제인권조약집』. 도서출판 사람생각.

————. 2000b. 『인권교육 어떻게 할 것인가』. 도서출판 오름.

정인섭. 2011. 『신 국제법 강의(개정판)』. 박영사.

지영환 · 김민진. 2011. “국제인권조약의 한국적용에 관한 입법론적 연구.”『경희법학』. 경희대학교 법학연구소. 46(2).

차병직. 2003.『인권의 역사적 맥락과 오늘의 의미』. 지산.

페인, 토머스(Paine, Thomas). 2004.『상식』. 박홍규 역. 필맥.

한상범. 1993.『인권–민중의 자유와 권리』. 법학교양총서 15. 교육과학사.

황준식. 2011. “국내적 인권과 국제적 인권.”『한양법학』. 한양법학회.

제7장

강신준. 2002. “4·19 혁명 시기 노동운동과 노동쟁의의 성격.”『산업노동연구』. 8(2).

강정민. 2005. “제헌헌법의 반자유주의적 요소.”『정치사상연구』. 11(2).

국가인권위원회 편. 2002-2011.『연간보고서』.

김기진. 2002.『끝나지 않은 전쟁, 국민보도연맹』. 역사비평사.

김성식. 1960. “학생운동과 자유민권운동.”『사상계』 1960년 6월호.

김수용. 2008.『건국과 헌법』. 경인문화사.

김정화. 2002. “1960년대 여성노동: 식모와 버스안내양을 중심으로.”『역사연구』 11.

김형찬 편. 1958.『건국십년행정화보』. 건국사.

김천수. 1962. “파주나무꾼 사살사건.” 오소백 편저.『우리는 이렇게 살아왔다』. 광화문출판사.

———. 1965. “한미우방의 상처: 나무꾼 射殺.” 오소백 편저.『해방20년 1: 기록편』. 세문사.

노동인권회관. 1990.『노동인권보고서』 1집. 사회평론.

대한변호사협회 편. 1991.『인권보고서』.

명동천주교회 편. 1984.『한국카톨릭 인권운동사』. 명동천주교회.

민주사회를 위한 변호사모임 편. 1998.『민변백서: 민변 10년의 발자취』. 민주사회를 위한 변호사모임.

민청학련운동계승사업회 편. 2003.『실록 민청학련: 1974년 4월』 학민사. pp.1-2.

박정희. 1962.『우리민족이 나아갈 길』. 동아출판사.

박래군. 2003. "의문사진상규명 활동의 한계와 전망: 1기 의문사진상규명위원회 활동평가." 『민주법학』. 24.

법무부. 1962. 『인권연보』. 법무부.

_____. 1962-1971. 『인권연보』.

_____. 1963. 『인권월보』.

법무부 편. 1955. 『법무연감』.

송남헌. 1985. 『해방삼년사, I 1945-1948』. 까치.

아렌트, 한나(Arendt, Hannah). 2006[1951]. 『전체주의의 기원(*The Origins of Totalitarianism*) 1』. 이진우 · 박미애 역. 한길사.

유진오. 1958. "헌법제정의 유래." 『사상계』 1958년 7월호.

유홍열. 1961. "4·19의 역사적 의의." 『지방행정』 10(90).

이영록. 2006. 『우리 헌법의 탄생』. 서해문집.

이우재 · 한완상 편. 1983. 『4·19 혁명론Ⅱ(자료편)』. 일월서각.

이정은. 2001. "한국에서의 인권개념의 형성과정." 『민주주의와 인권』 2.

———. 2010. "인권운동." 『한국민주화운동사 3』 돌베게.

———. 2013. "한국인권운동의 토대형성." 『역사비평』 103.

이종오. 1985. "60-70년대 공업화 과정에서의 사회구조의 변화와 사회운동." 『한국사회학』 19.

이항녕. 1962. "세계인권선언에 나타난 인간상." 『최고회의보 4』. 국가재건최고회의.

인권단체연석회의 엮음. 2005. 『인권운동보고서』. 사람생각.

정영선. 2011. "국가인권위원회 10년, 독립성 평가와 과제." 『법학연구』 34.

조영래. 2007. 『전태일평전』. 돌베개.

천주교인권위원회 엮음. 2001. 『사법살인: 1975년 4월의 학살』. 학민사.

프리먼, 마이클(Freeman, Michael). 2005. 『인권: 이론과 실천(Human Rights: An Inter-disciplinary Approach)』. 김철효 역. 아르케.

한국가정법률상담소 편집부. 1987. 『한국가정법률상담소 30년사』. 한국가정법률상담소.

한국군사혁명사편찬위원회 편. 1963. 『한국군사혁명사 제1집(하)』. 한국군사혁명사편찬위원회.

한국기독교교회협의회 인권위원회편. 1994. 『한국교회인권선교 20년사』. 한국기독교교회협의회.

한국여성단체협회. 1966. “여차장의 권익보호를 위한 좌담회抄.” 『여성』 26.

______________. 『여성(1964-1972)』.

한국전쟁전후 민간인학살 진상규명 범국민위원회 편. 2005. 『한국전쟁전후 민간인 학살 실태 보고서』. 한울아카데미.

한상진. 1996. “인권논의에서 왜 동아시아가 중요한가.” 『사상』. 사회과학원.

한승헌. 2002. “한국앰네스티의 회고: 그 고난과 보람의 궤적.” 『한국앰네스티 30년! 인권운동 30년!: 한국앰네스티 한국지부 30년약사』.

한승헌. 2006. 『분단시대의 법정』. 범우사.

황정미. 2002. “해방 후 초기 국가기구의 형성과 여성, 1946~1960 : 부녀국(婦女局)을 중심으로.” 『韓國學報』.

『대한민국헌법(제정 1948.7.17 헌법 제1호)』 (http://klaw.go.kr)

『이라크전에 대한 국가인권위원회 의견』 국가인권위원회 홈페이지 (www.humanrights.go.kr)

『관보』. 『조선일보(1945-1990)』. 『경향신문(1950-1959)』.

제 8 장

국가통계포털. 2010. “총인구조사 2010.” 통계청.

김재왕. 2012. “시각장애인의 실태와 비시각장애인 안마사 자격 제한: 논증의 구체화를 중심으로.” 『사회보장법연구』 1: 215-248.

김혜승. 2011. “군가산점제도 재도입 문제: 공정한 사회를 위하여.” 『한국정치외교사논총』 33(1): 171-196.

박경태. 2007. 『인권과 소수자 이야기』. 책세상.

———. 2008. 『소수자와 한국사회: 이주노동자, 화교, 혼혈인』. 후마니타스.

설동훈 · 박경태 · 이란주. 2005. 『외국인 관련 국가인권정책기본계획 수립을 위한 연구』. 국가인권위원회 연구용역사업보고서.

신진욱. 2008. 『시민』. 책세상.

연합뉴스. 2013. 6. 27. “헌재 ‘시각장애인만 안마사’ 의료법조항 또 합헌 결정.”

윤인진. 2000. “소수 차별의 메카니즘.”『사회비평』25: 24-36.

이남석. 2001.『차이의 정치: 이제 소수를 위하여』. 책세상.

최현. 2008.『인권』. 책세상.

한규석. 1995.『사회심리학의 이해』. 학지사.

헌법재판소 헌법재판정보. 2006. 5. 25. 사건번호 2005헌마362.

황인자 · 김영미. 2008. “호주제 폐지를 둘러싼 젠더 거버넌스.” 한국행정학회 동계학술발표논문집.

American Psychiatric Association 웹페이지. “LGBT-Sexual Orientation.”

Chomsky, Aviva. 2007. *They Take Our Jobs!* Boston: Beacon Press. (백미연 역. 2008.『그들이 우리의 일자리를 빼앗고 있다』. 전략과문화.)

Dworkin, Anthony Gary and Rosalind J. Dworkin. 1999. *The Minority Report: An Introduction to Racial, Ethnic, and Gender Relation*. Harcourt Brace College Publishers.

Gould, Stephen Jay. 1996. *The Mismeasure of Man: The Definitive Refutation to the Argument of The Bell Curv*e. New York: W. W. Norton & Company. (김동광 역. 2003.『인간에 대한 오해』. 사회평론.)

Ignatiev, Noel. 2008. *How the Irish Became White*. Routledge: Milton Park.

Kozakai, Toshiaki. 2000(2003). *L'Etranger, l'identité. Essai sur l'intégration Culturelle.* Paris: Payot and Rivages.『민족은 없다』. 방광석 역. 뿌리와이파이.

Kymlicka, Will. 2007. *Multicultural Odysseys: Navigating the New International Politics of Diversity*. Oxford: Oxford University Press.

———. 2008. “The internationalization of minority rights.” *The International Journal of Constitutional Law* 6(1): 1-32.

Pew Hispanic Center. 2013.6.17. “If They Could, How Many Unauthorized Immigrants Would become U.S. Citizens?”

Philips, Amali. 2011. “Sharia and Shah Bano: Multiculturalism and Women's Rights.” *Anthropologica* 53(2): 275-290.

The Guardian. 2008. 2. 8. “Sharia law in Canada, almost.”

제 9 장

고레비치, 필립(Gourevitch, Philip). 2011. 『"내일 우리 가족이 죽게 될 거라는 걸, 제발 전해주세요!"』. 강미경 옮김. 갈라파고스.

구례군지편찬위원회. 2005. 『구례군지上』. 구례군지편찬위원회.

국방부 노근리사건 조사반. 2001. 『노근리사건 조사결과 보고서』. 국방부.

국회거창사건특별조사위원회. 1951. "거창사건조사 진술속기록(제4호) 중간상의." 『거창사건조사보고서』. 제2대국회 제10회 대한민국국회.

그로스먼, 데이브(Grossman, Dave). 2011. 『살인의 심리학』. 이동훈 옮김. 플래닛.

김계유. 1991. "1948년 여순봉." 『역사비평』 역사문제연구소. 15: 248-298.

김동춘. 2001. "특별임무 알고 보니 무차별 학살 … 발설하면 즉결총살 위협." 『참여사회』 참여연대. 57:36-38.

———. 2006. "해방 60년, 지연된 정의와 한국의 과거청산." 『시민과 세계』 참여연대 참여사회연구소. 8.

———. 2011. "냉전, 반공주의 질서와 한국의 전쟁정치: 국가폭력의 행사와 법치의 한계." 『경제와사회』 비판사회학회. 89: 337-338.

김무용. 2007. "한국 과거청산의 제도화와 국민통합 노선의 전망." 『한국민족운동사연구』 한국민족운동사학회. 53: 313-316.

김성학 · 임종명. 1975. 『광복30년사』. 전남일보사.

김종원 진술. 국회거창사건특별조사위원회. 1951. "거창사건조사 진술속기록(제4호) 중간상의." 『거창사건조사보고서』. 제2대국회 제10회. 대한민국국회.

발렌티노, 벤자민(Valentino, Benjamin). 2006. 『20세기의 대량학살과 제노사이드』. 장원석 · 허호준 옮김. 제주대학교출판부.

서중석. 1999. 『조봉암과 1950년대(하)』. 역사비평사.

안병욱. 2010. "한국 과거청산의 현황과 과제." 『역사비평』 93: 32-58.

MBC시사교양국. 2001. "≪이제는 말할 수 있다≫". 보도연맹 Ⅰ · Ⅱ. 프리뷰.

여수지역사회연구소. 1998. 『여순사건실태조사보고서』 1: 336-337.

우드러프, 폴(Woodruff, Paul). 2012. 『최초의 민주주의: 오래된 이상과 도전』. 이윤철 옮김. 돌베개.

육군본부. 1963. 『유엔군 전사−낙동강에서 압록강까지』. 육군본부.

이삼성. 1998. 『20세기의 문명과 야만』. 한길사.

이재승. 2010. 『국가범죄』. 엘피.

정근식. 2002. “과거청산의 역사사회학을 위하여-한국의 민주화와 관련하여.” 『사회와역사』 한국사회사학회. 61.

조용환. 2010. “역사의 희생자들과 법: 중대한 인권침해에 대한 소멸시효의 적용문제.” 『법학평론』. 법학평론 편집위원회. 창간호: 8-106.

중앙일보사 편. 1972. 『민족의 증언 3』. 을유문화사.

진실화해위원회. 2008. 『2007년 하반기 조사보고서』.

———————. 2009a. 『경남 합천 국민보도연맹 사건기록』.

———————. 2009b. 『2009년 상반기 조사보고서 03』.

———————. 2010a. 『2009년 하반기 조사보고서 04』.

———————. 2010b. 『2009년 하반기 조사보고서 07』.

청주기독교방송. 1994. 6·25 44주년 특별기획다큐멘터리 3부작-보도연맹을 기억하십니까?. “제2부-운명의 그날, 설마 국군이.”

친일반민족행위진상규명위원회. 2007. 『외국의 식민지 · 점령지 과거청산법령 I』.

크놉, 귀도(Knopp, Guido). 2011. 『나는 히틀러를 믿었다』. 신철식 옮김. 울력.

투퀴디데스(Thucydides). 2011. 『펠로폰네소스 전쟁사』. 천병희 옮김. 숲.

한겨레신문. 2013.6.8.

한성훈. 2006. “거창사건의 정치사회학적 분석: 기억의 정치와 학살의 승인.” 한국사회사학회. 『사회와역사』. 69: 215-241.

———. 2010. “과거청산과 민주주의 실현: 진실화해위원회 활동과 권고사항의 이행기 장의를 중심으로.” 역사문제연구소. 『역사비평』 93: 116-141.

한인섭. 2003. 『거창양민학살사건자료집Ⅲ』 (재판자료편). 서울대학교 법학연구소.

해방20년사편찬위 편. 1965. 『해방20년사』. 희망출판사.

Arendt, Hannah. 1963. *Eichmann in Jerusalem: A Report on the Banality of Evil*. Penguin Books.

Arenhövel, Mark. 2008. “Democratization and Transitional Justice.” *Democratization* 15(3): 577.

Bauman, Zygmunt. 1989. *Modernity and the Holocaust*. Ithaca: Cornell University Press.

Browning, Christopher R. 1993. *Ordinary Men: Reserve Police Battalion 101 and the Final Solution in Poland*. New York: Harper Collins.

Cho Hee-yeon. 2003. "Political Sociology of Kwagŏchŏngsan in South Korea." *The Review of Korean Studie* 6(1): 20-21.

Clausewitz, Carl von. 1982. Edited by Anatol Rapoport. *On War*. Penguin Books.

Elster, Jon. 1998. "Coming to Terms with the Past: A Framework for the Study of Justice in the Transition to Democracy." *European Journal of Sociology* 39: 9-12.

————. 2004. *Closing the Books: Transitional Justice in Historical Perspective*. Cambridge Univ. Press.

Fein, Helen. 1993. *Genocide, A Sociological Perspective*. SAGE Publication.

Grodsky, Brian. 2009. "Re-Ordering Justice: Towards A New Methodological Approach to Studying Transitional Justice." *Journal of Peace Research* 46(6): 824.

Hayner, Priscilla B. 1996. "Commissioning the Truth: Further Research Questions." *Third World Quarterly* 17(1): 19-29.

Hirsch, Herbert. 1995. *Genocide and the Politics of Memory*. The University of a North Carolina Press.

Kelman, Herbert C. and V. Lee Hamilton. 1989. *Crimes of Obedience: Toward A Social Psychology of Authority and Responsibility*. Yale University Press.

Landman, Todd. 2006. *Studying Human Rights*. New York: Routledge.

Lundy, Patricia and Mark McGovern. 2008. "Whose Justice? Rethinking Transitional Justice from the Bottom Up." *Journal of Law and Society* 35(2): 270.

Mani, Rama. 2002. *Beyond Retribution: Seeking Justice in the Shadow of War.* Cambridge Polity Press.

Marshall, S. L. A. 1978. *Men Against Fire.* Gloucester. Mass.: Peter Smith.

OHCHR. 2006. *RULE-OF-LAW TOOLS FOR POST-CONFLICT STATES*. New York and Geneva.

Schmitt, Carl. 1963. *Der Begriff des Politischen: Text von 1932 Mit Eimen Vorwort und drei Corollarien*. Berlin: Duncker & Humblot; 김효진 역.

1992. 『정치적인 것의 개념: 서문과 세 개의 개론을 수록한 1932년 판』. 법문사.

Show, Martin. 2003. *War and Genocide: Organized Killing in Modern Society*. Cambridge: Polity.

찾아보기

ㅈ

〔저 자 약 력〕

정진성
서울대학교 학사, 석사
미국 시카고대학교 사회학 박사
(현) 서울대학교 사회학과 교수
서울대학교 인권센터장
한국사회학회장
인권사회학, 여성사회학, 역사사회학 전공

주요 저서 · 논문
『일본군 성노예제』(2004), 『현대일본의 사회운동론』(2001), 『인권으로 읽는 동아시아』(공저, 2010), "재일동포 호칭의 역사성과 현재성"(2012), "인도의 불가촉천민"(2011) 등 다수

구정우
서울대학교 사회학과 석사
미국 스탠퍼드대학교 사회학 박사
(현) 성균관대학교 사회학과 조교수 및 학과장
Social Forces 편집위원
사단법인 한국사회학회 국제이사
비교사회학, 인권사회학, 국제개발협력 전공

주요 저서 · 논문
Social Forces, *Sociology of Education*, *Comparative Education Review*, *Human Rights Quarterly*, *Social Science History*, 〈한국사회학〉, 〈국제지역연구〉 등에 다수의 논문 게재. 저서로는 『인권으로 읽는 동아시아』(공저, 2010)

유은혜
연세대학교 사회학과 학사
미국 미네소타대학교 사회학 박사
(현) 숭실대학교 정보사회학과 조교수
정치사회학, 인터넷과 사회운동, 여성, 인권 전공

주요 저서 · 논문
"The Impact of Domestic and Transnational Conditions"(2012), "International Human Rights Regime, Neoliberalism, and Cultural Contexts: Women's Social Rights, 1984-2004"(2011)

정병은
연세대학교 사회학 학사, 석사, 박사
(현) 서울대학교 사회발전연구소 선임연구원
정치사회학, 양적방법론 전공

주요 저서 · 논문
『한국의 사회자본: 역사와 현실』(2008), 『사회조사연구의 품질향상을 위한 과제관리 개선방안 연구』(2009) 등 다수, "유권자의 사회자본과 지역주의에 대한 연구–17대 총선의 두 지역구 사례 비교"(2005), "향우회 사회자본과 지역주의–재경안동향우회의 사례를 중심으로"(2007), "성공적 노화에 대한 세대별 인식 조사연구: 사회관계를 중심으로"(2010), "한국의 사회의 질과 복지체계"(2013)

공석기
서울대학교 사회학과 학사, 석사
미국 하버드대학교 사회학 박사
(현) 서울대학교 아시아연구소 연구교수
정치사회학, 사회운동론, 인권사회학, 지구시민사회 전공

주요 저서 · 논문
『인권으로 읽는 동아시아』(공저, 2010), 『글로벌 NGOs: 세계정치의 '와일드카드'』(공저, 2011), 『뒤틀린 세계화: 한국의 대안 찾기』(근간), "Politics of Cosmopolitan Citizenship: The Korean Engagement in the Global Justice Movements"(2012) 등 다수

김두년
건국대학교 법학과 학사, 석사, 박사
일본 동경대학에서 민사법 연구
한중대학교 총장(역임)
(현) 중원대학교 법학과 교수
　　통일부 통일교육위원

주요 저서 · 논문
『국민인권의식 실태조사 공동연구』(2011), "결혼이민자의 체류권 보장을 위한 입법과제(2013), "다수협동조합의 정체성과 자율성의 위기극복방안"(2013) 등 다수

이정은
덕성여자대학교 학사
서울대학교 사회학과 석사, 박사
(현) 성공회대학교 동아시아연구소 HK연구교수

인권사회학, 문화사회학, 역사사회학 전공

주요 저서 · 논문

『귀환 혹은 순환: 아주 특별하고 불평등한 동포들』(2013), 『'전후' 의 탄생: 일본, 그리고 '조선' 이라는 경계』(2013), 『아시아의 접촉지대: 교차하는 경계와 장소들』(2013) 등 다수

박경태

연세대학교 사회학과 학사
미국 텍사스주립대학교(Austin) 사회학 석사, 박사
(현) 성공회대학교 사회과학부 교수
소수자연구, 인종민족연구 전공
『인권과 소수자 이야기: 우리가 되지 못하는 사람들』(2007), 『소수자와 한국사회: 이주노동자, 화교, 혼혈인』(2008), 『인종주의』(2009) 등 다수

한성훈

성공회대학교 사회학 학사
연세대학교 대학원 사회학 석사, 박사
(현) 연세대학교 사회발전연구소 전문연구원
정치 · 역사사회학, 인권 · 민주주의론, 북한사회사 전공

주요 저서 · 논문

『전쟁과 인민: 북한 사회주의 체제의 성립과 인민의 탄생』(2012), "중국 조선족의 독일 이주 연구"(2013), "전쟁사회와 북한의 냉전 인식"(2011), "과거청산과 민주주의 실현"(2010), "개인편지에 나타난 북한 인민의 전쟁 서사"(2012) 등 다수

사회학총서④

인권사회학

2013년 12월 15일 제1판 1쇄 인쇄
2013년 12월 19일 제1판 1쇄 발행

저 자 정 진 성 외
발행인 강 희 일 · 박 은 자

발행처 다 산 출 판 사

서울특별시 마포구 용강동 494 - 85
등 록 1979. 6. 5. 제 3-86 호(윤)
전 화 717-3661~2, 718-1751~2
FAX 716-9945
조 판 민 하 디 지 탈 아 트

정가 18,000원 파본은 바꾸어 드립니다.

http://www.dasanbooks.co.kr
ISBN 978-89-7110-416-3 94330
ISBN 978-89-7110-412-5(세트)